FÜRSORGE – FÜR MICH UND FÜR ANDERE, BAND 2

STEPHAN VON STEPSKI-DOLIWA

FÜRSORGE
FÜR MICH UND FÜR ANDERE
BAND 2

Foto auf dem Cover von Detlev von Kessel
Foto auf der Rückseite von Detlev von Kessel

Alle Rechte vorbehalten, auch die der photomechanischen Wiedergabe und der Speicherung auf elektronischen Medien.
Dies gilt sowohl für den gewerblichen als auch für den privaten Bereich.

1. Auflage 2014
Copyright © 2014 by Doliwa Sai Verlag ®
Lerchenstr. 10,　D 82284 Grafrath
Telefon: +49 (0)7150-351437 oder (0)8144-996561
Fax: +49 (0)8144-996677 oder (0)7150-974242

E-Mail: kontakt@doliwa-verlag.de, kontakt@doliwa-sai-verlag.de

www.doliwa-verlag.de, www.doliwa-sai-verlag.de
www.vonstepski.de

Einbandgestaltung: Stephan von Stepski-Doliwa
Textlayout: Ulrike Wolter
Satz, Druck- und Bindearbeit: GG-media GmbH, Kirchheim bei München
Printed in Germany

ISBN 978-3-930889-33-4

Inhalt

Danksagung 6
Einleitung 7
1. Fürsorge und Selbstverantwortung 12
2. Erster Eindruck 27
3. Ethik 51
4. Kommunikation 66
5. Fürsorge = Entscheidung für Glück und Fülle 105
6. Fürsorge für den Körper 116
7. Fürsorge und Gesundheit 129
8. Herz, Verstand, Ernährung 132
9. Geld 163
10. Testament 204
11. Tod 221
12. Gott 233
Literatur 248

Danksagung

An dieser Stelle danke ich – wie in Fürsorge 1 – sehr Ulrike Wolter, die auch dieses Buch formatierte. Sie begleitet meine Bücher seit vielen Jahren und sie ist es, die aus vielen Kapiteln durch das Formatieren ein Buch schafft. Das heißt: Ohne sie blieben die Kapitel ein Manuskript und es wäre nicht möglich, sie zu drucken.

Besonders danke ich auch Dr. Ralph Müller, Uta Sailer, Dr. Carola Reindl, Matthias Prams, Erik Fleck und Constanze von Stepski-Doliwa, denn sie haben dieses Projekt mit großem Engagement, viel Kompetenz und unermüdlichem Einsatz begleitet. Ihr Wissen und ihre Fürsorge waren vorbildlich.

Venedig, 20.6.2014

Einleitung

Als ich *Fürsorge 1* schrieb, war mir klar, dass es zwei Folgebücher geben würde – das nun vorliegende *Fürsorge 2* und das noch kommende *Fürsorge 3*.
Denn Fürsorge hat nicht nur mit Struktur, Erziehung, Planung, Perfektionismus und Perfektsein, Ja und Nein sowie Therapie zu tun – Themen, die ich im ersten Buch behandelte.

In der Arbeit mit Seminarteilnehmern fiel mir jedoch auf, dass einige **Ego-Fürsorge mit Ich- beziehungsweise Du-Fürsorge** verwechseln. Ego-Fürsorge ist nichts anderes als blanker Egoismus, den manch eine(r) als Fürsorge deklariert. Im Grunde wird hier danach getrachtet, so erfolgreich wie möglich die eigenen Interessen durchzusetzen. Egoismus ist aber auf Dauer immer eine Sackgasse, denn einem Egoisten fehlt die entscheidende Fähigkeit, sein Gegenüber zu sehen.
Lebt jemand dagegen Ich- beziehungsweise Du-Fürsorge, so nimmt er die eigenen Interessen wahr und kann sie mit denen der Anderen IN EINKLANG bringen. Dies ist eine äußerst wichtige Fähigkeit, die zum Beispiel entscheidend für eine lange, glückliche Beziehung ist.

Fürsorge muss sich auch mit der eindeutigen Entscheidung für die *Gesundheit und Erhaltung des eigenen Körpers* beschäftigen, denn hier mangelt es häufig vielen sehr an der richtigen Einstellung.

Ein weiterer Punkt, den ich in diesem Buch behandle, ist die Bedeutung des *ersten Eindrucks*. Er ist sehr wichtig als Wegweiser, um andere zu verstehen, und dafür, uns so zu verhalten, dass wir das erreichen, was wir wollen.

Dabei denke ich an eine sehr begabte junge Frau, die einen hervorragenden Schul- und jetzt Uniabschluss machte. Sie bewarb sich um eine Praktikantenstelle bei BMW und ging in Jeans dorthin. Da sich Unzählige auf die wenigen Stellen beworben hatten, waren die Ausschlusskriterien besonders hart. Einer davon war das Tragen von Jeans beim Vorstellungsgespräch. Deshalb wurde diese begabte Frau abgelehnt.

Wichtig ist mir auch die richtige *Kommunikation*.
Denn so wie ich in *Fürsorge 1* den Begriff der **Grundfürsorge** prägte, so schuf ich in *Fürsorge 2* die Begriffe der **Zerstörungs- beziehungsweise Konfliktkommunikation versus konstruktiven oder Beziehungskommunikation**.
Viele verwenden immer noch eine mehr oder weniger starke Konfliktkommunikation und wundern sich, dass sie in einer Zeit des Friedens und des Wohlstands mit einer aggressiven Kommunikation scheitern.
So war eine sehr kultivierte Frau bei Freunden eingeladen. Da sie aber aus einer Familie von Kämpfern und Kriegern stammte, verwendete sie eine Konfliktkommunikation bei der Einladung. Das fanden die friedfertigen Gastgeber nicht so gut – und luden sie nicht mehr ein.

Einen zentralen Punkt bezüglich Fürsorge stellt natürlich die *Ernährung* dar. Sie bedingt, wie gesund ich bleibe und wie lange ich lebe. Dies sind zwei entscheidende Punkte: Es geht nicht nur darum länger zu leben (und Vegetarier leben nachweislich 5-10 Jahre länger), sondern auch GESUND zu sein.
Dabei spielt die innere Freiheit eine große Rolle. Viele Menschen aber haben keine Möglichkeit zu wählen. Sie sind durch die Erfahrungen ihrer Kindheit so geprägt, dass sie keine Verhaltensalternativen besitzen.

So sprach ich vor einiger Zeit einen Mann, der schwer unter Angina pectoris leidet. Ich sagte ihm, in dem Buch *China Study* des Professors Campbell und seines Sohnes werde dargelegt, dass eine Reduzierung des Konsums tierischen Eiweißes auf 5% eine signifikante Besserung verspreche. Darauf antwortete er mir: „Lieber leide ich und sterbe früher, als dass ich auf meinen Schinken und mein Schnitzel verzichte. Ich möchte nichts, aber gar nichts davon hören, wie ich meine Ernährung umstellen sollte. Ich will es nicht. Ich lasse mir meine Genussmittel nicht nehmen!"

Bei diesem Gespräch wurde mir klar, dass ich dieses Buch für Menschen geschrieben habe, die mehr Entscheidungsfreiheit haben beziehungsweise NOCH MEHR innere Freiheit auch im Leben ihrer Fürsorge erlangen wollen.

Denn es geht mir darum, dass so viele wie möglich die Freiheit erlangen, überhaupt entscheiden zu KÖNNEN, und nicht wie obiger Mann von den liebgewonnenen Gewohnheiten total bestimmt zu werden.

Bedeutsam hinsichtlich der Fürsorge ist auch, wie jemand mit seinem *Geld* umgeht. Hier sorgen leider viel zu viele nicht für sich. Sie verschleudern ihr mühsam verdientes Geld, weil sie Basics nicht gelernt haben und sich deshalb keine finanzielle Sicherheit oder gar Freiheit aufbauen können.

Passend dazu ist, dass sie zudem nicht dafür sorgen, dass ihr Vermögen sicher zur nächsten Generation gelangt.

Deshalb bat ich **Dr. Thomas Fritz,** mir die wichtigen Punkte eines hilfreichen *Testaments* aus der Sicht eines auf diesem Gebiet erfahrenen Juristen aufzulisten, was er – wie ich finde – hervorragend in Kapitel 10 tut.

Sehr wichtig erachte ich dabei, dass jede/r eine sogenannte **Patientenverfügung** notariell erstellen lässt, wodurch eine Person seines/ihres Vertrauens ermächtigt wird, dann zu entscheiden, wenn der Vollmachtgeber – zum Beispiel durch einen schweren Unfall – nicht mehr dazu in der Lage ist.

Gehen wir fürsorglich mit uns um, dann werden wir auch unser physisches Ende positiv gestalten. Deshalb handelt das vorletzte Kapitel vom *Tod*, vor dem so viele Angst haben, den ich aber selber und in allen Aufstellungen positiv erlebte. Vielleicht hilft dieses Kapitel manch einem, etwas weniger Angst vor ihm zu haben.

Der allerwichtigste Punkt in unserem Leben ist natürlich unsere Beziehung zu *Gott*. Da finde ich, wurde uns viel Falsches erzählt. Ich setze mich deshalb in diesem Kapitel mit Lehren auseinander, die ich als positiv und damit als hilfreich erlebe.

Und gelingt es mir, dass nur EIN EINZIGER Leser eine positive Beziehung zu Gott bekommt und nicht mehr glaubt, ein Sünder zu sein, dann hat dieses Buch sein Ziel erreicht – (die Leserinnen mögen mir bitte die maskuline Form nachsehen, aber „ein(e) einzig(e) LeserIn" sah zu gestelzt aus. Meine Leserinnen können aber versichert sein, dass sie mir MINDESTENS genauso wichtig wie meine Leser sind!).

Fürsorge ist DAS Thema in diesem Zeitalter. Vielleicht führt es uns sogar ins Goldene Zeitalter. Wenn wir aber alle etwas besser für uns und unsere Nächsten sorgen, dann haben wir – mit oder ohne Goldenem Zeitalter – bereits sehr viel erreicht. Und unsere Umwelt, die zum Teil so sehr unter unserer mangelnden Fürsorge leidet, wird es uns ebenfalls danken – und besser für uns sorgen. Denn die Zerstörung der Urwälder, die Verschmutzung der Flüsse, Ozeane und der Luft ist eine große Gefahr für uns alle.

Treffen tut all dies besonders die Armen. Fürsorge bedeutet hier, dass wir, denen es besser geht, für sie sorgen. Denn wahre Fürsorge bedeutet zu erkennen, dass wir alle eins sind. Dass ich nicht über die Interessen anderer hinweggehen kann, ohne am Ende über meine eigenen hinwegzugehen.

Schaffe ich meinen Reichtum dadurch, dass andere in Armut bleiben oder sogar dahin kommen, dann wird dies auf mich zurückfallen: Man sehe sich zum Beispiel die Länder Latein-

amerikas und die USA an, die ein Riesenproblem mit der wachsenden Kriminalität haben.
Es ist sinnlos, einen „Krieg gegen die Kriminalität" zu führen. Viel sinnvoller ist es, für unsere Mitmenschen so zu sorgen, dass sie nicht kriminell werden – oder noch schlimmer! – kriminell werden müssen, weil sie glauben, nur so überhaupt überleben zu können.

Wir sehen: Fürsorge ist unteilbar. Deshalb spreche ich in diesem Buch auch immer wieder von Win-Win-Win-Win-Situationen, denn die beste Form zu gewinnen ist, wenn mit mir auch meine Mitmenschen, die Tiere, die Pflanzen und die Umwelt gewinnen.
Gewinnen durch mein Tun alle – oder zumindest fast alle! – dann bin ich auf dem richtigen Weg.
Dann habe ich wahre Fürsorge erreicht.

Was ist die Quintessenz dieses Buches?
Finde deine Kreativität. Freue dich an der Kreativität der Anderen. Lebe deine Kreativität so, dass alle Beteiligten eine Win-Win-Win-Win-Situation erleben. Das ist Fürsorge und Fülle. Denn seine Kreativität ZUSAMMEN mit anderen zu leben, ist Fülle. Und wie bekommen wir Fülle? Dadurch, dass wir sehen, was wir haben und erkennen, wie viel es ist.
Damit schließt sich der Kreis der Fürsorge.

1. Fürsorge und Selbstverantwortung

Stimmtrainer wissen, dass die Stimme sich entsprechend dem verändert, was jemand denkt beziehungsweise sieht. Denke ich zum Beispiel „leicht, hell", dann wird auch meine Stimme leichter und heller. Denke ich dagegen „dunkel, schwer", dann wird auch meine Stimme entsprechend sein. Und wir wissen noch etwas: Rufen wir zum Beispiel jemanden an, und schauen dabei auf einen *Smiley*, dann ist der Eindruck, der bei unserem Gegenüber ankommt entsprechend positiv. Schauen wir dagegen auf ein grimmiges Gesicht, dann kommt auch Entsprechendes bei unserem Gesprächspartner an.

Genau das Glciche geschieht auch, wenn wir uns auf die Fürsorge konzentrieren. Es verändert sich alles, wenn ich beginne, mich zu fragen: 1. *Sorge ich hier für mich?* 2. *Sorge ich für andere?* 3. *Sorgen andere für mich?*

Wer sich diese Fragen immer und immer wieder stellt, wird merken, wie sehr sie sein Leben verändern, wie sehr sich sein Leben verändert.

Der Unterschied zwischen Fürsorge und Nichtfürsorge

Durch die Arbeit mit innerpsychischen Prozessen habe ich etwas Erstaunliches gelernt: So schwer dies zu glauben ist, es gibt nichts Negatives in der Psyche. Immer hat die Psyche etwas Positives mit uns vor.

Für den Menschen gibt es zwei Grundängste: Erstens die Angst vor dem physischen Tod und zweitens die Angst vor dem

psychischen Tod. Die Angst vor dem psychischen Tod ist zum Beispiel die Angst vor dem Wahnsinn. Und führen wir uns vor Augen, wie früher psychisch Kranke zum Teil behandelt wurden, zum Beispiel, dass sie eingekerkert und angekettet worden sind, dann wird zugleich deutlich, wie berechtigt diese Angst ist.
Und trotzdem wählt unsere Psyche den Wahnsinn als Schutz. Die Psyche wählt nämlich mit beinahe schon mathematischer Genauigkeit genau das Verhalten aus, was mich am besten in einer bestimmten Umgebung überleben lässt. Komme ich zum Beispiel mit leichten Ängsten bei meinen Eltern klar, dann wählt die Psyche diese. Benötige ich größere Ängste oder gar den Wahnsinn, um mich vor der Bedrohung meiner Eltern zu schützen, dann wird die Psyche diese anwenden – zum Beispiel dadurch, dass sie sich an den familiären Wahnsinn anpasst.
Das Problem liegt dann im Fortbestehen eines Schutzverhaltens. Was einmal als Hilfe sinnvoll war, ist es nachher nicht mehr. Breche ich mir das Bein, so sind Krücken eine große Hilfe. Ist das Bein aber geheilt, und ich verwende sie immer noch, dann helfen sie nicht mehr, sondern schaden, da meine Muskeln dann mehr und mehr atrophieren, also schwinden.

Genau dies geschieht mit der Fürsorge und der Nichtfürsorge. Viele Eltern haben kein Verständnis für die Bedürfnisse ihrer Kinder. Sie haben klare Vorstellungen, wie ihre Kinder SEIN SOLLTEN, sie haben aber zum Teil überhaupt keine Antenne dafür, was ihre Kinder BRAUCHEN. Unter diesen Umständen können Kinder ihre Fürsorge nicht leben beziehungsweise nicht entwickeln. Es gibt leider unzählige Eltern, die ihren Kindern eine Ohrfeige geben, weil diese nachfragen, warum sie etwas tun sollen. Wie soll ein Mensch aber lernen, selbstverantwortlich zu entscheiden und zu handeln, wenn er nicht nachfragen darf, warum er etwas tun soll?
Warum handeln Eltern eigentlich so? Hassen sie ihre Kinder? Ich glaube die Antwort geht tiefer.

Seit Jahrtausenden bestimmen Kriege das Leben der Menschen. Es ist eine absolute Seltenheit der Geschichte, dass wir in Europa nun bald 70 Jahre Frieden haben. Das hat es gemäß unseren Geschichtsaufzeichnungen noch nie gegeben. Die Menschen waren ständig bedroht. Jederzeit konnte ein Feind aufkreuzen, und hat man sich dann nicht erfolgreich verteidigt, verlor man sein Hab und Gut, geliebte Menschen, seine Freiheit, sein Leben. In dieser ständigen Bedrohung konnten Menschen nicht irgendwelche Befehle hinterfragen. Sie mussten einfach das Gesagte TUN. Und genau darauf musste sie die Erziehung vorbereiten. Die Erziehung war genauso hart, wie das Leben damals auch war.

Es ist deshalb kein Zufall, dass mit dem Frieden auch eine andere Form der Erziehung kam. Wir können es uns heute leisten, die Autorität unserer Vorgesetzten infrage zu stellen. Wir können es uns leisten, von unseren Kindern, denen wir dies erlauben, infrage gestellt zu werden. Wenn es dagegen hieß: *„Hannibal ante portas* – Hannibal steht vor den Türen ", oder: „Attila kommt, packt euer Hab und Gut und lasst uns in die Lagune von Venedig fliehen", dann gab es damals keine Zeit für große Diskussionen. Vielmehr hatte einer die Verantwortung und deshalb die Befehlsgewalt, und andere mussten zum Wohle aller dieser nachkommen.

Um Menschen für den Krieg vorzubereiten, wird heute noch bei den amerikanischen Marines den Rekruten in der Grundausbildung der Wille gebrochen. Warum wohl? Damit sie ohne Diskussion überall eingesetzt werden können.

Wieder sehen wir, dass der wunderbare Sokrates Recht hatte: *Jeder tut etwas, weil er sich etwas Gutes davon verspricht*. Die brutale Erziehung und schwarze Pädagogik hatten ihren Sinn, da sie Menschen auf das vorbereiteten, was damals ununterbrochen stattfand: Auf den Krieg.

Wir können diese Form der Erziehung heute hinterfragen, wir können sie sogar als zum Teil brutal kritisieren, weil wir in

Frieden leben und keine Gefahr laufen, dass dieser Zustand sich in nächster Zukunft ändert.

Wir können uns deshalb heute Gedanken über Fürsorge und Nichtfürsorge machen. Wir haben durch den Frieden die Freiheit, uns zu fragen: Sorge ich hier für mich beziehungsweise tun es andere?

Damit hat der äußere Frieden, der zwischen den Nationen herrscht, eine große innere Freiheit ermöglicht: DIE FREIHEIT, MICH ÜBERHAUPT ZU FRAGEN, WAS ICH BRAUCHE.

Das heißt: Mit der Frage, ob ich für mich sorge, fülle ich überhaupt erst den inneren Raum aus, den die äußere Freiheit durch den Frieden in mir geschaffen hat. Der große Segen des Friedens besteht darin, dass ich mich ÜBERHAUPT FRAGEN KANN, was ich brauche. Um bei dem Beispiel zu bleiben: Steht Attila vor den Toren und proklamiert: *„Wo mein Pferd seinen Huf hintut, soll kein Grashalm mehr wachsen!"*, dann habe ich keine Freiheit, mich zu fragen, was nun gut für mich ist, was ich jetzt gerne täte, was Fürsorge für mich jetzt bedeuten würde und ob ich mit den Befehlen meines Generals zum Beispiel einverstanden bin. Für die schwachen Veneter war vielmehr Flucht das Gebot der Stunde.

Für die viel stärkeren Römer war die Antwort auf Hannibals Herausforderung – ca. 600 Jahre früher – nicht Flucht, sondern Krieg.

Damit kommen wir zu einem sehr wichtigen Punkt: **Es gibt eine innere und eine äußere Fürsorge beziehungsweise Nichtfürsorge**. Erkenne ich eine äußere Gegebenheit nicht, halte ich mich nicht an geltendes Gesetz, oder an Naturgesetze, höre ich nicht auf die Befehle von Machthabern, kann ich in große Probleme geraten. Diese *äußere* Fürsorge kann zum Beispiel darin bestehen, dass ich mich nicht frage, was das Beste für mich wäre, sondern tue, was mir befohlen wird.

Die *innere* Fürsorge besteht darin, dass ICH DIE FREIHEIT HABE, mich überhaupt zu fragen, was ich brauche, was Fürsorge für mich bedeutet.

Hier wird etwas Entscheidendes deutlich: Zur Fürsorge gehört Umsicht. Ich muss mich erstens fragen können, wie die äußerlichen Gegebenheiten sind, was ich brauche, was ich gerne hätte, und zweitens, ob dies sinnvoll und möglich ist. Mit dem Kopf durch die Wand zu gehen, weil dies gerade mal mein Gefühl ist, kann mich selbigen kosten.

EGO- UND ICH-FÜRSORGE

Bei der Übersetzung von Freuds Werken ins Englische wurde der Fehler begangen, den Begriff Ich, den Freud viel verwendet, als Ego zu übersetzen. Dies führte natürlich zu einer großen Verfälschung von Freuds Aussagen, denn das Ego ist eine egoistische Sackgasse, wo jemand nur an sich, an seine Interessen und daran denkt, wie er sie befriedigen kann (Ein eklatantes Beispiel hierfür ist der Film von Martin Scorsese *The Wolf of Wall Street*).

Das Ich dagegen hat eine ganz andere Dimension, denn es steht gleichsam als Vermittler zwischen dem Ego und dem Du und verbindet sie mit dem Selbst. Interessant ist in diesem Zusammenhang, was der Philosoph Johann Gottlieb Fichte über das Ich sagte: Er verstand es einerseits als Bewusstsein, das andere/anderes und gleichzeitig sich selbst wahrnehmen kann. Er verstand das Ich aber auch als Absolutes beziehungsweise als Gott. Hier geht Fichte sehr viel weiter als Freud, der bekanntlich das Ich insofern schätzte, als er meinte: „*Wo Es war, soll Ich werden*", das heißt, wo Unbewusstes war, soll Bewusstsein – zum Beispiel durch den psychoanalytischen Prozess – entstehen. Freud hatte aber als Atheist keine Verwendung für die Begriffe „Absolutes" oder „Gott".

Freud dachte zwar ein weniger weit reichendes Ich, aber mit Sicherheit kein Ego.

Das Fichtesche Ich dagegen ist die Verbindung zwischen dem kleinsten beziehungsweise größten Ego (was von der Betrachtungsweise abhängt!) über das Du zum Selbst.
Das Ich hat deshalb eine große Bedeutung für unser Thema.

So gibt es die **Ego-Fürsorge**, das heißt, jemand denkt NUR an sich und seinen Vorteil. Es gibt Seminarteilnehmer, die dies als große Leistung verkaufen: Sie meinen, sie hätten so lange nicht auf sich(!) und ihre Bedürfnisse geachtet, deshalb würden sie diese jetzt ernst nehmen und leben!
Sie gehen dabei zum Teil über die Interessen anderer absolut kaltschnäuzig hinweg und glauben, dies sei eine große Errungenschaft (wie der oben erwähnte *Wolf of Wall Street*). De facto ist es aber ein Verlust, denn sie verlieren das Wichtigste, was Menschen haben können: Die Gemeinschaft mit guten Menschen, denn diese ziehen sich völlig unauffällig von solchen Egoisten zurück.
Ego-Fürsorge ist deshalb stets eine Sackgasse, von der wir GLAUBEN, sie brächte uns viel. In Wahrheit verlieren wir zuerst die Gemeinschaft mit den Guten und am Ende stehen wir ziemlich einsam da, denn zwei Egoisten können auf Dauer nicht in Frieden miteinander leben. Denn zu Beziehung, Erfolg und auch Freude(!) gehören UNTRENNBAR Opfer und Verzicht. Diese sind aber für den Egoisten schwer zu leisten.
Sein Weg geht deshalb über das Leiden, das ihn irgendwann lehrt, dass er absolut falsch lebt, und die Erkenntnis, gerade dadurch, dass er meint, für sich zu sorgen und sich das Leben leicht zu machen, es sich schwer macht und NICHT für sich sorgt.

Die **Ich-Fürsorge** dagegen ist völlig anders: Wie gesagt, führt das Ich über das Du zum Selbst. Die Ich-Fürsorge haftet nicht an einfachem Egoismus. Sie hat erkannt, dass unser aller Glück in der Gemeinschaft mit guten Menschen besteht. Diese Form der Beziehung erfüllt uns und ist kostbarer als jeglicher materieller Wert, den die Ego-Fürsorge so begierig anstrebt.

Damit kommen wir zu einem entscheidenden Unterschied zwischen den beiden: Die Ego-Fürsorge strebt primär Quantitatives an, die Ich-Fürsorge dagegen Qualitatives.

Bei der einen führt die Fürsorge zum Egoismus, bei der anderen zur Liebe, und diese ist die Basis aller Erfüllung. Es ist die Liebe, die nährt, es ist die Liebe, die gibt und vergibt, es ist die Liebe, die Beziehungen und Gemeinschaften aufblühen lässt.

Das Ego dagegen nimmt und vergisst – und verkümmert am Ende selber dabei.

Es ist die Liebe, die GERNE aus sich selbst heraus Opfer bringt und Verzicht leistet. Es ist ihr Wunsch zu geben, der sie zuerst zu Erfüllung und am Ende zu persönlichem, privatem und beruflichem Erfolg führt.

Deshalb ist KLUGE Fürsorge so wichtig. Deshalb sollten wir sie unbedingt genau von der Ego-Fürsorge unterscheiden.

DIE KARDINALTUGENDEN

Wahre Fürsorge kann deshalb niemals allein existieren. Warum nicht? Weil sie sich im Nu in höchst gefährlichen Egoismus verwandeln kann. Wie wir sahen, glauben viele Menschen, verblendet durch welche falschen Einflüsse auch immer, tun und lassen zu können, wonach ihnen gerade ist. Ganz davon abgesehen, dass dies mit Sicherheit kein Programm von Gewinnern ist, kann diese Haltung höchst gefährlich sein. Ich kann nicht die Schule schwänzen beziehungsweise nicht in die Arbeit gehen, weil mir gerade danach ist, denn irgendwann bekomme ich die Quittung dafür. Wie viele Menschen gibt es, die zu einem späteren Zeitpunkt bitter bereuten, dass sie durch Faulheit, Bequemlichkeit und Desinteresse entscheidende Chancen im Leben verpasst haben.

Ich-Fürsorge ist deshalb immer mit den fünf Platonischen Kardinaltugenden verbunden: **Klugheit, Besonnenheit, Mut, Bescheidenheit und Gerechtigkeit.**

Deshalb öffnet mir die Frage „*Sorge ich hier für mich?*" die Möglichkeit zu einer großen Entwicklung. Gleichzeitig beinhaltet sie aber auch enorme Risiken und Gefahren.

Als ich mich auf diesen Weg machte, ohne diese Voraussetzung zu kennen und kam ich in große Probleme beziehungsweise Gefahren.

Ich kann deshalb nur jeden eindringlich warnen, sehr vorsichtig mit dem Thema Fürsorge umzugehen. Nie sollte jemand seine Interessen *unbedacht* durchsetzen wollen. Nicht umsonst stand über dem Delphischen Apollotempel: *Gnothi sauthon – erkenne dich selbst.*

Deshalb sollten wir uns besonders in kritischen Situationen fragen, ob wir hier für uns, für andere und/oder für die Gemeinschaft und die Umwelt sorgen. Die Regel lautet: Je mehr ich bei der Fürsorge bedenke, desto mehr bin ich auf der sicheren Seite.

Eine weitere wichtige Hilfe ist die Frage, ob mein Handeln im Einklang mit den oben genannten fünf Kardinaltugenden steht.

Platon misst zum Beispiel der GERECHTIGKEIT eine so große Bedeutung bei, dass er ihr den wichtigen Dialog *Politeia* widmet. Hier kommt er zur Definition: *Gerechtigkeit sei, wenn jeder das Seinige habe und tue.* Eine gute Richtschnur, um achtsam mit Fürsorge umzugehen.

Ich habe beobachtet, dass auch die BESCHEIDENHEIT eine unglaublich wichtige Bedeutung für die Fürsorge hat.

Es gibt nun zwei Formen von Bescheidenheit, die auch der Volksmund kennt, denn er spricht von falscher und echter Bescheidenheit.

Falsche Bescheidenheit ist, wenn ich nicht anders KANN, wenn meine Sozialisation bedingt, dass ich meine Bedürfnisse nicht spüren, nicht sagen und sie deshalb nicht leben darf. Ich bin daher bescheiden, weil ich nicht mehr für mich sorgen kann, weil ich gelernt habe, mich stets nach den Bedürfnissen anderer zu richten – und unglücklich zu sein.

Dieses Unglücklichsein hat aber einen Vorteil: Wird es unerträglich, zwingt es mich zum Handeln, sprich, zur Veränderung.

Und hier kommt nun die nächste Kardinaltugend ins Spiel: der MUT.

Der Mut bedingt, dass ich meine vertrauten Verhaltensweisen hinterfrage und möglicherweise verändere. Mut brauche ich auch, um mir zum Beispiel therapeutische Hilfe zu holen.

Hier kann es zum Beispiel ein Anzeichen von mangelnder KLUGHEIT und mangelnden Mutes sein, wenn jemand glaubt, alles selber machen zu können.

Klugheit besteht zum Beispiel auch darin, seine Möglichkeiten und seine Grenzen abschätzen zu können.

Durch die Nichtfürsorge, die ich möglicherweise in meiner Kindheit gelernt habe, kann ich genau dies nicht einschätzen: Meine Möglichkeiten und meine Grenzen. Hier ist es sehr wichtig, den Mut aufzubringen, jemanden zu bitten, mir beim Entdecken dieser zu helfen. Mut ist es auch, Neues beziehungsweise neue Verhaltensweisen zu wagen und dadurch Fehler in Kauf zu nehmen.

An dieser Stelle spielt auch die **echte Bescheidenheit eine Rolle: Sie gibt mir die Möglichkeit zu verstehen, dass ich nicht alles selber machen kann.**

Echte Bescheidenheit bedeutet, dass ich **kann, aber nicht möchte.** Die echte Bescheidenheit ist zudem verbunden mit Opfer und Verzicht – DIE Voraussetzungen für Glück und Fülle. Sie sind es deshalb, weil derjenige, der alles will, Gefahr läuft, alles zu verlieren. Dies zeigt sehr gut der Film *Ein unmoralisches Angebot* mit Robert Redford, Demi Moore und Woody Harrelson. Alle drei wollen alles: Demi Moore und Woody Harrelson bezüglich Geld und Robert Redford in der Liebe –

und verlieren unendlich viel. Wer alles will, übergeht zwangsläufig andere – und wird übergangen beziehungsweise übergeht seine wahren Interessen, die aufs Engste mit Klugheit und Gerechtigkeit verbunden sind. Übergehe ich andere, dann halte ich mich nicht an die Gerechtigkeit, die ja bedeutet, dass jeder das SEINE hat und tut. Dies ist unklug, denn Ungerechtigkeit schafft unweigerlich Konflikte, die maßlos eskalieren können – unzählige Kriege sind so entstanden.
Deshalb hält sich die echte Bescheidenheit an die GERECHTIGKEIT. Sie bedingt, dass ich jedem SEINEN inneren und äußeren Raum lasse.
Das heißt:

- Ich profiliere mich nicht auf Kosten anderer.

- Ich nutze eine Schwäche meines Gegenübers nicht aus, um eine Stärke von mir zu zeigen.

- Ich halte mich nicht raus, wenn der andere Hilfe braucht.

- Ich gebe dem andern so viel, wie ER braucht, nicht aber so viel, wie ich geben möchte.

- Ich antworte auf seine Fragen nicht mit: „Das ist dein Problem!"

- Ich halte mich an allgemein gültige Gesetze, und stelle nicht infrage – wenn es gerade zu meinen Gunsten erscheint –, ob es diese überhaupt gibt.

- Ich reagiere bei Konflikten mit Wohlwollen.

Wir sehen: **Echte Bescheidenheit ist echte Fürsorge.** Und was ist das Besondere daran? Bei der Ich-Fürsorge sorge ich

sowohl für mich als auch für den anderen. Echte Fürsorge, ist so eng mit der echten Bescheidenheit verbunden, weil sie die rechte Mitte zwischen Vorsicht und Risiko, Tun und Abwarten, Geben und Nehmen hält.
Damit kommen wir zu einer weiteren Tugend: GEDULD. Wie sagte Konfuzius (ca. 551-479 v. Chr.) so richtig? *Ist man in kleinen Dingen nicht geduldig, bringt man die großen Vorhaben zum Scheitern.*

Wir Westler erreichen so viel, weil wir nach dem Motto leben: *Es gibt nichts Gutes, außer man tut es*. Wir übersehen dabei aber nicht selten, dass im richtigen Moment nicht zu handeln, auch ein Tun ist. Ebenso wie manche, die zu wenig tun, nicht merken, dass sie Geduld mit Passivität, Detachiertsein/Nichtverhaftetsein mit Desinteresse, Abwarten mit Wegsehen verwechseln und damit ihr Nichttun keine Stärke, sondern eine Schwäche ist.

DIE GROßE DIMENSION DER FÜRSORGE

Die Ich-Fürsorge ist deshalb sehr eng mit VERANTWORTUNG verbunden. Das heißt, mit der Verantwortung zu sehen, was brauche ich, was braucht mein Gegenüber, was verbindet uns, was trennt uns? Was will ich ihm geben beziehungsweise was brauche ich von ihm?

Betrachten wir uns das Gesagte genauer, dann wird eine erstaunliche Dimension der Ich-Fürsorge deutlich: **Sie verbindet uns mit der Klugheit, mit der Besonnenheit, mit dem Mut, mit der Bescheidenheit und der Gerechtigkeit**. Aber nicht nur mit diesen, sondern auch mit der **Verantwortung** und mit der Überlegung oder der Frage, was in dieser Situation gut oder gar das Beste für mich beziehungsweise für mein Gegenüber ist. Echte Fürsorge hat damit eine große soziale Dimension, denn sie zwingt mich dazu, mich mit mir **und** meinem Gegenüber auseinanderzusetzen.

Ich-Fürsorge, sprich, wahre Fürsorge, bedeutet deshalb nicht, dass ich dann lauthals schreie, wenn irgendetwas für mich interessant zu sein scheint. Wahre Fürsorge bedeutet, dass ich WEISS, was wirklich gut für mich ist.

Wahre Fürsorge ist deshalb stets mit Klugheit verbunden, denn sie zwingt mich zur Entwicklung. Und Entwicklung verlangt stets Mut, Vertrauen und Durchhaltevermögen. Damit eröffnet mir die Ich-Fürsorge neue positive Eigenschaften meiner selbst.

Hiermit kommen wir zu einem weiteren Punkt: Wie ich in meinem vorherigen Buch *Fürsorge 1* geschrieben habe, gibt es eine **Grundfürsorge**. Darunter verstehe ich, dass wir mit einer Eigenschaft ähnlich dem Selbsterhaltungstrieb auf die Welt kommen. Deshalb verstehe ich unter Grundfürsorge ein unbewusstes Programm, das für unseren Selbsterhalt sorgt.

Wie ich in unzähligen Aufstellungen festgestellt habe, ist diese Grundfürsorge so fürsorglich, dass sie sogar aufhört für jemanden zu sorgen, wenn dies für ihn nachteilig wäre. Sie kehrt sich sogar in ihr Gegenteil, in die Nichtfürsorge, um, wenn dies jemandem nützt oder ihn schützt. Dies ist der Grund, warum so viele Menschen nicht mehr für sich sorgen können. Ihre Eltern, ihre Lehrer, ihre Umwelt erlaubten ihnen nicht, dass sie für sich sorgten. Deshalb drückten sie ihre Bedürfnisse nicht mehr aus, vielmehr übergingen sie diese und damit sich selbst. Der Gewinn dabei waren weniger Konflikte, weniger Bedrohung, weniger Verletzungen. Das heißt: die Grundfürsorge verkehrt sich in die Nichtfürsorge, um zu helfen, zu schützen, zu bewahren.

Ich bin immer wieder fasziniert von der absolut positiven Ausrichtung unserer Psyche. Im richtigen Kontext betrachtet, gibt es nichts Negatives. Alles ist im Grunde positiv und nur dazu da, uns zu helfen. *Unter einer Bedingung: dass wir die Bedeutung dessen, was uns geschieht, verstehen!*

Damit hat die Fürsorge eine riesige Dimension. Sie reicht von der noch so unbewussten Grundfürsorge zur bewussten Frage „Sorge ich hier für mich?" über die Ego-Fürsorge und der damit verbundenen Sackgasse zur Frage nach der wahren Fürsorge. So gelangen wir über die Ich-Fürsorge und über die Entwicklung von Besonnenheit und den anderen Tugenden zu den größten Fragen, die da sind: **Wie sorge ich richtig für mich? Was ist eine sinnvolle Fürsorge? Wo führt das Ganze hin?**

Die Fürsorge hat damit eine ähnliche Funktion wie der Logos bei Platon. Der Logos als Eros, als Streben, als Liebe, führt den Menschen vom Mangel – er ist die Mutter des Eros (!) –, von den kleinsten beziehungsweise unbewusstesten Fragen zu den größten Wahrheiten (zur Fülle oder gar Überfluss, dem Vater des Eros). (Vgl. dazu auch Kap. 12, GOTT).

Ebenso kann die Frage „Sorge ich hier für mich und andere?" einen weit reichenden Bewusstwerdungsprozess auslösen. Und warum ist dem so? Weil die Fürsorge so unterschiedliche Gebiete wie *erster Eindruck, Ethik, Kommunikation, Glück und Fülle, Umgang mit meinem Körper, Gesundheit, Ernährung, Geld, Testament, Tod und Gott im Positiven wie im Negativen* bestimmt.

Mein bewusster Umgang mit diesen so unterschiedlichen Gebieten, das heißt, das Maß, wie positiv beziehungsweise wie negativ ich mit mir und anderen umgehe, bestimmt wie viel ich geben kann beziehungsweise wie viel ich nehme.

Fürsorge ist von dem Maß bestimmt, **wie viel ich von Herzen geben, wie bewusst ich geben kann, wie viel Glück und Fülle ich erlebe**. Es ist nicht die Welt gut oder schlecht, es ist vielmehr die Art und Weise, **wie ich der Welt begegne**, die mein Schicksal ausmacht.

Dazu gibt es eine sehr schöne Geschichte von Mahatma Gandhi:

Ein Heiliger kam eines Tages dazu, sich mit Gott zu unterhalten und so fragte er Ihn: „Herr, es würde mich freuen zu wissen, wie Himmel und Hölle sind. Gott führte den Heiligen zu zwei Türen. Er öffnete eine und erlaubte ihn in den dahinter liegenden Raum zu sehen. Da war ein riesiger runder Tisch. In der Mitte des Tisches stand ein großer Behälter mit wunderbar duftendem Essen. Dem Heiligen lief das Wasser im Munde zusammen. Die Menschen, die um den Tisch herum saßen, waren aber mager und sahen blass und krank aus. Sie wirkten alle sehr hungrig. Sie hatten Löffel mit sehr langen Griffen, die an ihren Armen befestigt waren. Alle konnten mit ihren Löffeln zu dem großen Topf in der Mitte reichen. Da aber der Griff des Löffels länger als ihr Arm war, konnten sie das Essen nicht in ihren Mund führen.
Der Heilige zitterte beim Anblick dieses Elends und des Leidens.
Gott sagte: „Du hast soeben die Hölle gesehen".

Gott und der Heilige wandten sich nun der zweiten Tür zu. Gott öffnete sie. Die Szene, die der Heilige sah, war identisch wie die erste. Es gab den großen runden Tisch und den großen Behälter, der ihm erneut das Wasser im Munde zusammenlaufen ließ. Die Menschen um den Tisch herum hatten ebenfalls die Löffel mit den langen Griffen. Diesmal aber waren sie wohl genährt, froh und sprachen lachend miteinander.
Da sagte der Heilige zu Gott: „Ich verstehe nicht". „Es ist einfach", antwortete Gott, „sie haben verstanden, dass der so lange Griff des Löffels nicht erlaubt, sich selbst zu ernähren ... sehr wohl aber den Nachbarn. Deshalb haben sie gelernt, jeweils dem Anderen Essen zu geben. Die an dem anderen Tisch saßen, dachten nur an sich selbst ... Himmel und Hölle sind gleich in ihrer Struktur ... den Unterschied schaffen wir!!

Das heißt, es liegt in meiner Verantwortung, ob ich nur an mich denke, nur die Ego-Fürsorge lebe und damit mir UND anderen schade, oder ob ich die grundlegende Wahrheit erkenne, dass meine Interessen IMMER mit denen ALLER verbunden sind, was die Ich-Fürsorge ausmacht.

Genau diese Verantwortung habe ich: Zu erkennen, dass alles miteinander verbunden ist, alles einen Sinn hat und positiv ist und ich nur dann glücklich sein kann, wenn ich gebe, denn das Von-Herzen-anderen-Geben ist nichts anderes als ein Mir-selbst-Geben.

Wahre Fürsorge ist deshalb, von Herzen geben zu können. Und hier ist es die Einstellung, die entscheidet. Deswegen sagt Buddha:

Alles, was wir sind, ist das Ergebnis dessen, was wir gedacht haben. Wenn ein Mensch aus einem negativen Gedanken heraus redet oder handelt, so folgt Leiden. Redet oder handelt ein Mensch aber aus einem positiven Denken heraus, so folgt ihm das Glück wie ein Schatten, der ihn nie verlässt.

Besser, finde ich, kann man den Unterschied zwischen Ego- und Ich-Fürsorge nicht beschreiben.

2. Erster Eindruck

Sprechen wir von Fürsorge, so kommen wir zwangsläufig zum ersten Eindruck. Der erste Eindruck entsteht in einer Zehntelsekunde. So lange braucht unser Gehirn, um unzählige Parameter abzuchecken und unser Urteil über jemanden zu fällen, den wir neu kennenlernen.
Wie die Forscher der Universität Princeton Alexander Todorov und Janine Willis feststellten, ändert sich dieser Eindruck, dieses Urteil, auch nach einem längeren Gespräch nicht – besonders auch deshalb nicht, weil er häufig stimmt, wie viele Studien belegen.
Nur – wir ÜBERGEHEN leider häufig unseren ersten Eindruck, nehmen unser erstes Gefühl nicht ernst – mit entsprechenden Folgen. Wieder einmal spielt hier die Fürsorge eine wichtige Rolle.
Ich unterscheide einen inneren und einen äußeren ersten Eindruck.

Sowohl Oscar Wilde als auch Mark Twain wird der kluge Spruch zugesprochen: *Es gibt keine zweite Chance für den ersten Eindruck.*
Dieser Satz klingt hart. Einmal ist er so zu verstehen, dass mein Gegenüber keine Chance hat, dass ich den einmal bekommenen Eindruck oder das einmal gefällte Urteil je revidiere.
Der Spruch ist aber auch so zu verstehen, dass ich keine zweite Chance geben sollte. Und diese Auslegung ist eine wahre Herausforderung.

Es gibt Untersuchungen, die belegen, dass Menschen, die positiv denken, ohne dies kritisch zu hinterfragen, gefährlich leben. Und genau dies ist die Herausforderung beim ersten Eindruck. Was tue ich, wenn ich bei jemandem einen sehr schlechten ersten Eindruck habe? Sogleich den Kontakt abbrechen? Diesem Menschen doch eine zweite Chance geben? Warum sollte ich dies tun, wenn der erste Eindruck schlecht war? Weil mir mein Gegenüber mit der Zeit sympathischer wird? Ist dies eine Lösung?

Der Charakter als Maßstab

Unser Schulsystem ist darauf ausgerichtet, uns Wissen zu vermitteln. Sehr viel Wissen. Zum Teil so viel Wissen, dass die persönliche Entwicklung schwer damit Schritt halten kann. Viele Schüler und Schülerinnen haben kaum noch Freizeit, weil sie derartig viel für die Schule tun müssen. Und wozu das Ganze? Damit sie eines Tages erfolgreich im Beruf werden und gut verdienen.
Charakter ist hier nicht gefragt.
Von der Fürsorge her betrachtet, werden hier zwei entscheidende Fragen nicht gestellt:

1. Wie ist mein Charakter, wie erleben mich andere?

2. Wie ist der Charakter meines Gegenübers?

Diese beiden Fragen halte ich für die grundlegenden, wenn es um den ersten Eindruck geht.
Deshalb muss ich mich fragen, ob der erste Eindruck bei jemandem ein oberflächlich negativer ist, oder ob dies mit seinem Charakter zusammenhängt.

Was ist nun ein guter Charakter? *Er besteht in Wohlwollen, Geradlinigkeit, menschlicher Zuverlässigkeit, Anstand, Ethik. Unter Ethik verstehe ich hier, dass jemand nicht lügt, nicht* betrügt, nicht stiehlt, nicht übervorteilt – weder mich NOCH andere.

Sehe ich nun jemanden zum ersten Mal, und stelle fest, dass er vom Äußeren her betrachtet keinen sehr guten Eindruck macht, dann muss ich mich anschließend nach seinem Charakter fragen. Und genau dies tun viele nicht, denn der gute Charakter ist in unserer Gesellschaft viel zu wenig Thema.
So kam zum Beispiel vor Jahren ein Mann zu mir, der sehr ungepflegt wirkte. Da er aber viel von mir bekam, war er nett und angeblich aufgeschlossen. Ich maß deshalb der Tatsache keine Bedeutung bei, dass er seinen Eltern, die ihm viel gegeben hatten, nicht dankbar war. Ich war damals noch weit entfernt vom Thema Fürsorge, deshalb schenkte ich seinem Undank keine Beachtung.
Ebenso kam ein Mann zu mir, dessen erster Eindruck gar nicht gut war, der immer nur kämpfte, wodurch nichts Neues, Positives entstand. Er engagierte sich aber in der Gruppe. Trotzdem kam er in der Gruppe nicht gut an – aber darauf hatte ich damals noch nicht geachtet.
Und es kam eine Frau zu mir, die sich bereits beim ersten Gespräch mit mir über meine Fürsorge aufregte.
Bei diesen drei und einigen mehr fragte ich mich nicht nach deren Charakter. Ich hatte die Fürsorge für mich noch nicht entdeckt. Dementsprechend schlecht endete der Kontakt mit ihnen.

Ich bin ihnen aber heute sehr dankbar, denn sie haben mich etwas Entscheidendes gelehrt: **Als erstes achte ich auf die Erscheinung eines Menschen, zweitens auf mein Bauchgefühl, drittens auf seinen Charakter**.
Deshalb gilt für mich: Hat jemand einen schlechten Charakter, sollte es keinen zweiten Eindruck geben. Dies ist die entscheidende Aussage von Fürsorge: Achte auf den Charakter der Menschen, denn der Charakter entscheidet zwischen Himmel

und Hölle. Es gibt nämlich Menschen, denen kann man noch so viel Gutes geben, sie versuchen immer wieder, es *gegen* einen zu verwenden oder gar einem zu schaden. Denn das Gesetz lautet: **Gibst du schlechten Menschen Gutes, werden sie es gegen dich verwenden.**

Positiv und Negativ

Das negative Denken ist heute aus gutem Grund unpopulär geworden. Es gibt unzählige Bücher, die deutlich machen, wie wichtig es ist, positiv zu denken, und wie schädlich negatives Denken ist.
Völlig richtig. Es ist tatsächlich so, dass positiv denkende Menschen Unglaubliches erreichen können und Negativität selbst die besten Chancen im Nu zerstören kann.
Es ist aber genauso wichtig, Positivität nicht mit Blauäugigkeit zu verwechseln – was leider nicht selten geschieht.
Außerdem müssen wir differenzieren: Was ist eine schlechte Tat und was eine böse; was ist ein schlechter Charakter und was ein böser; was ein schlechter Mensch und was ein böser.
Eine schlechte Tat ist, wenn zum Beispiel jemand übergangen, beschimpft oder schlecht gemacht wird.
Eine böse Tat ist, wenn etwas getan wird, um einem anderen **bewusst** zu schaden, ihn zu verletzen oder gar zu vernichten: Seinen Ruf, sein Auskommen oder gar seine Existenz.
Ein schlechter Charakter ist, wenn es jemandem nichts ausmacht, wenn er anderen Schaden zufügt. Böse ist ein Charakter, wenn er dies bewusst tut.
Ein schlechter Mensch betrügt, belügt und nimmt billigend in Kauf, dass andere zu Schaden kommen, wenn es seinen egoistischen Interessen dient.
Ein böser Mensch geht darüber hinaus: Er schadet Menschen bewusst und schreckt selbst davor nicht zurück, ihnen massiv seelisch und/oder körperlich zu schaden.

Wir sollten deshalb, weil wir positiv beziehungsweise negativ über jemanden denken, uns fragen, wozu ein Mensch im Allgemeinen und uns gegenüber im Besonderen fähig ist. BEVOR wir dies nicht entschieden haben, sollten wir sehr vorsichtig mit positivem Denken sein. Es könnte sich stattdessen um gefährliche Blauäugigkeit handeln, die uns nicht nur sehr schaden, sondern uns um Haus und Hof, oder gar um Kopf und Kragen bringen kann.

So geht es nicht primär um positives beziehungsweise negatives Denken sondern darum, wie genau wir jemanden betrachten und welche Überlegungen wir NACH dem ersten Eindruck anstellen.

PRÜFEN

„Nun schön", wird manch einer denken, „wie erkenne ich aber, ob jemand zum Beispiel einen guten Charakter hat?" Eine wichtige Frage.

Ich denke, einen guten Charakter – beziehungsweise einen schlechten – erkennt man in Konfliktsituationen. Die Frage, die wir uns hier stellen müssen ist: Wie reagiert jemand, wenn er wütend, wenn er verletzt ist oder sich hilflos fühlt?

1. Wie massiv sind seine Reaktionen?

2. Wie offen ist mein Gegenüber für meine Argumente?

3. Gibt es noch Wohlwollen? Werden Brücken geschlagen – oder gar noch vorhandene abgerissen?

4. Ist jemand nur bei sich oder gibt es ein DU – und damit mich?

5. Bleibt eine Basis, auf der man noch etwas aufbauen kann?

6. Verwendet jemand mein Entgegenkommen ihm gegenüber gegen mich?

7. Will jemand unbedingt Recht behalten, auch wenn er mir damit bewusst schadet?

8. Gibt es auch in verfahrenen Situationen die Möglichkeit für ein klärendes Gespräch?

9. Hat der Andere Herz?

Und genau hier kommt wieder der Gedanke der Fürsorge herein: Habe ich das Recht, mich zu fragen, ob ich für mich sorge, wenn ich so mit mir umgehen lasse und mich frage, ob dieser Mensch, der mich gerade so behandelt, gut für mich ist?
Habe ich in meiner Kindheit ein Recht auf meine Fürsorge gehabt, oder habe ich damals gelernt zu schlucken, und tue ich es jetzt wieder?
Die Antwort, die ich mir geben sollte, ist klar: Da es mir damals geschadet hat, nicht auf mich hören zu dürfen, wird es mir heute ebenfalls schaden, nicht auf mich hören zu können.
Die Prüfung besteht deshalb nicht nur darin, mich zu fragen, was der andere tut, sondern – und das ist entscheidend! –, ob ich ADÄQUAT reagieren darf und kann.
Deshalb sagt Buddha: *Es ist besser sich selbst zu erobern, als 1000 Schlachten zu gewinnen. Denn dann ist der Sieg wirklich unser. Er kann uns nicht mehr weggenommen werden, weder von Engeln noch von Dämonen, weder vom Himmel noch von der Hölle.*

Dies besagt: Ich muss ein inneres Recht haben, für mich sorgen, hinsehen, meine Empfindungen spüren und mich schützen zu dürfen. Darf ich das nicht, ist mein Hinsehen entweder lückenhaft oder ich kann keine entsprechenden, für mich hilfreichen Schlüsse ziehen. Wie wir im vorherigen Kapitel sahen,

ist die Fürsorge DER Weg, um mich besser oder wirklich kennenzulernen.
Die Prüfung geht deshalb in zweierlei Richtung:

Erstens muss ich mich fragen, ob ich für mich sorgen und dies auch in einer angemessenen Form von meinem Gegenüber fordern darf, und

zweitens, ob mein Gegenüber gewillt ist, mir fürsorglich zu begegnen,
oder ob er nur bei sich bleibt und auf meine Kosten seine Interessen verfolgt.

I. Der erste innere Eindruck

Die Art und Weise, wie ich gelernt habe, für mich zu sorgen, wie klug ich mit meinen Bedürfnissen umgehe, meine echte Bescheidenheit, mein Mut und mein Gerechtigkeitssinn, die Werte, die ich lebe, bestimmen den ersten Eindruck, den andere von mir als Persönlichkeit bekommen. Das heißt, je mehr jemand an sich arbeitet, je mehr er „sich selbst erobert", wie Buddha sagt, desto positiver ist der erste innere Eindruck, den er macht, weil Menschen sogleich spüren, wie positiv, wie froh, wie selbstbewusst jemand ist – besonders wenn er dabei nicht angibt. Deshalb ist **die positive Ausstrahlung**, die jemand hat, von großer Bedeutung. Er zieht damit unweigerlich Menschen an, denn alle suchen die Gemeinschaft von frohen, positiven Menschen und meiden einen missmutigen, negativen Griesgram.
Fürsorge für uns bedeutet deshalb, dass wir an unserer Ausstrahlung arbeiten und damit immer positiver auf unsere Mitmenschen wirken. So heißt es nicht zufällig „dieser Mensch hat eine gewinnende Ausstrahlung, eine erfrischende Art". Solch ein erster Eindruck öffnet Türen und bereitet den Weg zu privatem und beruflichem Erfolg, denn Menschen lieben es,

mit so jemandem zusammen zu sein, da Fröhlichkeit und Leichtigkeit genauso wie ein Lächeln ansteckend sind.

Diese gewinnende Art kommt einem Versprechen gleich. In Anlehnung an Marcel Proust, der sagte *Schönheit ist ein Versprechen von Glück*, würde ich sagen: Ein positiver erster Eindruck ist ein Versprechen, dass auch der „zweite" Eindruck positiv sein wird. Was ich darunter verstehe, erläutere ich weiter unten.

II. Der erste äußere Eindruck

1. Das Erste, was wir häufig an einem Menschen sehen, ist sein **Gesicht und seine Haut**. Ist das Gesicht einer Frau zu sehr geschminkt, fragen wir uns sogleich, warum sie dies tut? Ist die Haut ungepflegt (nicht gewaschen, nicht eingecremt), dann schließen wir daraus, dass dieser Mensch nicht gut mit sich umgeht, und fragen uns unweigerlich, wie er mit uns umgehen wird.
(Hat jemand aber eine Hautkrankheit wie zum Beispiel Neurodermitis oder Akne, dann relativiert sich natürlich die Aussagekraft seines ersten Eindrucks in diesem Punkt).

2. **Tattoos** und **Piercings**. Sprechen wir von der Haut, kommen wir fast automatisch zu diesem Modethema, denn sehr viele lassen sich tätowieren beziehungsweise piercen.
Wie wir wissen, sind Geschmäcker verschieden. Das Problem ist aber: Auch unser eigener Geschmack verändert sich! Was ich vor 10, 20, 30 oder 40 Jahren gut fand, ist heute zuweilen gar kein Thema mehr. Deshalb lerne ich immer wieder Menschen kennen, die ein oder mehrere Tattoos haben, die sie sich vor Jahren haben machen lassen, die sie jetzt aber sehr gerne weg hätten. So war ein Handwerker bei mir tätig, der ein Riesenmesser auf dem Unterarm hatte. Er sagte mir, das habe er sich als Lehrling stechen lassen. Nun als Meister störe es ihn –

und seine Frau! – doch sehr. Das Wegmachen sei aber sehr teuer und schmerzhaft.

Und noch etwas sollten wir bei der Entscheidung bedenken: Wie sehen die Tattoos eines Tages aus, wenn die Haut nicht mehr so straff ist?

Schließlich sollten wir auch darüber nachdenken, dass Tattoos ursprünglich aus der Matrosen- und Sträflingskultur stammen – mit Sicherheit ein Grund, warum sie zum Beispiel in der Oberschicht verpönt sind. Ich kann mir auch nicht die Queen oder Prinz William mit Tattoo vorstellen!

Ähnliches gilt fürs Piercing. Was ich da zuweilen zu sehen bekomme, erfüllt nicht selten den Tatbestand der Selbstverstümmelung. Warum sollte man sich sonst zum Beispiel einen Ring durch Ober- beziehungsweise Unterlippe ziehen lassen? Oder das ganze Ohr mit Brillis durchlöchern? Oder einen Knopf in die Zuge stechen lassen?

Wir sollten uns deshalb IMMER nach oben orientieren und bei solchen Entscheidungen fragen, ob ein Bundeskanzler oder eine Bundeskanzlerin sich so etwas machen lassen würde und könnte.

3. **Haare**. Ist die Frisur wild, so nehmen wir an, dass darunter auch wilde Gedanken sein werden. Entsprechend vorsichtig sind wir einem solchen Menschen gegenüber.

Viele Frauen bekommen bereits mit Mitte Dreißig graue Haare und färben sie nicht. Dies war einmal Thema in der Gruppe wegen einer hübschen Frau, die aus recht nachvollziehbaren Überlegungen meinte, sie färbe sich die Haare nicht. Aber ALLE Männer und viele Frauen waren fürs Färben. Hier sind Naturfarben sehr zu empfehlen.

Nach einiger Zeit färbte sie ihre Haare dann doch mit Naturfarben und sah sehr viel jünger und attraktiver aus.

Bei der Firma *Just Nature* gibt es auch eine Naturhaarbürste gegen Haarausfall. *Just Nature* meint zudem, dass sie die Kopfhaut so aktiviere, dass Haare sogar wieder wachsen würden. Was ich bei einem Mann, den ich seit einer Weile kenne, auch beobachten konnte.

4. **Bart**. Ein Zwei-, Dreitagebart ist heute modern, und vielen jungen Männern steht er auch. Bei manchen sieht er aber recht fusselig aus, und macht sie nicht gerade attraktiv. Bei älteren Männern finde ich einen Stoppelbart häufig schwierig, weil graue Haare immer alt machen. Und ich finde, alt und lässig beziehungsweise vielleicht auch ungepflegt passt nicht ideal zusammen. Ich kenne aber auch ältere Männer mit grauem, längerem Bart, denen er sehr gut steht. Man sieht mal wieder: Es hängt immer vom Einzelnen ab – und hier sollte der Partner der hervorragende Berater sein.
Stelle ich mich als junger Mann bei einer neuen Firma vor, sollte ich mich am besten im Vorfeld erkundigen, wie da ein Stoppelbart ankommt – und sollte mich gegebenenfalls gut rasiert vorstellen.

5. Der nächste Punkt ist die **Kleidung**, sie ist DAS Aushängeschild eines Menschen. Hier hätte die Modeindustrie eine große Verantwortung, der sie meiner Ansicht nach aber überhaupt nicht nachkommt. Was ich in Zeitungen oder Zeitschriften an Kleidungsvorschlägen für Männer und Frauen sehe, ist immer wieder erschreckend. Es gibt doch einen klassischen Stil, der sich über Jahrhunderte bewährt hat, der Coco Chanel und Jil Sander berühmt machte. Deshalb frage ich: Warum brauchen wir immer wieder Neues, wenn es so viel schlechter als das Alte ist? Meine Meinung ist deshalb: Menschen sollten sich klassisch kleiden und dem allzu Modernen misstrauen, denn es gibt nichts, was mehr Vertrauen schafft, als ein Mann oder eine Frau, die lässig und doch elegant gekleidet sind.
Zu perfekt, zu geleckt verrät dagegen eine Steifheit, die misstrauisch macht.
Zudem sollte die Kleidung dem Anlass entsprechen. Und auch altersgerecht sein. Denn es ist schade, wenn junge Menschen

sich durch ihre Kleidung alt machen. Oder ältere zu jung wirken wollen.
Schlampig, ungepflegt oder gar dreckig macht natürlich auch keinen guten Eindruck, und jemand, der so herumläuft sollte sich fragen, wie er für sich sorgt, wie er gesehen werden möchte, was er im Leben erreichen beziehungsweise NICHT erreichen will.

6. Ich finde, besonders viel über einen Menschen sagen seine **Schuhe** aus. Läuft zum Beispiel eine Frau völlig wackelig auf hohen Stöckelschuhen, dann frage ich mich, wie es mit ihrem Standpunkt, mit ihrem Geerdetsein, mit ihrem Selbstwert aussieht. Von der Fürsorge sich selbst und besonders ihren Füßen gegenüber ganz zu schweigen. Auch hier gilt die Regel: *Weniger ist immer mehr.* Das heißt, nicht so hohe Absätze machen auf Dauer stets einen besseren Eindruck als zu hohe.
Bei Männern sind die Form und die Machart der Schuhe entscheidend. Es ist für mich ein Zeichen von Seriosität, wenn ich sehe, dass ein Mann seine Schuhe lange trägt. Dies bedeutet dass er sie gut pflegt, sie wertschätzt und sie deshalb nicht wegen einer Modemarotte aufgeben wird. Oder anders gefragt: Wie geht jemand mit mir um, wenn er jedes Jahr seine Kleidung aussortiert beziehungsweise entsorgt?
Seien die Schuhe nun klassisch oder modisch: Sie sollten auf alle Fälle geputzt und die Hacken nicht abgelaufen sein.

7. Sehr wichtig für den positiven ersten Eindruck ist das **Auftreten, die Bewegung**. Geht jemand aufrecht, langsam, in sich ruhend, dann macht das natürlich einen positiven Eindruck. Geht jemand dagegen gebückt, und hebt beim Gehen nicht so recht die Füße, so macht das zwangsläufig einen schlechten Eindruck.
Menschen sollten unbedingt ihr Auftreten, ihre Bewegungen üben. Ein federnder, leichter und doch selbstbewusster Gang wirkt einnehmend. Aber auch hier sollten wir des Guten nicht

zu viel machen. Ich war einmal in einem Seminar, da kam der Trainer zur Bühne und sprang dann hinauf. Ich fand das zu viel Show – und sollte damit Recht behalten, denn das Seminar war inhaltlich dünn und den Trainer gibt es heute nicht mehr.

8. **Schmuck**: Hier kann man unendlich viel richtig beziehungsweise falsch machen. Auch hier gilt für mich die Regel: *Besser zu wenig als zu viel.* Wenn Frauen mit Schmuck nur so behangen sind und viele, möglicherweise auch noch dicke Ringe tragen, müssen sie sich bewusst sein, dass der aufmerksame Beobachter annimmt, ihr Schmuck sei ihnen wichtiger als sie selbst. Warum sonst würden sie unsere Aufmerksamkeit darauf und nicht auf sich lenken? Coco Chanel, die die Frauen vom Korsett befreite und den klassischen Stil für Frauen schuf, sagte einmal über eine Frau, die sehr viel Schmuck trug: „Sie hat ihr ganzes Tafelsilber angelegt!"
Aus diesem Grund des „Niemals-zu-viel", sollten Männer besonders vorsichtig mit Ohrringen sein. Außer bei Musikern und Künstlern habe ich noch nie einen Mann mit einem oder mehreren Ohrringen gesehen, den diese nicht schwächten. Dagegen habe ich viele Männer erlebt, die auf mein Anraten hin ihren/ihre Ohrringe ablegten und danach erfolgreich wurden.

9. **Uhren**. Besonders hier gilt der obige Spruch: Weniger ist mehr. Besonders bei Uhren beweist sich der Geschmack und das Selbstverständnis eines Menschen. Elegante, aber nicht protzige Uhren zu finden und zu tragen, ist eine wahre Kunst. Denn die Geschäfte haben in den meisten Fällen entweder protzige oder nicht besonders schöne beziehungsweise unelegante Uhren.
Interessant ist für mich, dass ich zwei Männer kennen lernte, die besonders schwere und protzige Uhren trugen: Beide waren Lügner und Betrüger. Und sehe ich in manchen Auslagen Uhren, die mit Diamanten übersät sind und ein Vermögen

kosten, dann frage ich mich, ob man dieses Geld nicht sehr viel sinnvoller anlegen sollte.

10. **Zähne.** Während ich diese Zeilen schreibe, bin ich in den USA. Hier herrscht eine unglaubliche Zahn-Kultur. Zum Teil, finde ich, übertreiben es die Amerikaner. Die Zähne werden so reguliert, dass es unnatürlich wirkt. Zudem werden sie so gebleicht, dass sie nicht mehr elfenbeinfarben, sondern strahlend weiß wirken. Nach dem Motto: Weiße Zähne drücken Jugend, Effizienz und Erfolg aus. Stimmt auch. Nur wenn sie nicht zum Gesamteindruck passen, dann fallen sie eher negativ auf.
Und genau das sollten Zähne: Sie sollten NICHT auffallen. Entweder sie sind natürlich schön oder sie sollten so reguliert sein, dass es natürlich wirkt. Das gleiche gilt für die Farbe.
Was ich aber zum Teil in Deutschland sehe, ist erschütternd. Da kommen Menschen zu mir, und sagen mir, sie suchten einen Partner und haben Zähne, die wahrlich nicht einladend sind.
Deshalb: **Zahnpflege und Zahnästhetik sind entscheidend.** Wir brauchen keine strahlend weißen Zähne, sie sollten aber hell und nicht ungepflegt aussehen. Sind sie gelb oder gar braun, sollten wir sie beim Zahnarzt aufhellen lassen.
Zudem ist Zahnpflege ENTSCHEIDEND! Selbstverständlich sollten wir regelmäßig Zähneputzen, spätestens alle zwei Monate die Zahnbürste wechseln (oder sie zumindest zum Beispiel mit *Kodan* desinfizieren!), denn sonst kann sie uns durch die Bakterien, die sich darauf gebildet haben, anstecken und krank machen. Außerdem sollten wir regelmäßig (jedes Halbejahr) zum Zahnarzt zur Prophylaxe und zur Kontrolle gehen. Die Pflege und der Erhalt von Zähnen sind äußerst wichtig – nicht nur für den ersten Eindruck! Es ist kein Zufall, dass in der Traumsymbolik Zähne für Energie, Durchsetzungsvermögen und Kraft stehen. Da Zähne so wichtig sind, sollten wir auch vorsichtig mit dem Essen von Süßem sein (dem großen Feind

der Zähne), und uns danach die Zähne putzen oder ein Xylitbonbon essen, denn das neutralisiert den Zucker.

11. **Mundgeruch**. Ein besonders delikates Thema, denn es ist kaum möglich, jemandem zu sagen, dass er Mundgeruch hat. Er entsteht häufig durch schlechte Zähne, Bakterien im Mund (hier hilft regelmäßiges spülen mit LISTERINE®) oder Bakterien im Magen. Hier hat sich bei vielen das Pulver *Bentoforte* von Fangocur (http://www.fangocur.at) bewährt. Bevor man es aber nehmen kann, muss man WISSEN, dass man Mundgeruch hat. Ich finde hier wichtig, dass man seinen Partner, seine Partnerin fragt, ob dies der Fall ist – und dann schleunigst etwas dagegen tut.
Und natürlich: Immer erst den Arzt fragen, ob nicht etwas Ernsteres hinter dem Symptom steckt!

12. **Fingernägel**. Viele Menschen gehen sogar zur Maniküre und haben wunderbar gepflegte Hände. Ich selber war noch nie dort, finde aber schöne, gepflegte Hände absolut einnehmend. Außerdem drückt ein Mensch, der seine Hände pflegt, aus, dass er sich wichtig nimmt. Es muss nicht Maniküre sein, aber ordentlich geschnittene Nägel und saubere Hände sind ein Muss, denn Hände sind die Körperteile, mit denen wir anderen Menschen am nächsten kommen. Wenn wir diese nicht pflegen, wie gehen wir dann mit uns, wie gehen wir mit unserem Gegenüber um?

13. Damit kommen wir zur **Begrüßung**. Sie ist eine hohe Kunst. Es gibt Menschen, die Meister in der Begrüßung sind. Sie neigen sich in der rechten Form, drücken in der richtigen Weise die andere Hand (nicht zu fest und nicht zu lasch), lächeln, sagen ein paar freundliche Worte und schaffen damit sofort Kontakt. Man sollte die richtige Begrüßung unbedingt mit Freunden üben, denn sie ist die erste Berührung mit einem

Fremden und deshalb sehr wichtig für einen positiven ersten Eindruck.

14. **Manieren.** Eine Zeit lang waren Manieren aus der Mode. Besonders in den sechziger, siebziger Jahren wurde alles, was vom „Establishment" kam, infrage gestellt. Bald merkten selbst die kritischsten Verfechter der neuen Lockerheit, dass es ohne Manieren, besonders ohne GUTE Manieren, nicht geht. Heute gibt es eine wahre Renaissance des richtigen Verhaltens und sogar der Etikette. Seminare, die die alten Regeln des Freiherrn von Knigge neu interpretieren, stehen hoch im Kurs – wie ich finde, zu Recht. Denn es gibt einem Menschen Selbstvertrauen, wenn er weiß, wie er sich, bei wem, wo und wann richtig benimmt.

Dies trifft besonders auf Tischmanieren zu. Ich bin immer wieder erschüttert zu sehen, dass ansonsten kultivierte Menschen erstaunlicherweise miserable Tischmanieren haben können. Sie wissen leider nicht, wie sehr sie sich dadurch schwächen. Deshalb sollte ein Mensch, der erfolgreich sein will, oder es bereits ist, unbedingt lernen, wie man sich richtig bei Tisch benimmt.

15. **Zugewandt sein, Interesse zeigen.** Wie sehr beziehungsweise wie wenig ein Mensch anderen gegenüber zugewandt ist, wie sehr er sich für andere interessiert, bestimmt den Eindruck, den er hinterlässt. Es ist meine Haltung, der Ausdruck von wahrem Interesse an meinem Gegenüber, der genau gespürt wird. Menschen merken es sofort, wenn jemand sie wirklich meint, echtes Interesse an ihnen hat. Zugewandtsein und wahres Interesse können im Nu unzählige Türen öffnen, die ohne diese möglicherweise für immer verschlossen blieben.

16. Damit kommen wir zum **Lächeln**. Selbst Kanzlerin Merkel musste es lernen: Lächeln ist entscheidend. Lächeln öffnet Herzen, schafft Kontakt, schafft eine freundliche Atmosphäre,

schafft Leichtigkeit. Wie sagte Buddha? *Ein Lächeln geht nie verloren!* Wir sollten unbedingt unser Lächeln kennen lernen und ein positives Lächeln üben. Denn vielen Menschen ist nicht klar, dass ihr Lächeln gefroren wirkt, dass es nicht zu ihrem Gesichtsausdruck passt, dass es gekünstelt ist. Deshalb ist ein Lächeln, das von Herzen kommt, absolut berührend. Man sehe sich dazu die indische Heilige Amma an (vgl. *www.embracingtheworld.com*). Es ist fast unmöglich, von ihrem Lächeln nicht tief berührt zu sein. So weit müssen wir es damit nicht „treiben". Aber darauf hin arbeiten, dass unser Lächeln besonders herzlich ist, können wir schon.

17. **Humor** ist eine wunderbare Gabe. In Abwandlung eines Gedichtes von Johann Wolfgang von Goethe, das er bezüglich Freundschaft geschaffen hat, würde ich sagen: *Der Humor ist eine Gabe, er mildert Schmerz, er mildert Pein, und Freunde kann jeder haben, der selbst versteht, humorvoll zu sein.* Humor ist deshalb besonders einnehmend, weil wir es lieben, wenn Menschen sich selber hoppnehmen können. Deshalb ist der Maßstab: Jeder **Witz** ist erlaubt, der nicht auf Kosten anderer geht, der andere nicht verletzt. Lacht jemand aber zu viel über sich, kann er sich dadurch wiederum schwächen – wieder gilt: Niemals zu viel!
Aus diesem Grund sollten wir mit **Witzen** sehr vorsichtig sein, denn ein Witz mit der falschen Person und schlecht verstanden, kann uns Kopf und Kragen kosten. Deshalb sind Humor und Witz zweischneidige Schwerter, die wir sehr bedacht, sehr klug verwenden sollten, damit sie uns nicht mehr schaden als nützen.

18. **Bitte** und **Danke**. Hier fällt mir auf, wie viele Menschen nicht Danke sagen beziehungsweise nicht sagen können. Die Regel ist aber recht einfach: Wer nicht dankbar ist, ist auf Dauer auch nicht froh, denn er sieht nicht, mit wie viel er beschenkt ist und wird. Die Frage, die sich jeder deshalb stellen

sollte, ist: „Möchte ich zu jemandem näheren Kontakt haben, der weder dankbar noch froh ist?"

Viele können zudem auch nicht mit Dank umgehen. So ging ich vor wenigen Tagen zur Bank. Hier begrüßte mich ein netter junger Mann und bat mich, kurz zu warten. Als ich mich vor einen Stapel Zeitungen setzte, sah ich neben dem Tisch einen Schirmständer voller Werbeschirme. Ich fragte den jungen Mann, ob ich einen haben könnte. „Sehr gerne!", war die prompte Antwort. Diese so freundliche Antwort und der Regenschirm erfreuten mich, weswegen ich mich herzlich bedankte. Hiermit konnte mein Gegenüber nun aber gar nicht umgehen. Anstatt: „Gerne" oder „Freut mich, dass es Sie freut" zu sagen, antwortete er mit „Kein Problem!".

Eine recht deplatzierte Antwort, die mich als Psychologe vermuten lässt, dass er in seiner Kindheit nicht viel mit Dank zu tun hatte – und wahrscheinlich auch nicht viel gelobt wurde, worauf er mit „Danke" hätte antworten können.

Diesen Mangel an Anerkennung beziehungsweise Zuwendung hatte er wahrscheinlich mit „Kein Problem" abgeschnitten. Bei diesen Überlegungen sah ich mir den jungen Mann genauer an und empfand ihn recht unsicher – eine Folge mangelnder Bestätigung? Ich fragte nicht nach … nahm vielmehr dankbar meinen Schirm und ging zu meiner Verabredung.

Diese kleine Geschichte zeigt uns: Für einen guten ersten Eindruck ist der adäquate Umgang mit „Bitte" und „Danke" unerlässlich – und wir sollten ihn nicht mit „Kein Problem" abtun!

19. **Stimme**. Sie ist in Vielem entscheidend. Um das obige Thema noch mal aufzugreifen: Mache ich einen gewagten Witz, spreche ihn aber mit einer warmen, liebevollen Stimme, so wird diese die mögliche Schärfe des Witzes abmildern oder sogar auflösen. Eine warmherzige Stimme ist ein Geschenk, das man nicht hoch genug bewerten kann.

Es gibt nun Menschen, die nicht damit gesegnet wurden. Sie sollten aber weder verzweifeln, noch es als gegeben und damit als unveränderbar ansehen und hinnehmen. Vielmehr sollten sie etwas tun. Denn es gibt heute so viele hervorragende Techniken, die eigene Stimme zu entwickeln, dass es überhaupt keinen Grund gibt, sich mit einer nicht idealen Stimme zufrieden zu geben. Auch hier gilt wieder einmal der Spruch: *Es gibt nichts Gutes, außer man tut es.*

Fragt sich jemand, ob er an seiner Stimme arbeiten sollte, dann hilft es ihm möglicherweise, eine positive Entscheidung zu finden, wenn er sich bewusst macht, dass die Stimme einer DER entscheidenden Faktoren für den ersten Eindruck darstellt. Vielen ist es zwar nicht bewusst, aber unbewusst hören wir GENAU auf den Klang einer Stimme, und wir beurteilen einen Menschen entsprechend. Deshalb sollten wir viel einsetzen, um eine angenehm klingende Stimme zu bekommen.

20. **Sprache**. Genauso wichtig wie die Stimme ist die Sprache. Es beginnt schon damit, ob jemand Dialekt spricht oder nicht. Oder noch anders formuliert: Ob jemand Dialekt kann. Ich erlebe immer wieder in Venedig, dass sich plötzlich Türen öffnen, wenn ich nicht mehr Hochitalienisch, sondern Venezianisch spreche. Da entstehen zuweilen eine Leichtigkeit und eine Zugewandtheit, die vorher nicht möglich waren. Deshalb finde ich es sehr wichtig, Dialekt sprechen zu können. Es geht aber um das „Können". Schwierig wird es aber, wenn Menschen nur Dialekt sprechen und keine Hochsprache können. So sehr der Dialekt, im richtigen Moment verwendet, eine wunderbare Bereicherung der Kommunikation darstellt, so sehr ist der Dialekt als EINZIGE Möglichkeit eine enorme Einschränkung.

Deshalb fordere ich immer wieder Eltern auf, die Dialekt sprechen, dafür Sorge zu tragen, dass ihre Kinder auch die Hochsprache lernen, denn dies öffnet ihnen eine Vielzahl an Möglichkeiten.

21. Genauso wichtig wie zwischen Hochsprache und Dialekt auswählen zu können, sind **die Wortwahl, das Tempo, die Betonung, die Pausen und die Lautstärke.** Ein Zu-leise-Reden oder ein Nuscheln zum Beispiel wirken sich nachteilig aus. Natürlich ist auch essentiell, ob ich **Blickkontakt** beim Sprechen aufnehme, ob ich finster, ernst oder fröhlich mein Gegenüber **ansehe**, und ob ich immer wieder lächeln kann – und dies zudem im richtigen Moment.

22. Selbstverständlich ist auch die **Körpersprache** von größter Bedeutung. Wir alle wissen – bewusst oder unbewusst –, dass der Körper nicht lügen kann. Deshalb bemerken wir nicht nur, was der Körper ausdrückt, sondern nehmen es auch sehr ernst. Stimmt der Körperausdruck nicht mit dem überein, was jemand sagt, so glauben wir ihm nicht, oder noch schlimmer: halten ihn sogar für einen Lügner.

In den Gruppen stelle ich immer wieder fest, wie viele Menschen nicht wissen, was sie über den Körper ausdrücken. Da sitzen sie mit verschränkten Armen und Beinen und zurückgelegtem Oberkörper da und glauben, offen zu sein. Oder sie bewegen sich und reden sehr aufgebracht, sind aber der Überzeugung, ganz ruhig zu sein.

Ebenso finde ich es deplatziert, wie viele Männer sitzen: Breitbeinig, zuweilen in so engen Hosen gekleidet, dass man sich fragt, ob sie vielleicht „eine Hasenpfote" irgendwo versteckt haben!

Das Gleiche gilt für Frauen, die einen so kurzen Rock tragen, beziehungsweise so sitzen, dass man ihnen „bis zur Leber" blicken kann – wie ein Seminarteilnehmer dies formulierte.

Auch hier fehlt vielen Männern und Frauen offensichtlich die Fürsorge für sich und andere – weswegen dies in meinen Gruppen immer wieder Thema wird.

Wir sollten diese Widersprüche in unserer Kommunikation unbedingt auflösen, um glaubwürdig zu sein. Denn hält uns unser Gegenüber einmal für unglaubwürdig, so kann dieser Eindruck lange bestehen bleiben.

23. Ebenso wie die Körpersprache ist der **Geruch** von entscheidender Bedeutung. Ich kenne so viele Menschen, die mir erzählten, sie hätten einen Mann oder eine Frau kennen gelernt, den beziehungsweise die sie sehr interessant fänden, dessen beziehungsweise deren Geruch, Parfum oder Rasierwasser hätte sie aber total auf Distanz gehalten, weswegen sie keinen näheren Kontakt zu diesem Menschen hätten haben wollen!
Vielen Menschen mangelt es auch an einem guten Deo. Manche lehnen Deodorants grundsätzlich ab – auch weil viele meinen, in Deos sei Aluminium, das der Körper nicht abbauen könne und deshalb akkumuliere, was am Ende sogar zu Alzheimer führen könne.
Ich kann dies natürlich nicht beurteilen. Was ich aber weiß, ist, dass es genügend biologische Deos gibt, die GARANTIERT kein Aluminium oder andere schädliche Substanzen enthalten.
Sie sind damit ein Garant für Gesundheit UND guten Geruch – eine sehr gute Mischung! (Hier ist noch wichtig zu bedenken: Viele meinen am Anfang, wenn sie auf biologische Deos umsteigen, dass diese nichts bringen, weil sie ihre Wirkung erst nach ein paar Wochen Anwendung entfalten, wenn der Körper sich umgestellt hat. Wir sollten deshalb ein wenig Geduld mit ihnen haben!)

So ist es nicht nur wichtig, dass wir gepflegt, sondern auch angenehm und wohl riechend sind. Auch hier ist zu viel fast immer schlecht. Ein guter, dezenter Geruch ist dagegen allen angenehm – Platon sagt zum Beispiel, das Einzige, was wir wirklich geschenkt bekämen, sei der Duft. Er sollte deshalb ein Geschenk bleiben und nichts Aufdringliches werden.

24. Damit komme ich zu dem großen Thema von **Nähe und Distanz**. Ein schlechter Geruch bringt uns zwangsläufig auf

Distanz, ebenso wie ein guter Duft uns anzieht. Fast wie ein schlechter Geruch sind Menschen, die uns zu nahe kommen, die unaufgefordert über unsere persönliche Grenze hinweggehen. Und noch schlimmer: Gehen wir einen Schritt zurück, um unsere Wohlfühldistanz wiederherzustellen, dann folgen sie uns – verfolgen sie uns! Solche Menschen hinterlassen keinen positiven Eindruck, denn sie vermitteln uns, dass sie unsere Grenzen nicht respektieren. Und was ist unsere Grenze? Ein wichtiger Ausdruck unserer Identität. So wie das Verletzen der Grenzen eines Staates einen feindseligen Akt darstellt, der sogar einen Krieg auslösen kann, so ist das Überschreiten unserer Grenzen ein sehr unangenehmer Akt, der manche Menschen in größte Bedrängnis bringen kann – besonders wenn sie sich nicht gut wehren können. Wir sollten deshalb sehr vorsichtig im Umgang mit den Grenzen anderer sein. Mögen sie es auch nicht bewusst merken, mögen sie es uns auch nicht sagen, unbewusst nehmen sie es mit Sicherheit wahr und werden es uns entsprechend ankreiden.

25. **Aufstehen**. Wenn jemand zu mir kommt, stehe ich immer auf. Ich finde, dies schulde ich meinem Gegenüber. Es passiert mir aber immer wieder, dass ich auf jemanden zugehe, der zum Beispiel in der Seminarrunde sitzt und dieser nicht aufsteht. Da besteht gar kein Empfinden dafür, dass man immer darauf achten sollte, seinem Gegenüber auf Augenhöhe zu begegnen.
Besonders wichtig finde ich dies als Mann Frauen gegenüber. Es ist eine alte europäische Tradition, Frauen zu verehren (man denke an den Minnegesang beziehungsweise die *Trobadors* im Mittelalter). Die Inder sagen, die Frauen seien das Herz der Gesellschaft. Für mich entscheidende Argumente aufzustehen, wenn eine Frau auf mich zukommt.
Man kann das Aufstehen aber auch übertreiben, und jedes Mal aufspringen, wenn eine Frau selbst zum zigsten Mal einen Raum betritt. Wieder gilt: Niemals zu viel. Denn Achtsamkeit

ist sehr wichtig, Manieren der Manieren wegen aber sinnlos bis lächerlich.

Was sagt uns nun diese lange Auflistung? Der erste Eindruck bestätigt mir primär, wie achtsam ich mit mir und anderen umgehe, wie sehr ich mich um mich und andere kümmere oder gar bemühe, wie sehr ich an mir und anderen interessiert bin.
Ist mir dies bewusst, halte ich mich an die Gesetze der Fürsorge für mich und für andere und setze sie im richtigen Moment um, dann werden nicht nur mein erster Eindruck, sondern auch alle nachfolgenden positiv und ich und meine Gegenüber mit Freude beschenkt sein.

III. DER ZWEITE EINDRUCK

Der „zweite" Eindruck ist MINDESTENS so wichtig wie der erste – leider übersehen dies viele.
Zum zweiten Eindruck zähle ich: *Versprechen/Wort halten, Zuverlässigkeit, Pünktlichkeit, Wahrheit, Rechtschaffenheit, Konfliktfähigkeit, Fairness, Charakter.*
Es nützt nämlich nichts, wenn jemand noch so einen guten ersten Eindruck macht, ich mich aber zum Beispiel nicht auf sein Wort verlassen beziehungsweise nichts klären kann.
Menschen, die Fürsorge leben, reagieren hier sehr sensibel – tun sie es nicht, haben sie ein Problem mit der Selbstfürsorge.
Dazu ein kleines Beispiel: Jonny bat seinen Freund Fritz, er möge ihm doch bitte eine Wohnung vermieten, die Jonny besonders gefiel. Fritz war der Eigentümer dieser Wohnung und hatte bereits einen ernsthaften Interessenten dafür, dem er für seinen Freund hätte absagen müssen. Jonny redete aber so lange auf den gutmütigen Fritz ein, bis dieser ihm die Wohnung gab – sogar auch noch 50 Euro günstiger.
Jonny beschwerte sich auch über den Mietvertrag von Fritz' Hausverwaltung – was keiner weder vor noch nach ihm tat.

Jonny unterschrieb nicht, zahlte nicht – obwohl er Fritz versprochen hatte, dies innerhalb einer Woche zu tun –, ließ seine Freundin und seine Kinder in der Wohnung übernachten – und sagte dann ab!

Er versprach Fritz, für den Schaden aufzukommen, denn die Wohnung stand nun ZWEI Monate leer. Jonny fügte damit Fritz einen Schaden von 2.000 Euro zu – und was gab er als Entschädigung? 200 Euro! Das fand er fair, und merkte nicht, dass er wieder ein Versprechen gebrochen hatte und damit ein offensichtliches Problem mit Wahrheit und Rechtschaffenheit hatte. Da er zudem nicht konfliktfähig ist, konnte Fritz nichts mit ihm klären.

So sagte Fritz nicht viel zu Jonnys unfairem Verhalten. Die Freundschaft war aber für immer schwer beschädigt.

Jonny hatte sich damit mehreres geleistet: Er hat nicht Wort gehalten, war nicht zuverlässig gewesen, hatte sogar klare Versprechen gebrochen, hatte sich weder an Wahrheit noch an Rechtschaffenheit gehalten und außerdem die Freundschaft von Fritz schamlos ausgenutzt.

Und was sagte Fritz' Frau dazu? „Na, wir hätten schon vorgewarnt sein sollen, denn Jonny nahm es auch sonst nicht sehr ernst mit der Zuverlässigkeit, mit dem Worthalten, mit der Pünktlichkeit und der Fairness. Im Grunde hätte er nie die Wohnung bekommen sollen! Eine sehr gute Lehre für uns."

Deshalb sage ich: *Beim Geld fängt die Freundschaft an* – denn dann sieht man deutlich, wer ein wahrer Freund ist und wer nicht.

Jonnys Beispiel lehrt uns, dass wir sehr vorsichtig sein sollten, wenn Menschen nicht pünktlich, nicht zuverlässig sind und/oder nicht Wort halten. Sie machen damit deutlich, dass sie ihren Egoismus und ihre Egozentrik über alles stellen – und sie, wie im Falle von Jonny, nicht im Geringsten sehen, wie sehr sie andere zum Teil rücksichtslos ausnutzen und wie wenig für sie Tugenden wie Wahrheit, Rechtschaffenheit beziehungsweise Fairness von Bedeutung sind.

Hier sollten wir sehr auf unsere Fürsorge beziehungsweise auf unser Bauchgefühl achten, genau hinsehen, unsere Schlüsse ziehen und uns gegebenenfalls zurückziehen, bevor so jemand uns nicht nur viele Nerven, Geld, sondern uns am Ende unseren Glauben an die Menschen kostet.

Es gibt wenige nicht so gute, aber sehr, sehr viele gute oder gar hervorragende Menschen – wir sollten sie nicht dadurch verpassen, weil wir uns leider mit den falschen beschäftigen!

3. Ethik

Wenn wir von Ethik sprechen, dann kommen wir fast automatisch auf die Begründer der Ethik: auf Sokrates, Platon und Aristoteles, die uns mit ihrer Weisheit bis zum letzten Kapitel dieses Buches begleiten werden.

Wenn ich mir die Bedingungen ansehe, unter denen die abendländische Ethik entstand und dazu die geschichtliche Situation betrachte, in der sie möglich wurde, dann kann ich mich nur vor der Leistung der Griechen für unsere Kultur, unsere Freiheit und unsere Demokratie verneigen. Ohne die Griechen hätten wir weder die Basis unserer Kultur, noch gäbe es uns überhaupt so, wie wir sind.

Man denke nur, was eine überschaubare Zahl an Griechen an den *Thermopylen* (480 v. Chr.) unter der Führung des spartanischen Königs *Leonidas* geleistet hat. *Leonidas* wusste von Anfang an durch den Spruch des Delphischen Orakels, dass er in den Tod gehen würde. Er fiel zusammen mit seinen Soldaten, um Griechenland zu retten. Die tapferen Griechen haben die Enge der Thermopylen genutzt (15 m sollen sie damals breit gewesen sein), um die zahlenmäßig unendlich überlegenen Perser abzuhalten, die vorhatten, Griechenland und damit die Wiege des Abendlandes zu erobern. Hätte nicht diese überschaubare Zahl Griechen mit Aufopferung ihrer aller Leben, die Perser daran gehindert, Griechenland einzunehmen, gäbe es unsere heutige Kultur nicht. Es wäre das entstanden, was aus allen Ländern wurde, die von den Persern bezwungen wurden – man denke an die Türkei, an den Irak, den Iran und was von dem „Paradies" zwischen Euphrat und Tigris übrig blieb.

Die Griechen schufen eine völlig andere Kultur – und die Schlüsselfigur war hier Sokrates. Denn: Ohne Sokrates kein Platon, ohne Platon kein Aristoteles, ohne Aristoteles kein Kirchenvater Thomas von Aquin und ohne Platon keinen Kirchenvater Augustinus.

Das heißt, Sokrates schuf die geistige, philosophische und ethische Basis des Abendlandes – und damit der gesamten westlichen Welt.

Ist die Wahrheit, ist Ethik relativ?

Die Wahrheit und die Ethik seien relativ, immer den eigenen Interessen entsprechend veränderbar und verdrehbar, war bekanntlich die Ansicht der Sophisten. Sie vertraten die Meinung dessen, der sie bezahlte – ähnlich wie sehr viel später der Spruch verdeutlichte: *„Wessen Brot ich ess, dessen Lied ich sing!"* Genauso, wie die Menschen ihren Glauben in der Gegenreformationszeit entsprechend dem Glauben des Herrschers änderten, bei dem sie lebten und Arbeit fanden, so vertraten die Sophisten die „Wahrheit" desjenigen, der ihnen den größten Nutzen versprach, beziehungsweise sie am besten bezahlte.

Ihnen widersprach Sokrates vehement. Genau genommen widersprach er nicht, sondern fragte nach – die Dialoge, die Platon als Erinnerung an ihn verfasste, machen dies wunderbar deutlich (s. dazu auch Kap. 12, *GOTT*).

Sokrates' Leistung bestand darin, dass er die Sophisten mit ihren eigenen Waffen schlug: Mit der Logik!

Der große Unterschied zwischen Sokrates und seinen Kontrahenten war aber, dass Sokrates sich weder dem Erfolg, noch irgendwelchen Auftraggebern, geschweige denn dem Geld verpflichtet fühlte. **Er stritt vielmehr nur für die Wahrheit**, denn er ging – im Gegensatz zu den Sophisten – davon aus, dass es eine unveränderliche, immer gültige Wahrheit gibt, und diese weder vom Standpunkt noch vom Ort noch von der Zeit abhängt.

Und genau dies lehrte er auch bezüglich der Ethik: Es gibt unumstößliche ethische Grundsätze, die immer gelten, wie zum Beispiel die Würde des Menschen, dass jeder seinen Glauben praktizieren darf oder dass Männer und Frauen gleich gestellt sind.
Deshalb hat die Gerechtigkeit bei Sokrates/Platon auch so eine große Bedeutung – (ich schreibe „Sokrates/Platon", da Sokrates nichts Schriftliches hinterlassen hat und wir bis heute nicht wissen, wo Sokrates' Philosophie endet und Platons beginnt).
Die Gerechtigkeit ist ein großes und wichtiges Thema, denn zum Beispiel können die Gesetze eines Landes etwas als gerecht erklären, was für das Empfinden des Einzelnen ungerecht sein kann.
Ein gutes Beispiel hierfür gibt das Kopfballtor des Leverkusener Spielers Stefan Kießling durch das Tornetz ins Heppenheim-Tor am 18. Oktober 2013. Der Ball flog durch ein Loch von AUSSEN ins Tor und landete darin. Der Linienrichter hatte dies nicht gesehen und gab das Tor. Durch die Fernsehaufzeichnung wurde aber sichtbar, dass der Linienrichter falsch entschieden hatte. Leverkusen hätte nicht mit 2:1 gewinnen dürfen. Vielmehr hätte der Spielstand am Ende 1:1 sein müssen. Nun kam die Sache vor Gericht, das klären sollte, ob das Tor aberkannt und das Spiel wiederholt werden sollte. Da fällte der Richter Hans Lorentz folgendes Urteil: „Der Einspruch der TSG Heppenheim ist zurückzuweisen, da kein Einspruchsgrund vorliegt." Er meinte sogar, er werde Zuhause mit Sicherheit von seiner Frau und seinen Kindern ausgeschimpft werden, da sie es ungerecht fänden, was er entscheide, er könne aber entsprechend der Gesetzeslage nicht anders.
Hier sehen wir DEUTLICH den Unterschied zwischen **empfundener** Gerechtigkeit und derjenigen **nach dem Gesetz**. Die empfundene Gerechtigkeit empfindet ein Tor, das durch ein

Loch im Netz entsteht NATÜRLICH als kein Tor. Der Richter muss aber nach geltendem Recht entscheiden, und das schreibt vor, dass die Entscheidung eines Linienrichters oder sonstigen Unparteiischen, wenn sie nach bestem Wissen und Gewissen gefällt wurde, NACHTRÄGLICH nicht in Frage gestellt werden darf, da es sonst nach jedem Spiel eine Flut an Einsprüchen beziehungsweise Klagen geben würde. Bedenken wir aber, welch ein Glück Stefan Kießling hatte, genau da hinzuköpfen, wo eine Masche im Netz fehlte, dann finde ich, hat er auch als Glückskind das Tor verdient – womit empfundene und juristische Gerechtigkeit für mich in Einklang wären!

Nun gibt es noch einen weiteren Unterschied, was empfundenes beziehungsweise vom Gesetz her festgelegtes Recht und was Recht gemäß den Sitten eines Landes betrifft: In den fünfziger und sechziger Jahren des vorherigen Jahrhunderts galt in Süditalien noch die *„questione d'onore"*, die Handlung der Ehre wegen. Man kann es kaum glauben, aber ein Mann wurde nicht von einem Gericht verurteilt, wenn er ENTSPRECHEND DER GÄNGIGEN MORAL seine Frau und deren Liebhaber erschoss! Denn tat er es nicht, wurde er durch Ächtung aus der Gemeinschaft ausgeschlossen und hatte nur die Möglichkeit auszuwandern. Wollte er dies nicht, MUSSTE er regelrecht seine Frau und den Mann umbringen! (Vgl. dazu den berührenden Film mit Ugo Tognazzi mit eben diesem Titel *Una questione d'onore*). Eine Sitten- und Gesetzeslage, die völlig unserem Gerechtigkeitsempfinden widerspricht – und durch das EU-Recht aufgehoben wurde.

Hier unterscheidet sich die Ethik, die allgemein gültige Regeln aufstellt, von der Moral. Moral kommt vom Lateinischen *Mores* und bedeutet Sitten. Diese können sich natürlich von Land zu Land und von Zeit zu Zeit unterscheiden und verändern. Der ethische Grundsatz, dass wir keinen Menschen töten dürfen, ist ewig gültig (in Jesaja 66,3 steht sogar: *„Einen Ochsen schlach-*

ten ist wie einen Menschen töten!" – deutlicher kann man es meiner Ansicht nach nicht ausdrücken, dass wir weder Menschen NOCH Tiere töten dürfen – außer in Not beziehungsweise zum Überleben). So ist der Grundsatz keine Lebewesen zu töten, immer und überall gültig – ob die Menschen sich daran halten, ist wiederum eine andere Sache.

Aber aus genau diesem Grund sprach Sokrates auch von den Konsequenzen unseres Tuns und von der Wiedergeburt. Warum? Weil er Gott beziehungsweise die damaligen Götter als absolut positiv verstand und er deshalb eine ewige Verdammnis als mit Gott unvereinbar ansah (s. dazu Kap. 12).

Zu den allgemein gültigen Werten und Geboten zählen für mich:

1. Die Wahrung der Menschenwürde.

2. Du sollst nicht töten.

3. Du sollst nicht stehlen.

4. Du sollst nicht lügen.

5. Du sollst keinen Neid hegen.

6. Du sollst nicht einem anderen den Partner wegnehmen.

7. Du sollst nicht verleumden.

8. Du sollst nicht in Wort und Tat gewalttätig sein.

9. Du sollst dich an dein gegebenes Wort halten.

10. Du sollst Achtung allen Lebewesen und der Erde gegenüber haben.

11. Du sollst alle Menschen achten, unabhängig von Rasse, Religion oder Kaste.

12. Du sollst die Gleichstellung von Mann und Frau einhalten.

13. Du sollst deine Kinder achten.

14. Du sollst darauf achten, dass jeder ein Recht hat, seinen Glauben zu praktizieren.

15. Und darauf, dass Menschen aber auch Staaten gerecht sein müssen.

Bei diesen Werten wird eines deutlich – *self evident*, wie es in der Amerikanischen Verfassung heißt: Sie sind immer gültig, zu jeder Zeit, in jedem Land, und wir müssen uns daran halten, um glücklich sein zu können.

Das ist das große Geschenk von Sokrates an die Menschheit: Er machte deutlich, dass das Erkennen von Wahrheit und das Einhalten der immer gültigen Werte die Garanten für Glück sind.
Die Einhaltung der Werte ist nicht für einen Herrscher oder einen egoistischen Gott wichtig, sie ist vielmehr für UNS entscheidend, denn sie sichert Fürsorge, innere Ruhe, Sicherheit, Zufriedenheit, Glück und Erfüllung.
Deswegen muss jeder sich fragen, ob er diese Werte lebt, ob er sich überhaupt für sie interessiert, sie unwichtig findet oder sie als verzichtbar ansieht beziehungsweise sie sogar ablehnt.
Fürsorge bedeutet hier, dass ich mich frage, WELCHE Werte ich lebe, welche ich von anderen erwarte und dass ich herausfinde, welche für mein Gegenüber – besonders wenn es mein Lebensgefährte oder mein Geschäftspartner ist – von Bedeutung sind.

Verrat und Treue

Das Problem des heutigen Zeitalters ist der Verrat, der so weit verbreitet ist, dass viele gar keine Antenne mehr dafür haben. Er ist vielen in ihrer Kindheit so sehr vorgelebt worden, dass er ihnen entweder gar nicht mehr auffällt oder sie ihn sogar selber leben.

Ein besonders schweres Beispiel für Verrat wird am Anfang des Films *Coco Chanel* von Anne Fontaine gezeigt. Man sieht, wie ein Mann ein Pferdegespann führt. Er sitzt vorne auf dem Bock. Auf dem Wagen hinten sitzen zwei kleine Mädchen. Der Wagen hält vor einem alten Gemäuer, Nonnen nehmen die kleinen Mädchen in Empfang. Der Mann dreht sich nicht einmal nach den Mädchen um, stattdessen zündet er sich eine Zigarette an, lässt die Peitsche knallen und fährt davon. Die Nonnen führen die Mädchen über lange Wege, die auf sie recht unheimlich wirken mussten, in einen großen Schlafsaal. Das ist nun ihr neues Zuhause – wo sie, wie Coco Chanel später erzählt – viel geschlagen wurden.

Im Verlauf der Geschichte wird deutlich, dass der Mann der Vater dieser Mädchen war. Er hat deren Mutter so häufig betrogen und so unglücklich gemacht, dass sie an gebrochenem Herzen starb. Nachdem sie tot war, gab er die Mädchen im Waisenhaus ab. Auch eine Form, seine Freiheit zu bekommen!

Das besonders erschütternde an der Geschichte ist der Wiederholungszwang. Ähnlich wie der Vater raucht Coco Chanel, und dem Vater ähnlich ist ihr Freund Boy, der mit ihr eine Liebesbeziehung beginnt, obwohl er vorhat in England zu heiraten und die Beziehung zu ihr auch weiterführt, nachdem er verheiratet ist. Er verrät damit Coco Chanel und seine Frau – und Coco Chanel ihrerseits ist ebenfalls daran beteiligt, da sie um die Ehefrau weiß.

Verrat findet aber nicht nur darin statt, dass Menschen untreu sind und, um ihre Untreue leben beziehungsweise decken zu

können, entsprechend lügen müssen. Er findet auch insofern statt, dass Menschen Geheimnisse, die ihnen anvertraut wurden, verraten.
Und es ist Verrat, wenn Eltern zum Beispiel an das Sparkonto ihrer unmündigen Kinder gehen und deren Geld abheben, weil sie knapp bei Kasse sind.
Verrat ist ebenfalls, was heute ununterbrochen geschieht, dass nämlich Spione beziehungsweise Hacker sich in die Computer für sie interessanter Unternehmen einloggen, um zum Beispiel Betriebsgeheimnisse zu stehlen und sich damit hohe Kosten für Forschung und Entwicklung zu sparen. Viele Firmen werden dadurch regelrecht ruiniert, da ihr verdienter Wissensvorsprung von solchen Hackern zerstört wird. Allein in Deutschland, ein Land, das besonders durch seine Entwicklungen und Innovationen führend in der Welt ist, wird diesen Betrug ein Schaden von ca. 50 - 100 Milliarden pro Jahr verursacht.

Aber nicht nur dem Verrat gegenüber, sondern auch bezüglich der **Loyalität** sind heute viele Menschen unklar beziehungsweise haben zum Teil völlig diffuse Vorstellungen.
So geht es zum Beispiel gar nicht, wenn eine Sekretärin mehr auf der Seite der Angestellten oder der Kunden als auf der ihres Chefs ist. Dass dies ein *No Go* ist, mag vielen selbstverständlich erscheinen, ist aber Unzähligen nicht zu vermitteln. Sie haben kein Empfinden für Loyalität und denken, wenn sie zum Beispiel auf der Seite derjenigen sind, die sie als die Schwächeren empfinden, dann sei das so in Ordnung. Ist es aber nicht, denn ihr Chef bezahlt sie, damit sie ihm gegenüber loyal sind. Wie delikat das Thema Loyalität ist, sieht man daran, dass Illoyalität schnell die Charakteristika von Verrat annehmen kann. Kopiert zum Beispiel eine Sekretärin heimlich Daten vom Chef und verwendet sie für sich beziehungsweise gibt sie an andere weiter, dann ist dies nicht mehr nur illoyal, sondern bereits Verrat. Und hier wird der Unterschied zwischen Illoyalität und Verrat deutlich: Illoyalität kann mit einer

Kündigung enden, Verrat von Betriebsgeheimnissen erfüllt einen Straftatbestand und wird entsprechend geahndet beziehungsweise sogar mit Gefängnis bestraft.

Gute Chefs reagieren sensibel auf Loyalität beziehungsweise mangelnde Achtung.
So hatte ich einen Mann in einem Führungsseminar, der seinen Chef nicht achtete. Er machte im Grunde nichts *gegen* seinen Chef, es war aber zu spüren, dass er ihn als Chef nicht würdigte, nicht anerkannte. Obwohl ich ihn eindringlich warnte, veränderte er sein Verhalten nicht, und die Quittung ließ nicht lange auf sich warten: Er wurde fristlos gekündigt.

Fürsorge bedeutet in diesem Zusammenhang, dass ich einen Sinn, ein Gespür und darüber hinaus klare Maßstäbe für Verrat und Treue habe, ebenso für Achtung und Nichtachtung beziehungsweise Missachtung, für Loyalität und Illoyalität, für Verlässlichkeit und Unzuverlässigkeit.
Hier kommen nun die bleibenden Werte ins Spiel: Es gibt klare Grenzen, die richtiges von falschem Verhalten klar trennen. Es geht eben nicht so, wie die Sophisten oder Psychopathen es tun, die ihre eigenen Lügen glauben, und deshalb behaupten, alles sei doch nur relativ (vgl. von Stepski, *Theorie und Technik der analytischen Körpertherapie*). Philosophisch betrachtet, ist es tatsächlich relativ im Sinne eines „Relatums", etwas, was in Beziehung zu etwas Größerem steht. **Es gibt eben ganz klar den Wert der Treue, der Loyalität, der Verlässlichkeit oder des Anstandes. Und Fürsorge ist es, dies zu wissen.**
Platon sprach wegen dieser unveränderlichen Werte von **Ideen**. Die Idee der Treue zum Beispiel macht deutlich, wie jemand sich verhalten *muss*, der treu ist. Entspricht sein Verhalten nicht der Idee, dann ist es eben keine Treue, sondern mangelnde Treue oder gar Verrat. Wegen dieser Ideen haben wir ein klares Gefühl, eine klare Vorstellung, was gerecht ist – was wir deutlich am Heppenheim-Tor sehen konnten.

Hier kommt noch ein wichtiger Gedanke von Sokrates ins Spiel: Er sagte, *es sei besser Unrecht zu erleiden, als Unrecht zu tun.* Als Erleuchteter, der er nun einmal war, kannte er die göttlichen Gesetze und wusste deshalb, dass wir alle – früher oder später – für das zahlen beziehungsweise bezahlt werden, was wir tun. Es ist aus diesem Grund besser, Unrecht zu erleiden, weil, wie Jesus sagte, wir immer ernten, was wir säen. Erdulden wir Leiden, ernten wir Positives; fügen wir dagegen Leiden zu, ernten wir Negatives. Dies ist ein unumstößliches Gesetz, das auch dann gilt, wenn wir nicht daran glauben beziehungsweise uns nicht daran halten. Eines Tages werden wir UNWEIGERLICH mit den Konsequenzen unseres Tuns konfrontiert. Wahrheit und Werte sind eben nicht relativ, sie haben vielmehr eine unmittelbare Wirkung auf unser Glück, unseren Erfolg und unsere innere Ruhe (dazu ebenfalls mehr in Kap. 12).

Deshalb ist es auch so wichtig, dass wir uns auch nach weiteren Werten richten:
Dass wir Wort halten, dass wir zuverlässig sind und dass wir Verantwortung übernehmen.
Natürlich können wir einen kurzfristigen Vorteil dadurch bekommen, dass wir uns nicht an diese Werte halten und zum Beispiel jemanden betrügen. Warum hält sich aber ein heiliger Mann wie der Dalai Lama an Göttliche Gesetze wie Wahrheit, Rechtschaffenheit, Friedfertigkeit, Gewaltlosigkeit, Zuverlässigkeit, Fürsorge, Liebe? Was hätten hierauf Sokrates/Platon geantwortet? „**Wer das Gute kennt, tut es auch!**" Der Dalai Lama als Gottesinkarnation (des Gottes Avalokiteshvara) kennt natürlich das Gute, deshalb hält er sich auch daran. Und was ist das Ergebnis? Er ist immer glücklich und zufrieden, lächelt stets und hat eine berührende, liebevolle Ausstrahlung, obwohl er als Exiloberhaupt der Tibeter eine enorm große Verantwortung für sein Volk trägt und die Chinesen ihn immer und immer wieder verleumden.

Sich an Wahrheit und an Werte zu halten, ist deshalb PRIMÄR für MICH wichtig, und dann erst für die anderen. Wieder sehen wir: Die göttliche Ordnung besteht darin, dass alle Interessen miteinander verbunden sind und **wir nicht auf Kosten anderer leben können, ohne auf unsere Kosten zu leben.**

GÖTTLICHE ORDNUNG

Was heute vielfach vergessen wird, ist, dass **es sehr viele Gesetze von ewiger Gültigkeit gibt**.
So kümmerte sich vor nicht allzu langer Zeit kaum jemand darum, welche Ordnung in einer Familie herrschen muss, damit sie glücklich und erfolgreich sein kann. Heute wissen wir, dass es Unfrieden stiftet, wenn der Mann aus systemischer Sicht an der falschen Seite der Frau steht – und umgekehrt. Dass der älteste Sohn direkt neben dem Vater und der zweite Sohn neben dem ältesten stehen. Die älteste Tochter neben der Mutter und die zweite Tochter neben der ältesten. Wird diese Ordnung nicht eingehalten, und steht die jüngere neben der Mutter oder die ältere neben dem Vater, oder ein Sohn neben der Mutter anstatt neben dem Vater, gibt es Probleme.
Das Unglaubliche ist nun, dass diese Ordnung über Kilometer hinweg wirkt. Stellt jemand zum Beispiel in einer Gruppe seine Familie mit Partner und Kindern auf und schafft Ordnung, dann wirkt sich dies auch auf die Familienmitglieder aus, obwohl sie gar nicht bei der Aufstellung beteiligt waren und Hunderte Kilometer weit weg sind.

Durch Familienaufstellungen wurde auch bestätigt, was manche Kulturen schon seit langem wussten: Dass wir unsere Vorfahren ehren müssen, denn wir haben ihnen unendlich viel zu verdanken. Zum Beispiel unseren Namen, unseren Status, unsere Familienbande, vielleicht sogar unseren Wohlstand, wenn wir etwas von ihnen geerbt haben, und vieles, vieles mehr (s. dazu Kap. 9).

Damit wird ein weiterer, immer gültiger Wert deutlich: **Dankbarkeit**. Das Besondere an ihr ist, dass viele sie verkennen, wenn sie glauben, sie schuldeten anderen Dank.
In Wahrheit schulden sie ihn sich selbst! Denn **Dank macht zufrieden, schafft Ruhe und Zuversicht**. Dankbarkeit ist deshalb wichtig, weil ich durch sie sehe, was ich habe – und das macht glücklich. Hier gilt auch der Umkehrschluss: Undankbare Menschen sind unzufrieden, häufig negativ und nicht selten vorwurfsvoll. Und warum sind sie vorwurfsvoll? Weil sie nicht sehen, was sie bekommen und deshalb anderen für ihren Zustand die Schuld geben. Würden sie Verantwortung für ihr Leben übernehmen, wären sie dankbar und damit froh. **Schuldzuweisungen sind häufig ein fataler Weg, nicht zu sehen, was man selber leisten müsste, und wofür man dankbar sein sollte**.

Es gibt aber nicht nur eine göttliche Ordnung in Familien, sondern auch in **Firmen**. Auch hier sollten die heutigen Besitzer die Gründer wertschätzen, denn ihnen haben sie die Firma zu verdanken. Auch hier wirkt sich Dankbarkeit äußerst segensreich aus.
Zudem sollten wir uns beim Vererben ebenfalls an die göttliche Ordnung halten: Wir dürfen eine Firma, ein Gut, einen Betrieb nicht dem Zweitgeborenen vererben, wenn wir damit den Erstgeborenen übergehen. Mag dieser noch so ungeeignet dafür sein, er darf nicht übergangen werden. So wie in allen Königshäusern der oder die Erstgeborene der Kronprinz beziehungsweise die Kronprinzessin ist und damit das Recht auf die Königswürde hat, so steht in allen Betrieben dem Ältesten das erste Erbrecht zu. Wird er übergangen, so ergeben sich daraus unzählige Schwierigkeiten.
Das heißt, wir müssen uns die Mühe machen, mit dem/der Erstgeborenen zu reden und uns dafür einsetzen, dass wir MIT IHM, MIT IHR ZUSAMMEN eine Lösung finden, die für alle zufriedenstellend ist. Einfach – am besten per Testament! –

entscheiden, wer die Firma weiterführt und den Erstgeborenen zu übergehen, ist äußerst kurzsichtig und wird sich auf Dauer als schwierig oder gar als Fehlentscheidung erweisen.

Für viele sind diese Gedanken völlig neu, denn altes Wissen, sprich: Göttliche Ordnungen sind verloren gegangen. Sie spielen in unserem Leben – bewusst! – kaum noch eine Rolle und entsprechend haben wir viele Probleme.

Es ist deshalb an der Zeit, dass wir uns fragen, welche unwandelbaren Werte es gibt, welche in welcher Situation für uns zutreffen und was wir tun müssen, um ihnen gerecht zu werden. Denn nur das Einhalten der Göttlichen Ordnung lässt uns auf Dauer glücklich sein. Nur das Einhalten der Göttlichen Ordnung ist Fürsorge.

Es ist eine absolute Verkennung der Realität zu meinen, wir könnten tun, was wir wollen und gleichzeitig dauerhaft froh und erfolgreich sein. Natürlich können wir tun, was wir wollen, denn das ist unsere verbriefte menschliche Freiheit. Es gibt aber klare festgelegte Wege, die wir gehen MÜSSEN, damit sich, nachdem wir unsere Freiheit gelebt haben, auch Glück einstellt.

Zu tun, was man will, ist keine große Leistung. Das kann jeder – selbst ein Sklave.

Es geht aber um die Konsequenzen, die wir nach unserem Handeln nicht mehr bestimmen können. Deshalb sollten wir das Richtige tun und uns an die Gesetze von Glück und Erfolg halten. Dann können wir zwar auch nicht die Konsequenzen bestimmen, sie werden aber, weil positiv, in unserem Sinne sein!

Zu tun, was man will, ist erstaunlich häufig mit **Schuldzuweisungen** verbunden, denn man übernimmt keine Verantwortung für seine Entscheidung, sein Tun und die damit verbundenen Konsequenzen. Man glaubt irrtümlicherweise, man habe ein Recht auf seine Freiheit und diese zu leben sei bereits ein hohes Gut. Dies stellt sich aber früher oder später als Trugschluss heraus, denn zu tun, wonach einem gerade der Sinn steht, ist keine große Leistung, sondern kann sogar Anzeichen von großer Torheit sein, wie folgende banale Beispiel zeigt: Aus dem vierten Stock zu springen und zu glauben, man könne anschließend gemütlich spazieren gehen.

Seine Freiheit dagegen zu nutzen, um sich genau zu überlegen, was nun richtig beziehungsweise falsch ist, was der Göttlichen Ordnung entspricht oder ihr zuwiderläuft, ist ein Zeichen von Selbstverantwortung und damit ein Schritt in die absolut richtige Richtung und die ist fast immer am Ende von Erfolg gekrönt.

Was große Denker wie die bereits erwähnten aber auch wie der große Immanuel Kant uns aufzeigen, ist, dass es Gesetzmäßigkeiten gibt, an die wir uns halten müssen.

Gehen wir über sie hinweg, leben wir zwar **jetzt** unsere Freiheit, zahlen aber eines Tages mit Misserfolg und Unzufriedenheit für unsere heutige Unüberlegtheit beziehungsweise unser Desinteresse einer übergeordneten Ordnung gegenüber.

So geht es nicht darum, einfach etwas zu tun, sondern uns für das Richtige einzusetzen, und das ist nicht immer einfach. Denn zeitlose Werte beziehungsweise Wahrheiten zu leben, ist umso gefährlicher, je unanständiger ein Staat ist. Man denke nur, was Männer und Frauen heute in diktatorischen Staaten zu leiden haben, weil sie auf die Menschenrechte und auf immer gültige Wahrheiten hinweisen. Auf sie trifft der Spruch von William Somerset Maugham zu: *Aufrichtigkeit ist wahrscheinlich die verwegenste Form der Tapferkeit*. Denn viele von ihnen riskierten und riskieren ihr Leben, um anderen zu helfen und Freiheit und Demokratie zu ermöglichen – man denke nur an die Geschwister Scholl.

Freiheit und Demokratie sind die Voraussetzung, damit wir überhaupt eine übergeordnete Ordnung erkennen und leben können. Freiheit und Demokratie sind deshalb Herausforderung, die wir annehmen müssen, nicht um unseren simplen Egoismus zu leben, sondern um sie für das Wohl aller einzusetzen.

Wahrheit ist ein hoher Wert, aber für sich allein gelebt gefährlich, denn sie kann sehr schnell in Herzlosigkeit umschlagen. Deshalb sagt Romain Rolland: *Man soll die Wahrheit mehr als sich selbst lieben, aber seinen Nächsten mehr lieben als die Wahrheit.*

Wodurch wir wieder ein Gesetz kennengelernt haben.

4. KOMMUNIKATION

Ein Blinder sitzt auf einer Pappe an einer belebten Straße und bittet um Spenden. Die Menschen gehen vorbei und werfen ein paar Münzen auf seine Pappe.
Dann kommt eine schicke junge Frau in einem schwarzen Kostüm mit einer großen Sonnenbrille vorbei, hält inne, nimmt das Schild, auf das der Blinde etwas geschrieben hatte, dreht es um und schreibt etwas anderes darauf. Während sie das tut, berührt der Blinde ihre Schuhe. Dann geht sie weiter.
Nun gehen die Menschen ganz anders an dem Blinden vorbei: Sie lesen interessiert, was auf dem Schild steht und geben plötzlich sehr viel mehr Geld. Der Blinde freut sich über die vielen Gaben, ist aber völlig verwundert. Da kommt die junge Frau wieder des Wegs und bleibt vor dem Blinden stehen. Er erkennt sie an ihren Schuhen und fragt sie, was sie auf das Schild geschrieben habe. Da antwortet sie: „Das Gleiche wie du, nur mit anderen Worten".
Vorher stand: *Ich bin blind. Bitte helft mir.* Sie schrieb darauf: *Es ist ein wunderschöner Tag und ich kann ihn nicht sehen.*
Am Ende der Präsentation steht: **Ändere deine Kommunikation und du änderst die Welt.** (Internetpräsentation von *purplefeather – online content specialists*, Übersetzung durch mich).

DIE MACHT DER WORTE

Diese schöne Geschichte macht bildhaft deutlich, **worum es in der heutigen Zeit, im Zeitalter der Kommunikation, geht: Um die Macht der Worte.**

Worte haben eine unendliche Kraft, die heutzutage Millionen oder gar Milliarden Menschen erreichen und sie verändern kann. Worte verändern aber nicht nur die Zuhörer, sondern auch den Sprecher. So können sich Menschen regelrecht in Rage reden, können selber von dem ergriffen sein, was sie sagen, und dies so sehr, dass sie zu Tränen gerührt sind, oder es ihnen sogar die Sprache verschlägt.

In früheren Zeiten war der Mensch sehr nach außen gerichtet. Die Welt um ihn war äußerst unsicher und sein Leben konnte im Nu ausgelöscht sein. Man denke nur an die unzähligen Kriege, die allein in Europa geführt wurden. Hinzu kam die völlig unzureichende Medizin, die bedingte, dass unzählige Frauen bei der Geburt oder danach durch Infektionen ihr Leben verloren. Dann gab es die unendlich hohe Kindersterblichkeit und die ständige Bedrohung durch Krankheiten wie Pest, Typhus, Cholera und viele andere mehr.
Der Frieden und die Demokratien nach dem Zweiten Weltkrieg brachten den Menschen im vereinten Europa einen bis dahin unbekannten Wohlstand. Damit entstand etwas völlig Neues: Das Vermögen wurde umverteilt. Bevölkerungsschichten, die früher bettelarm waren, lebten nun unter Bedingungen, von denen sie früher nicht einmal zu träumen wagten.
Viele finden, dass das Leben materialistischer und extrovertierter wurde. Eine Zeit lang war es wohl so, aber dann veränderte es sich. Denn seit über 20 Jahren leben wir im Kommunikationszeitalter und sind bestimmt durch die Macht der Worte.

Es sind heute die Worte, die alles entscheiden. Früher, bei der oben geschilderten existenziellen Bedrohung, hatten die Menschen keine Zeit und damit auch keine Möglichkeit, sich differenziert zu unterhalten. Deshalb war die Trennungs- und Scheidungsrate so niedrig. Denn Worte, falsch verwendet, können unendlich viel zerstören. Worte sind wie Messer. Messer sind uns eine wunderbare Hilfe, die aus unserem Leben

nicht mehr wegzudenken ist. Messer können aber im Nu verletzen oder sogar töten – ähnlich den Worten.
Viele denken heute sehr pessimistisch über Beziehung, weil sie sehen, wie viele kaputtgehen. Manche empfehlen sogar, dass Paare sich selten sehen, am besten getrennt leben sollten, um die Konfliktmöglichkeiten zu minimieren.
Ich denke, sie unterschätzen die Macht der Worte – und deren zerstörerische aber auch heilende Wirkung.

Ebenso wie Kinder lernen müssen, Messer zu handhaben, müssen wir lernen mit positiver, konstruktiver, heilender Kommunikation umzugehen.
Wir befinden uns am Ende des schlechtesten aller Zeitalter, dass die Inder das „Eiserne Zeitalter" nennen. Vor uns stünde, so sagen sie, dass „Goldene Zeitalter". (s. dazu Kap. 12).
Ich denke, es ist der Umgang mit den Worten und das Erkennen ihrer unendlichen Macht, die den Unterschied zwischen dem Eisernen und dem Goldenen Zeitalter machen. Ich unterscheide deshalb zwischen einer **Zerstörungs- beziehungsweise Konfliktkommunikation und einer konstruktiven oder auch Beziehungskommunikation.**
Erstere haben wir über Jahrhunderte verwendet – mit entsprechenden Ergebnissen.
Letztere müssen wir nun einüben, denn die neue Zeit verlangt eine neue Kommunikation. Wollen wir in unseren privaten und geschäftlichen Beziehungen erfolgreich sein, müssen wir eine neue Form der Kommunikation erlernen. Als erstes müssen wir uns dazu bewusst machen, welche Macht Worte haben, und dass wir durch sie die Gestalter unseres Lebens, unseres Glücks, unseres Erfolgs sind – oder des Gegenteils!

Es war Siegmund Freud, der uns als Erster durch sein Buch *Die Psychopathologie des Alltagslebens* darauf hinwies, welche Bedeutung Worte haben, wenn wir uns zum Beispiel versprechen. Dies war damals, vor mehr als 100 Jahren, eine Sichtweise, die die meisten nicht verstehen, nicht teilen konnten beziehungsweise mehr oder minder vehement ablehnten. Heute ist dieses Denken zum Allgemeingut geworden und jeder verwendet völlig selbstverständlich den Begriff des *Freudschen Versprechers*.

Sigmund Freud war der Erste, der darauf vertraute, dass Worte uns unendlich weit bringen können – bis tief hinunter ins Unbewusste und zur Lösung der größten Konflikte. So wurden die Worte das Therapiemittel der Psychoanalyse.

Freud hat die Arbeit der Psychoanalyse unter anderem so definiert: *Wo Es war, soll Ich werden* – will heißen: *Wo wir heute noch unbewusst sind, sollen wir Bewusstsein erlangen.*

Auf die Macht der Worte übertragen bedeutet dies: Gehen wir heute noch möglicherweise unbewusst mit Worten und damit mit unserer Kommunikation um, so müssen wir uns – je früher desto besser – der unendlichen Macht der Worte bewusst werden und gegebenenfalls unsere Kommunikation grundlegend verändern. Denn es sind Worte, die Gemeinsamkeiten, die Beziehung entstehen lassen oder zerstören, die Glück oder Unglück schaffen, die Erfolg oder Misserfolg bedingen.

Ich kann nur sagen: **Wir können die Macht der Worte niemals überschätzen, denn sie ist grenzenlos**. Und wann ist diese Macht mit Sicherheit grenzenlos? Wenn derjenige, der spricht, eine Einheit von Gedanken, Worten und Taten herstellt. Dies war zum Beispiel bei Mahatma Gandhi der Fall. Er lebte, was er sagte und hat mit seinem gewaltfreien Widerstand nicht nur Indien, sondern die ganze Welt verändert. Er macht beispielhaft deutlich, was der österreichisch-ungarische Schriftsteller Arthur Koestler (1905-1983) mit folgendem Satz ausdrückte: *Worte sind Luft. Aber die Luft wird zum Wind, und der Wind macht die Schiffe segeln.* Bei Gandhi wurde der Wind zum Sturm, der die Briten aus Indien fegte. Sein Einsatz war riesig: Immer wieder inhaftierten die Briten ihn, um ihn zu brechen und damit der Bewegung der Befreiung Indiens, die er in Gang gebracht hatte, ein Ende zu setzen. Das gelang ihnen

nicht. Sie hörten aber nicht auf seinen weisen Rat, Indien und Pakistan nicht auseinander zu reißen. So wurde er durch einen fanatischen Moslem, der für die Teilung war, ermordet.
Den Engländern half dies nichts. Indien wurde frei und die größte Demokratie der Welt.

Daraus sehen wir: Worte sind sehr, sehr mächtig. Ihre Macht wächst aber fast ins Unendliche, wenn Menschen voll hinter dem stehen, was sie sagen, und wie Gandhi jedes Opfer dafür auf sich nehmen.

Konfliktkommunikation

Der amerikanische Psychologe John Gottman stellte verschiedene Kriterien auf, die eine positive oder negative Kommunikation bedingen.
Er prägte dafür den Begriff der apokalyptischen Reiter, die da sind: Grober Anfang, Rechtfertigung, Verachtung und Mauern. So wichtig ich diese finde, meine ich erstens, dass es viel mehr destruktive Formen der Kommunikation gibt, und zweitens sehe ich es nicht so pessimistisch wie er, wenn ein Paar zum Beispiel die apokalyptischen Reiter als Kommunikation verwendet. Gottman findet dann eine Beziehung unweigerlich verloren. Ich verstehe *als Therapeut* vielmehr so eine Kommunikation als *Herausforderung*, diese *Kommunikation rechtzeitig so ins Positive zu verändern, dass die Beziehung keinen unwiederbringlichen Schaden nimmt.*
Um dies zu ermöglichen, schuf ich die Bezeichnungen Zerstörungs- beziehungsweise Konfliktkommunikation und die der konstruktiven oder Beziehungskommunikation.

Zu den **Charakteristika einer Konfliktkommunikation** gehören außer den oben erwähnten *apokalyptischen Reitern* (die ich kursiv kennzeichne) noch folgende:

1. *Ein grober Anfang*
2. Kritik
3. *Verachtung*
4. *Mauern*
5. *Rechtfertigung*
6. Vorwürfe
7. Schreien
8. Retourkutschen
9. Bewertungen
10. Abfällige Vergleiche
11. Wilde Deutungen
12. Deutungshoheit
13. Es gibt eine Wahrheit: Meine!
14. Rechthabereien
15. Ins Opfer gehen
16. Du-Botschaften
17. Doppelbotschaften
18. „Du machst immer, nie, nur usw."
19. „Man"-Aussagen statt „Ich"-Aussagen

20. „All deine Handlungen, all deine Äußerungen ..."

21. Abgelenktsein beim Reden

22. Keine Fürsorge

23. Keine Dankbarkeit

Um die Elemente der Konfliktkommunikation und deren Konsequenzen zu vermeiden, sollten wir unbedingt Folgendes beachten:

1. *Kein grober Anfang*: Das Problem des groben Anfangs, den John Gottman als einen der apokalyptischen Reiter bezeichnet, ist sehr wichtig. Viele Menschen beginnen ihre Kommunikation bereits so heftig, dass eine Steigerung im Grunde gar nicht mehr nötig ist, damit es zum Streit kommt. Wir sollten daher **unser Gespräch unbedingt moderat beginnen,** damit es nicht außer Kontrolle gerät.

2. *Keine Kritik*: Fast alle von uns haben gelernt, mit Kritik zu leben – und dies, als wäre es etwas völlig Selbstverständliches. Deswegen ist der bereits zitierte absurde Satz: „Nicht geschimpft, ist genug gelobt!" leider so wohl bekannt. Kritik ist aber häufig destruktiv, wenig effizient und damit kontraproduktiv. Deshalb sollten wir UNBEDINGT, **wenn überhaupt, Handlungen und nicht den Menschen kritisieren.** Daher sollten wir nicht sagen: „Du bist ungeschickt", sondern, „was/wie du das gemacht hast, war ungeschickt".

3. *Keine Verachtung:* John Gottman zählt auch die Verachtung zu den apokalyptischen Reitern – völlig zu Recht, denn sie kann ein Gespräch, kann eine Beziehung derart vergiften, dass letztere nicht mehr zu retten ist.

Ich habe festgestellt, dass Verachtung dann besonders schwer zu handhaben ist, wenn sie in der Kindheit als völlig selbstverständlich allgegenwärtig war. Hier müssen Menschen überhaupt erst lernen, DASS sie verachten und anschließend erkennen, dass dies einen Großteil ihrer Probleme schafft – nicht nur privat, sondern auch beruflich.

4. *Kein Mauern*: John Gottman findet Mauern zu Recht besonders gefährlich, weil ein Gespräch nicht mehr möglich ist, wenn einer sich einmauert, verschließt und damit aus der Kommunikation aussteigt. Ist die Kommunikation aber in einer Beziehung zum Erliegen gekommen, droht die Beziehung selber kaputt zugehen.

5. *Keine Rechtfertigung*. Meine Erklärung dazu: Der Begriff der Rechtfertigung kommt aus der Theologie und beschreibt die Beziehung von Gott und Menschen, die durch die Sünde der letzteren belastet ist. Damit hat die Rechtfertigung einen Hauptinhalt, der jede Kommunikation belasten wird: die Sünde. Entweder ich fühle mich als Sünder, dann werde *ich* entsprechend kämpfen, um diese Schwäche loszuwerden. Oder ich bezeichne mein Gegenüber als Sünder beziehungsweise er fühlt sich so, dann wird *er* kämpfen.
Sünde schwächt immer. Deshalb sollten wir uns nicht als Sünder denken. Machen wir oder unser Partner Fehler, dann müssen sie zugegeben werden, es muss eine Entschuldigung kommen und angenommen werden – und fertig. Deshalb KEINE Sünde und KEINE Rechtfertigung! (Vgl. auch Kap. 12, Gott).

6. *Keine Vorwürfe*: Äußerungen wie „du bist dumm, unfähig, faul" gehen deshalb nicht, weil sie den anderen PERSÖNLICH angreifen und deshalb in diesem zwangsläufig eine Gegenwehr erzeugen. Damit erfüllen Vorwürfe die Voraussetzungen für die zerstörerische Kommunikation.

7. *Nicht schreien*: Schreien ist ebenfalls kontraproduktiv, weil es sehr schnell eine Spirale der gegenseitigen Aggressionen lostreten kann. Etwas, was im Nu eine Beziehung so schädigen kann, dass sie – wenn überhaupt – nur durch tiefe Zuneigung wieder geheilt werden kann.

8. *Keine Retourkutschen*: Retourkutschen können Beziehungen ebenfalls zum Zerbrechen bringen. Spricht einer an, was er bräuchte, was ihn stört und der andere antwortet mit „machst du auch", so kann dies ebenfalls eine Spirale von Wut erzeugen, die einer Beziehungskommunikation widerspricht und deshalb eine Partnerschaft sehr belasten kann.
Denn Ersterer fühlt sich abgeschmettert, nicht gehört, nicht ernst genommen.
Viel besser ist deshalb, erst einmal zuzuhören, dann sachlich auf das Anliegen, das der eine vorbringt, einzugehen und anschließend ruhig darauf zu antworten. Und ERST, WENN DAS GEKLÄRT IST, kann der andere ansprechen, dass ersterer das MANCHMAL auch tut.

9. *Keine Bewertungen*: Menschen reagieren sehr empfindlich auf Bewertungen. Warum? Weil sie sich, meiner Erfahrung nach, bereits selber mehr als genug negativ bewerten. Sie finden sich nicht erfolgreich, nicht schön/gut aussehend, nicht schlau, nicht attraktiv, nicht locker. Deswegen hoffen sie, dass ihr Partner nicht noch mehr „Wasser auf diese ‚Selbstabwertungsmühlen' gießt". Aber genau dies geschieht so häufig, mit zum Teil mehr oder minder großer Brutalität. Da wird dem Anderen vorgeworfen, er sei zu dick, zu dünn, zu klein, zu groß, nicht besonders attraktiv, oder – was richtig unter die Gürtellinie geht – nicht besonders gut im Bett.

10. *Keine Vergleiche*: Richtig schlimm wird die letzte Äußerung, wenn auch noch Vergleiche gemacht werden – was ich im Übrigen immer wieder in meiner Praxis erlebe! Wobei

Menschen häufig bereits so verletzt sind, dass sie es nicht mehr bemerken, wie taktlos das Gesagte ist. So sagte ein Mann VOR seiner Frau in einem Paargespräch: „Ich hatte Sex mit vielen Frauen, der besser war, als was ich jetzt erlebe!" Ich stutzte und fragte teilnahmsvoll die Frau, wie sie dies fände; da meinte sie unberührt: „Ist OK!"

11. *Keine wilden Deutungen*: Viele denken, sie kennen ihren Partner so gut, dass sie sein Verhalten deuten könnten. Dann kommen Sätze wie: „Ich weiß, wenn du das und das machst, folgt dann das. Wenn du das so sagst, bedeutet es, dass du dann das meinst!"
Ich kann nur sagen: Vorsicht mit solchen Deutungen! Erstens sollten wir ja keine Psychologie, geschweige denn Psychotherapie mit unserem Partner machen, und zweitens habe ich immer wieder feststellen können, WIE FALSCH solche voreiligen, wilden Deutungen in den meisten Fällen sind!
Darüber hinaus sollten wir uns vor Augen führen, dass hier ein mehr oder weniger gut versteckter Machtanspruch dahinter steckt: „Ich weiß – auch über dich! – besser Bescheid, als du es tust". Keine gute Basis für eine glückliche Partnerschaft!

12. *Keine Deutungshoheit*: Noch weniger hilfreich ist eine „Deutungshoheit", das heißt, wenn einer IMMER weiß, was richtig und was falsch ist. Besonders explosiv wird es natürlich, wenn sich beide so geben. Hier passt dann sehr gut der Witz: „Sie lernen sich kennen: er spricht, sie hört zu. Sie verloben sich: sie spricht, er hört zu. Sie heiraten: beide sprechen, die Nachbarn hören zu!"

13. *Keine Rechthabereien*: Wenn beide die „Deutungshoheit" reklamieren, kommen wir direkt zum nächsten Beispiel von Konfliktkommunikation, der Rechthaberei. Die Gleichung ist sehr einfach: Je mehr Rechthaberei, desto mehr Kampf. Je

mehr Kampf, desto weniger Frieden. Je weniger Frieden in einer Beziehung ist, desto gefährdeter ist sie.

14. *Es gibt nur eine Wahrheit: Meine!* Von der „Deutungshoheit" ist es nur ein kleiner Schritt zu: Es gibt nur MEINE Wahrheit!
Eine ENTSCHEIDENDE Lehre in Beziehungen ist aber, dass Menschen Gleiches VÖLLIG unterschiedlich wahrnehmen. Da hat zum Beispiel der Mann die Frau vor einem Geschäftsabschluss gewarnt. Sie tätigt diesen trotzdem – und es geht schief. Wenn er dann sagt: „Ich hatte dich gewarnt!", und sie darauf antwortet: „Hast Du nicht!", wird es schwierig. Hier MUSS man die Wahrheit des Anderen annehmen und zum Beispiel sich und dem anderen eingestehen, DASS man nicht gehört hat, weil man – möglicherweise! – nicht hören wollte.
Deshalb lautet die Regel: Erst einmal die Wahrheit des Anderen ZUMINDEST hören – am besten aber GLAUBEN. Denn das schafft Frieden!
Zur Konfliktkommunikation gehört auch **die falsch gelebte Wahrheit**, dass man jederzeit sagt, was man denkt, fühlt, braucht. Da gibt es kein Überlegen der Konsequenzen. Man DARF es ja sagen, weil es doch die Wahrheit ist! WEIT GEFEHLT: Die Wahrheit, die SINNLOS verletzt, ist Grobheit oder gar Dummheit – und führt häufig nur zu Streit, Verletzungen, Trennungen.
Deswegen sagt der Weise Laotse (6. Jh. v. Chr.): *Wahrheit ohne Liebe macht kritiksüchtig.* Und wie war das nochmals mit den apokalyptischen Reitern und der Kritik?

15. *Nicht ins Opfer gehen*: Wer ins Opfer geht, hat die Macht. Menschen gehen ins Opfer, indem sie anderen die Schuld für ihre Probleme geben – bevorzugt dem Partner. Sätze wie: „Wenn du das sagst, werde ich krank. Durch dich habe ich nur gelitten. Wenn du gehst, kann ich mich nur umbringen.", sind äußerst destruktiv. Hier übernimmt jemand überhaupt keine

Verantwortung und gibt die ganze Schuld dem anderen. Mag der andere aber noch so schlecht sein, ich muss für zwei Dinge immer Verantwortung übernehmen: *Erstens, dass ich ihn ausgesucht habe. Zweitens, dass ich bei ihm geblieben bin.*
Es ist für mich erstaunlich, wie wenig Menschen für diese zwei so wichtigen Entscheidungen Verantwortung übernehmen.

16. *Keine Du-Botschaften.* Sätze wie: „Du ärgerst mich, du provozierst mich, du willst streiten, du machst nicht, du hörst mir nie zu, du willst nicht, du bist nicht ehrlich" oder – noch schlimmer – „Du lügst", sind nichts anderes als Vorwürfe und damit kontraproduktiv. Sie **kennzeichnen besonders die Konfliktkommunikation und sollten UNBEDINGT vermieden werden. Denn sie schaffen nur Konflikte und lösen beziehungsweise erreichen nichts.**

17. *Keine Doppelbotschaften*: Noch gefährlicher als Du-Botschaften sind Doppelbotschaften. **Sie besagen, dass jemand verbal etwas anderes ausdrückt als non verbal.** Zum Beispiel: Jemand sagt „Ich liebe dich", macht dabei aber ein finsteres, ablehnendes Gesicht. Mit diesen gegensätzlichen Botschaften können wir als Gegenüber sehr schlecht umgehen, da wir nicht wissen, wem wir nun glauben sollen: den Augen oder den Ohren?
Wie gefährlich Doppelbotschaften sind, sehen wir daran, dass sie Kinder sogar in den Wahnsinn treiben können, da sie ihren Eltern ausgeliefert sind und deren Doppelbotschaften nicht entfliehen können. Wir sollten deshalb UNBEDINGT Doppelbotschaften in einer Partnerschaft vermeiden, denn sie sind äußerst destruktiv.

18. *Kein „du machst immer, nie, nur, usw."* Viele Menschen reagieren regelmäßig allergisch, wenn sie Sätze hören, wo ihnen gesagt wird, dass sie IMMER, NIE, NUR tun. Ich kann in Seminaren wiederholt beobachten, wie eine bis dahin fried-

liche Klärung durch die obigen Worte eine negative Färbung bekommt. Vielen ist es aber so vertraut, diese Worte zu verwenden, dass sie sich richtig schwer tun, sie wegzulassen.
Aus einer Konfliktkommunikation wird schon dadurch eine Beziehungskommunikation, wenn wir unseren Partner bitten, uns darauf hinzuweisen, wenn wir diese „Scharfmacher" verwenden – vorausgesetzt, er macht dies freundlich und nicht vorwurfsvoll.

19. *Keine „man"-Aussagen.* Aussagen wie: „Das tut man nicht, das sagt man nicht, das handhabt man nicht so" und vieles Ähnliches mehr ärgern häufig, weil der Sprecher unterstellt, er wisse es besser als der Angesprochene. Damit erhebt er sich über den anderen – mit entsprechenden negativen Folgen.

20. *Kein „all deine Handlungen, all deine Äußerungen ...".* In dieser Äußerung ist ganz klar die Abwertung zu hören. Und wer seinen Partner abwertet, geht de facto in den Kampf und schürt damit Auseinandersetzungen beziehungsweise Streit. Zur Streitkommunikation gehört die Abwertung des Anderen, wir sollten sie deshalb unbedingt aus unserem Repertoire streichen.

21. *Kein Abgelenktsein beim Reden.* Viele Menschen tun irgendetwas anderes, wenn der Partner mit ihnen spricht. Besonders Männer tendieren dazu, denn ihnen bereitet es häufig Stress, wenn ihre Partnerin mit ihnen klären will. Männer fühlen sich erstaunlich unterlegen, wenn es um Gefühle geht. Deshalb mauern sie sowohl bei Klärungen, als auch zum Beispiel bei der Entscheidung, in eine Paargruppe zu gehen.
Hinzu kommt, dass Männer sehr viel schlechter als Frauen Stress abbauen können. Für die Jagd oder im Kampf beziehungsweise im Krieg brauchten sie das Adrenalin, um ihre Kräfte optimal einsetzen zu können. Frauen haben eine ganz

andere Sozialisation über Jahrtausende erfahren und haben gelernt, Stress über Reden abzubauen.

Deshalb müssen Frauen Verständnis dafür haben, dass Männer sehr viel schneller als Frauen mauern, um sich vor dem Stress zu bewahren, den sie anschließend nicht so schnell loswerden.

Auf der anderen Seite müssen Männer wissen, dass sie schnell mauern und dass sie viel tun, um sich vom Stress abzulenken, was aber für ihre Partnerin recht unangenehm sein kann. Denn sie weiß nie, ob ihr Mann ihr wirklich zuhört, oder nicht viel mehr damit beschäftigt ist zu sehen, was im Computer gerade passiert.

So sehr Männer Probleme mit Stress haben, so sehr müssen sie gleichzeitig wissen, dass ihr Verhalten als Stressbewältigung positiv, als Kommunikation mit ihrer Partnerin aber destruktiv ist. Denn viele Frauen glauben (Vorsicht vor Deutungen!), ihr Partner würde ihnen nicht zuhören, oder sogar nicht zuhören WOLLEN. Stimmt vielleicht auch. Er tut es aber in den meisten Fällen nicht aus Böswilligkeit, sondern aus Angst und der mangelnden Fähigkeit, adäquat mit Stress umzugehen, beziehungsweise adäquat über Gefühle zu reden.

22. *Fürsorge*: Wer all dies tut, KANN NICHT für sich oder für andere sorgen oder dafür sorgen, dass andere für ihn sorgen. Zur Fürsorge gehört unmittelbar, dass ich meine Bedürfnisse spüre, sie ernst nehme und so äußere, dass ich sie mit denen der anderen in Einklang bringen kann. Aber genau das tue ich nicht, wenn ich eine Konfliktkommunikation lebe. **Die Konfliktkommunikation ist DER Ausdruck der Nichtfürsorge**. Sie bringt mich zwangsläufig um all das, was die Fürsorge mir ermöglicht: Innerer und äußerer Frieden, Zufriedensein, Glück, Fülle und die Freude lang andauernder Beziehungen.

Hierzu zwei Beispiele: Gregor ist ein recht unangenehmer Mann, der einerseits durch Erbschaft, andererseits durch geschickte Immobiliengeschäfte ein beachtliches Vermögen bekommen hat. Er ist ein gutes Beispiel dafür, dass Geld nicht

den Charakter verdirbt, sondern nur den wahren Charakter zeigt. Durch mangelnde Fürsorge meinerseits mir gegenüber ergab es sich, dass wir gemeinsam in Venedig Essen gingen. Wir gingen zu meinem lieben Freund Francesco, den ich sehr schätze und der ein wunderbar großes Herz hat.
Kaum waren wir dort, legte Gregor los: Dieser Platz passte ihm nicht, beim nächsten störte der Ventilator, die Musik störte ihn und es störte ihn, dass der Ober einen Wein brachte, dessen Hersteller ihm nicht passte. Das sagte er auch noch laut zu Francesco.
Mir war das Ganze so unangenehm, dass ich schnell zu Francesco in den Küchenbereich ging und mich für Gregors Verhalten entschuldigte: „Kein Problem", antwortete Francesco freundlich, „ich habe sofort gesehen, welch ein schwieriger Gast er ist." „Ich verspreche, dass ich ihn nie wieder herbringe", meinte ich darauf – und wir lachten von Herzen.
Bemerkenswert war, dass sowohl Gregor als auch seine Frau eine Riesenangst haben, betrogen zu werden. Sie lassen zum Teil mehrere Wohnungen leer stehen, damit sie nicht von Mietern übervorteilt werden! Passend ist nun, was gerade gestern mir ein Freund erzählte: „Ich kenne einen früheren Mieter von Gregor. Dieser hat meinen Bekannten so schlecht behandelt, dass mein Freund am Ende sich wie im Krieg gegen ihn fühlte"! Welch eine Aussage bezüglich Konfliktkommunikation – sie führt früher oder später mit Sicherheit zu Konflikten – wie zwischen Gregor und Francesco und mir – und am Ende sogar zum Krieg.

Das andere Beispiel ist Friederike. Sie ist die Frau eines sehr guten Freundes von mir und wir gingen zusammen mehrfach zu Francesco – und waren alle froh über seine große Herzlichkeit und fröhliche Art. Friederike behandelte Francesco mit viel Achtung und Umsicht.
Ihre gute Beziehungskommunikation bedingte, dass er Fanfarenmusik auflegte und eine wunderschöne Torte mit zig bren-

nenden Kerzen servierte, als er hörte, dass genau an dem Tag ihr Geburtstag war.

Mit Friederike war es eine große Freude, bei Francesco zu sein – und wir werden bald wieder zusammen bei ihm essen und seine besonders positive Art genießen.

Mit Gregor wird es kein zweites Mal geben, denn wir haben festgestellt, dass wir im Grunde nur eine Gemeinsamkeit haben: Wir haben beide kein Interesse an einem weiteren Kontakt!

23. *Dankbarkeit*: Und was zeichnet Gregor noch – neben seiner ausgeprägten Konfliktkommunikation aus? Er ist nicht dankbar – er ist nicht froh und erlebt das Leben als Last.

Hier sehen wir wieder einmal, wie wichtig die Dankbarkeit ist: Einmal macht sie mich froh und zweitens macht sie deutlich, ob ich richtig lebe. Denn das Ziel des Lebens sollte Glück sein. Und wer glücklich ist, ist zwangsläufig dankbar – einmal, **weil die Dankbarkeit zum Glück führt und zweitens, weil das Glück dankbar macht.**

Wieder einmal sehen wir, wie wunderbar die Welt eingerichtet ist. Halten wir uns an ihre Gesetze wie zum Beispiel, dass das Ziel des Lebens Glück ist und Dankbarkeit dahin führt, dann haben wir auch ein erfülltes Leben.

Und wie bekommen wir dies? Besonders durch eine Beziehungskommunikation.

Womit sich der Kreis schließt.

ÜBUNG

Deshalb sollte der Leser hier innehalten und seinen Partner fragen, ob er bereit ist, die einzelnen 23 Punkte gemeinsam durchzugehen. So sollte der eine den anderen fragen: „Findest du, dass **ich** ein Gespräch vorsichtig genug beginne? Findest du, dass **ich** dich häufig kritisiere? Findest du, dass **ich** dir zuhöre, wenn du mir etwas sagst? Findest du, dass **ich** dankbar bin?"

Daraus sollte auf keinen Fall ein Streitgespräch oder gar ein Streit entstehen. Dies verhindert man am einfachsten, indem man die Antworten erst einmal nur zur Kenntnis nimmt und NICHT kommentiert.

Dies ist nicht einfach, ich weiß das. Wir sollten aber versuchen, ruhig zu bleiben und uns vor Augen führen, dass wir hier auf Erden und zudem in einer Beziehung sind, um zu lernen – und nicht, um Recht zu haben beziehungsweise zu behalten!

Sollte so ein Gespräch mit dem Partner – aus welchen Gründen auch immer – zu riskant sein, dann kann man diese Übung mit einem guten gleichgeschlechtlichen Freund/einer Freundin, oder auch mit sich selber in Form einer Gestaltarbeit machen. Das heißt, dass wir zwei Stühle einander gegenüberstellen. Der eine Stuhl (A) symbolisiert den Fragenden, der zweite (B) symbolisiert den Gefragten.

Wir setzen uns auf A und fragen B, was er zum Beispiel zu den Fragen „Bin ich rechthaberisch, und wenn ja, inwiefern?" sagt. Dann wechseln wir den Stuhl und horchen in uns hinein.

Wir sollten uns unbedingt Zeit beim Antworten lassen und nichts bewerten – besonders uns selber nicht! Dann setzen wir uns wieder auf Stuhl A und schreiben die Antworten auf.

WICHTIG dabei: Es geht NICHT um Bewertung, sondern um Information! Wir erinnern uns, dass Freud sagte: „Wo Es war, soll Ich werden." Deshalb geht es nicht um Selbstkritik, sondern um die Freude, sich besser kennenzulernen!

BEZIEHUNGSKOMMUNIKATION

Betrachten wir die nachfolgende Liste, fällt sofort auf, dass es bei der Beziehungskommunikation nicht um Tun beziehungsweise Unterlassen geht, sondern um **die Einstellung**. **Es ist die**

Einstellung, die die Beziehungskommunikation von der Konfliktkommunikation unterscheidet.

Ich muss **erstens** erkennen, dass zum Beispiel ständiger Machtkampf auf Dauer eine Beziehung zerstört.
Zweitens muss ich mir eingestehen, dass mein Verhalten nicht ideal ist – was für viele bereits ein großer Schritt ist (wozu die obige Übung helfen kann).

Drittens muss ich bereit sein, mein Verhalten zu ändern, was einen noch größeren Schritt bedeutet.

Viertens muss ich offen dafür sein, wenn mich mein Partner darauf hinweist, dass ich möglicherweise wieder in meinen „Machtkampf-Modus" gekommen bin.

Fünftens muss ich zudem bereit sein innezuhalten, mein Verhalten zu überdenken und mich gegebenenfalls bei meinem Partner zu entschuldigen, wenn ich ihn zum Beispiel verletzt habe. Alles GROSSE Schritte, die ohne meine innere Bereitschaft, meine positive Einstellung hinsichtlich einer Veränderung, nicht möglich sind.
Deswegen ist Offenheit die erste Voraussetzung für eine Beziehungskommunikation.

Zur Beziehungskommunikation gehören:

1. Offenheit

2. Wohlwollen

3. Geduld

4. Verstehen wollen

5. **Ich-Botschaften**

6. Klären können

7. Es einfach halten können

8. Zuhören

9. Im richtigen Moment schweigen können

10. **Taktgefühl**

11. Innehalten können

12. Kritikfähigkeit

13. Verzeihen können (nicht nachtragend sein)

14. Positives Denken

15. **Humor**

16. Fröhlichkeit

17. *Medèn ágan* – niemals zu viel

18. Leichtigkeit

19. Dankbarkeit

20. **Fürsorge**

Zu 1. *Offenheit*: Wie schon gesagt, ist Offenheit eine sehr wichtige Voraussetzung für eine gute Kommunikation beziehungsweise eine gute Partnerschaft. Menschen entwickeln sich – und nicht immer in die gleiche Richtung. Hier bedarf es der

Offenheit, um verstehen zu können, dass es für den anderen wichtig ist, diese Entwicklung zu machen. Offenheit ist auch wichtig im Gespräch mit dem Partner. Will ich überhaupt nicht über das reden, was mein Gegenüber beschäftigt, dann kann dies die Beziehung einer mehr oder minder großen Belastung aussetzen. Dies besonders, wenn der andere sich durch meine mangelnde Offenheit abgelehnt fühlt. Partner und besonders Kinder konfrontieren uns immer wieder mit völlig neuen Situationen, aber auch mit völlig neuen Eigenschaften unserer selbst, die uns bis dahin möglicherweise völlig unbewusst waren. Hier hilft auf Dauer kein Mauern sondern nur, dass wir offen für Neues sind und deshalb mit Offenheit unseren Mitmenschen begegnen können. Offenheit ist damit DIE Voraussetzung für eine lebendige und glückliche Beziehung – nicht nur zu unserem Partner und unseren Kindern, sondern auch zu unseren Freunden beziehungsweise Kollegen.

Zu 2. *Wohlwollen*: Ich halte Wohlwollen für die wichtigste Einstellung, für die wichtigste Eigenschaft, die jemand haben muss, um eine glückliche Beziehung zu führen. Es gibt Menschen, die vermeiden unendlich viele Probleme, weil sie Situationen wohlwollend betrachten und ihnen deshalb entsprechend positiv begegnen.
Wohlwollen bedeutet, erst einmal anzunehmen, dass unser Partner nichts Böses gemeint oder gar im Schilde geführt hat. Wohlwollen bedeutet auch, großzügig sein zu können. Wohlwollen heißt auch, Dinge, die schief gegangen sind, nicht überzubewerten und Fehler nicht auf die Goldwaage zu legen.
Wohlwollen bedeutet aber **nicht**, weg zu schauen. Dass wir jemandem erst einmal wohlwollend begegnen, bedeutet NICHT, dass wir nicht auch kritisch hinsehen können. Macht jemand immer wieder das Gleiche, und es ist erstaunlicherweise (!) immer zu meinem Nachteil, dann sollte sich mein Wohlwollen in kritisches Hinsehen verwandeln, denn sonst kann ich auf Dauer in große Probleme geraten.

Zu 3. *Geduld*: Um zu verdeutlichen, wie wichtig Geduld ist, möchte ich Aussprüche von drei klugen Menschen zitieren.
Der niederländische Philosoph Baruch Benedictus de Spinoza (1632 - 77) betont, wie ich finde, am eindrücklichsten die Bedeutung von Geduld, wenn er sagt: **Geduld ist die Tugend der Glücklichen**. Er macht damit deutlich, dass Geduld eine, wenn nicht DIE Voraussetzung für Glück ist. Und viele Menschen zerstören sich ihr Glück, weil sie zu schnell sind, sich und anderen keine Zeit lassen – keine Geduld haben. Sie sollten sich überlegen, was dazu die kluge österreichische Schriftstellerin Marie von Ebner-Eschenbach (1830 - 1916) sagt: *Wer Geduld sagt, sagt Mut, Ausdauer, Kraft*. Wir sollten diese drei, das heißt, dieses Engagement uns und unseren Mitmenschen entgegenbringen, denn es geht um viel beziehungsweise um alles, wie der weise Konfuzius – wir sahen dies bereits im ersten Kapitel – sagt: *Ist man in kleinen Dingen nicht geduldig, bringt man die großen Vorhaben zum Scheitern*. Das heißt, reagiere ich in Kleinigkeiten auf meinen Partner ungeduldig, so kann dies das große Vorhaben einer glücklichen Beziehung zum Scheitern bringen. Wir sollten daher sehr vorsichtig mit Ungeduld, Unbeherrschtsein oder gar Wut umgehen. Heute geben wir möglicherweise leichtfertig diesen Gefühlen nach, und stehen deshalb morgen vor einem Scherbenhaufen.
Wollen wir gerade unserer Ungeduld nachgeben, sollten wir uns unbedingt vor Augen führen, dass Geduld DER Garant für unser Glück ist.

Zu 4. *Verstehen wollen*: Hier sehen wir erneut, wie wichtig Geduld ist. Denn um jemanden verstehen zu können, brauchen wir Geduld. Wir müssen uns die Zeit nehmen herauszufinden, was er mit dem meint, was er sagt. Zudem müssen wir wahres Interesse am Anderen haben, denn dann wollen wir ihn wirklich verstehen und haben auch die Geduld, ihn verstehen zu können.

Verstehen wollen bedeutet aber auch, dass wir erst einmal von der Annahme ausgehen, dass Menschen unendlich verschieden sind. Und dass wir manchmal jemanden nicht verstehen, weil wir GLAUBEN, ihn zu kennen. Hier finde ich die Frage sehr hilfreich: „Inwieweit kenne ich mich eigentlich selbst?" Vielleicht kommen dann auch Überlegungen wie: „Ich entdecke immer wieder so viele neue Seiten, so viele neue Schattierungen an mir. Wie will ich da annehmen, jemanden anderes zu kennen beziehungsweise zu wissen, was er meint?"

Wir sehen: Wieder geht es um die Einstellung. Ich muss mich fragen, ob ich mein Gegenüber überhaupt verstehen will? Bin ich bereit, mir erstens einzugestehen, dass ich die andere Person – genauso wenig wie mich selbst! – kenne und zweitens, dass sie möglicherweise in einer Form denkt oder fühlt, die mir fremd ist?

Verstehen wollen bedeutet, sich dem Wagnis hinzugeben, etwas völlig Neues zu entdecken, sich auf völlig neues Terrain zu begeben. Da kommen zwangsläufig die Fragen hoch wie: Will ich das? Kann ich das?

Verstehen wollen bedeutet, dass ich mir diese Fragen mit Ja beantwortet habe.

Beziehungskommunikation besagt, dass wir diese Fragen mit Ja beantwortet haben. Denn Partnerschaft bedeutet immer, sich auf etwas völlig Neues einzulassen – das macht ja auch ihren Reiz aus, stellt aber natürlich auch eine große Herausforderung dar. Wir sind aber auf der Welt, um kreativ, um positiv, um lösungsorientiert mit Herausforderungen umzugehen. Beziehungen stellen eine wunderbare Voraussetzung genau dafür dar.

Zu 5. *Ich-Botschaften*: Sie stellen die große Veränderung in einer Beziehung da. **Sie sind DAS Instrument der Beziehungskommunikation**. Ich-Botschaften schaffen und bewahren Frieden, indem sie „den Ball flach halten".

Unter Konfliktkommunikation verstehe ich, wenn jemand zum Beispiel sagt: *Du sagst hier nicht die Wahrheit, du bist nicht ehrlich.* Dies ist eine destruktive Du-Botschaft.
Eine Ich-Botschaft drückt das Ganze viel geschmeidiger aus: *Mich erstaunt es, dass du dies so siehst, ich habe es ganz anders erlebt!* Das heißt, ich drücke auch aus, dass ich es anders sehe, ich greife aber den Anderen nicht an, ich bewerte nicht. Ich gehe vielmehr davon aus, dass Menschen die gleiche Situation unterschiedlich erleben und lasse dem Anderen die Möglichkeit, mich zu fragen, wie ich es erlebt habe.
Tut er das nicht, sage ich NICHT: *Du fragst mich ja gar nicht!* Oder in einer noch aggressiveren Variante: *Du fragst mich ja nicht, typisch!* Hilfreich ist hier vielmehr zu fragen: *Möchtest du wissen, wie ich es erlebt habe?* Hier sind nun das Interesse und das Wohlwollen DES ANDEREN gefragt. Antwortet er nämlich mit: *Nein*, dann belastet er die Kommunikation und damit die Beziehung. Sollte ich tatsächlich kein Interesse an der Version des Anderen haben, so ist es mein Wohlwollen, das mir empfiehlt, ihn doch zu hören. Und dies ergibt etwas sehr Interessantes: **Verstehen wollen beziehungsweise Interesse plus Wohlwollen ergeben Klugheit** – man kann daraus leicht erschließen, was Desinteresse und Nicht-Wohlwollen bringen!
Deshalb sollten wir uns, wann immer wir können, in Ich-Botschaften üben. Sie sind das A und O einer friedlichen und konstruktiven Kommunikation.

Zu 6. *Klären können*: Ein weiterer Eckpfeiler der Beziehungskommunikation. Klären zu können, ist nicht etwas, was uns in die Wiege gelegt wird. Wir müssen es vielmehr erlernen und immer wieder üben.
Es ist eine Illusion der romantischen Beziehungen zu glauben, eine gute Partnerschaft brauche kein Klären. Seelenpartner zum Beispiel bräuchten so etwas nicht, weil sie sich in allem verstünden. Meine Erfahrung ist, dass gerade Partner, die sich sehr

nahe sind, viel klären müssen, weil sie besonders viel zusammen machen und sich damit zwangsläufig Konflikte ergeben. Die Lösung ist nun nicht, wie manche empfehlen, dass Menschen nicht zu viel Zeit zusammen verbringen sollten, sondern dass sie LERNEN, gut zu klären. Wer gut klären kann, für den sind Konflikte immer eine Bereicherung. Denn sie schaffen die Möglichkeit, den Anderen – und sich selbst! – besser kennen zu lernen. Klären wir zudem gut, entsteht dadurch anschließend eine noch größere Nähe.

Wir müssen uns stets vor Augen führen: *Probleme sind Herausforderungen* und nicht dazu da, uns das Leben schwer zu machen. Vielmehr führen sie uns, wenn wir sie richtig handhaben, zu Glück und Fülle. Und eine der Formen, mit Herausforderungen adäquat umzugehen, ist, gut klären zu können.

Zu lernen, gut zu klären, lohnt sich immer!

Zu 7. *Es einfach halten können*: Viele Menschen machen sich das Leben schwer, weil sie zu viel tun – häufig aus Angst. Bekanntlich ist aber die Angst ein sehr schlechter Ratgeber. Die alten Griechen sagten: *mèden ágan – niemals zu viel!* An diesen klugen Satz, auf den wir weiter unter nochmals explizit zu sprechen kommen, sollten wir uns unbedingt halten. Bereits der weise Arzt Paracelsus, der in Wahrheit Philippus Theophrastus Aureolus Bombastus von Hohenheim (!) hieß und von 1493 bis 1541 lebte, formulierte das Gleiche, wenn auch etwas überspitzt: *Alles ist Gift, nur die Dosis macht, dass Gift nicht Gift ist!*

So ist, wie gesagt, Klären gut. Wenn ich oder mein Gegenüber aber nicht damit umgehen können, dann sollten wir es in dieser Situation sein lassen, damit es nicht zu „Gift" wird. So weiß ich von einem Paar, wo sie eine kurze außereheliche Beziehung hatte, wovon er auch wusste. Sie haben es nie angesprochen und bis heute auf sich beruhen lassen. Die richtige Methode? Für alle nachahmenswert? Mit Sicherheit nicht, denn manch einen kann dieses Nichtklären innerlich auffressen. Andere bekommen es trotz Aussprache nicht in den Griff und die Beziehung leidet lange darunter oder zerbricht gar.

Für die beiden war es der richtige Weg. Sie wussten eben, wie sie mit Fehlern – den eigenen und denen des Anderen – umgehen sollten.

Es einfach halten können ist eine große Fähigkeit, die Karl Kraus pointiert so ausdrückte: *Wer etwas zu sagen hat, trete vor und schweige.* Denn zuweilen ist es in einer Beziehung klüger und hilfreicher, zu schweigen und es einfach zu machen. Klären zu können, ist ein Segen. Es einfach halten können ist die Fähigkeit zu wissen, wann der Segen in „Gift" umschlagen könnte. Wie wichtig diese Fähigkeit ist, sehen wir daran, wie ungern wir mit komplizierten Menschen zusammen sind, und wie sehr wir es genießen, wenn es uns jemand leicht macht.

Hier passt sehr gut der Ausspruch des italienischen Dichters Giosuè Carducci: *Wer mit 20 Wörtern sagt, was man auch mit 10 Wörtern sagen kann, der ist auch zu allen anderen Schlechtigkeiten fähig.* Mit anderen Worten: Wer zu viel tut, kann schnell mehr schaden als er nützt.

Zu 8. *Zuhören*: So zuzuhören, dass der Andere sich gemeint fühlt, ist eine wunderbare Fähigkeit. Die einen haben sie, die anderen nicht. Was bei diesem Satz fehlt, ist das Verb „gelernt". Denn ich glaube, die Fähigkeit zuzuhören, lernen wir – am besten in der Kindheit. Aber, was nicht ist, kann man wunderbar nachholen. Wie heißt es so schön? *Es ist nie zu spät für eine glückliche Kindheit!*

Zuhören können wir bereits damit anfangen zu lernen, indem wir **uns bewusst machen, dass wir zwei Ohren und nur einen Mund haben.**

Es ist deshalb sehr empfehlenswert, zweimal hin zu hören und nur einmal zu reden. Viele schaffen es, weniger zu sprechen, und schaffen damit häufig viel Ruhe, Frieden und Anerkennung. Denn Menschen fühlen sich anerkannt, wenn wir ihnen zuhören. Leider sind wir immer wieder so sehr mit dem beschäftigt, was wir sagen wollen, dass wir übersehen, dass schon lange die Zeit zum Zuhören gekommen ist. Deshalb ist es eine gute Praxis, zum Beispiel mit dem Partner ein Zeichen zu vereinbaren, wenn er spürt oder glaubt, dass wir anderen mehr Raum geben oder andererseits uns mehr Gehör verschaffen sollten.

Und machen wir uns bewusst, was Platon zu dem Thema sagt, dann können wir fast nie das Zuhören überschätzen: *Lerne zuzuhören, und du wirst auch von denjenigen Nutzen ziehen, die dummes Zeug reden.* Wenn wir selbst von denjenigen lernen können, die, so Platon, „dummes Zeug reden", wie viel können wir dann von unserem interessanten Partner lernen!

Wir sollten ihm deshalb immer wieder zuhören und ihn auch fragen, ob er das Gefühl hat, **dass wir ihm zuhören**. Damit drücken wir ihm nicht nur Interesse, sondern auch Achtung aus – ein gutes Nebenprodukt des Zuhörens!

Zu 9. *Im richtigen Moment schweigen können*: Mit der obigen Aussage, zweimal zuzuhören und nur einmal zu reden, sind wir bereits bei diesem Punkt angelangt: *Im richtigen Moment schweigen zu können*. Eine unglaubliche Fähigkeit mit immer wieder sehr großer Wirkung.

So musste meine Frau Constanze in Bombay/Mumbai übernachten und fand nichts, außer in einem sehr teuren Hotel. Da sie nicht bereit war, den, wie sie fand, absolut überteuerten Preis zu zahlen, verhandelte sie mit der Rezeptionistin. Diese war aber nicht bereit, so weit im Preis runterzugehen, wie es Constanze angemessen schien. Nach einigem Diskutieren fand sie daher ein weiteres Verhandeln zwecklos. Sie blieb deshalb an der Rezeption stehen und schwieg. Das dauerte eine Weile. Dann schaute die Rezeptionistin Constanze verwundert an, weil sie immer noch da war, schlug ihr einen Preis vor und fragte sie, ob dieser Preis gut für sie sei? Es war der Preis, den Constanze vorgeschlagen hatte! Sie willigte gerne ein, und bekam ein sehr schönes Zimmer zu einem absolut vernünftigen Preis.

James William Fulbright sagt zu diesem Thema sehr passend: *Es ist Unsinn, eine Türe zuzuschlagen, wenn man sie angelehnt lassen kann.* Wir können sie „angelehnt lassen", wenn wir im richtigen Moment schweigen können – nach dem berühmten Motto des Weisen Laotse, der lehrte: *Tue nicht und alles wird getan.*

Wir sollten dies unbedingt beherzigen und uns immer mehr darin üben, im richtigen Moment zu schweigen, denn dies ist eine weitere Säule der Beziehungskommunikation, und damit gelebte Fürsorge für uns und für andere – durch Schweigen.

Natürlich kann man das Schweigen auch als Waffe verwenden, indem man den Anderen ins Leere laufen lässt. Diese Form des Kampfes ist aber nicht mit der positiven Kraft des Schweigens gemeint.

Zu 10. *Taktgefühl*: In meinem Buch „Zeitlose Wahrheiten für jeden Tag" (24.4.) steht: *Eine Eigenschaft, die du niemals zu viel entwickeln kannst, ist Taktgefühl.*
Taktgefühl zeigt die seelische Reife eines Menschen.
Taktgefühl bekommt eine Seele durch ihre Reife. Diese Reife spiegelt wider, wie offen Dein Herz ist. Je liebevoller ein Mensch ist, desto weiter ist er in seiner Selbstfindung.
Taktgefühl ist der Glanz eines gereiften Herzens.
Taktgefühl ist das Wissen des Herzens um die Verletzbarkeit des anderen. Es ist die Behutsamkeit, mit der Dein Herz das Wesen eines anderen behandelt.
Gerade dies zeichnet das Taktgefühl aus: Dass seine Wirkungsweise vor allem darin liegt, dass es nicht auffällt, dass es nicht auffallen will.
Taktgefühl ist damit die entscheidende Eigenschaft, die wir kultivieren sollten, um eine gute Beziehungskommunikation haben zu können.

Zu 11. *Innehalten können*: Dies ist eine besonders wichtige Fähigkeit in einer guten Beziehung, denn manchmal weiß beziehungsweise sieht der Partner etwas, was dem Anderen nicht bewusst ist. Macht er ihm nun ein Zeichen innezuhalten, dann sollte er auch darauf beziehungsweise auf den Partner hören.

Ich selber kam immer wieder in unangenehme Situationen, weil ich entweder die Zeichen von Constanze übersah oder – noch schlimmer! – überging.

Innezuhalten ist auch ein Hinweis darauf, dass man auf „die Zeichen am Wegesrand" achtet. So habe ich mir zum Beispiel angewöhnt, wenn ich etwas erzählen möchte und dabei dreimal unterbrochen werde, es nicht mehr zu sagen. Dies ist nur eines vieler Zeichen, auf die ich zu achten gelernt habe. Ebenso habe ich mir angewöhnt, mehr und mehr auf die Körpersprache meines Gegenübers zu schauen. Wenn jemand zum Beispiel, während ich spreche, die Arme vor der Brust verschränkt oder in der Gegend herum schaut, dann höre ich schnell mit dem auf, was ich sagen wollte, und stelle stattdessen eine Frage.

Innezuhalten hilft mir, dass ich das Interesse meines Gesprächspartners nicht dadurch verliere, dass ich zum Beispiel zu lange rede oder von Dingen spreche, die ihn nicht besonders interessieren.

Innezuhalten ist damit eine wichtige Voraussetzung für eine gute Beziehungskommunikation. Zudem gibt mir Innezuhalten die Möglichkeit, mich darauf zu konzentrieren, was jemand nonverbal ausdrückt. Und genau darauf sollten wir genau achten, wenn wir den anderen verstehen beziehungsweise dort abholen wollen, wo er gerade ist.

Zu 12. *Kritikfähigkeit*: Ein sehr delikates Thema. Warum? Weil die Kritikfähigkeit vieler davon abhängt, WIE sie kritisiert werden. Es gibt Menschen, die so massiv und so häufig kritisieren, dass selbst der Hartgesottenste es nicht annehmen kann.

Wiederum gibt es Menschen, die von der Kritik ihrer Kindheit so verletzt sind, dass man ihnen gar nichts sagen kann.
Und dann gibt es die unendlichen Facetten dazwischen.
Ein Problem, das viele Menschen haben, ist, dass sie glauben:

Erstens, ein Recht zu haben zu kritisieren, und dies

zweitens vornehmlich bei Menschen tun zu können oder zu sollen, die ihnen besonders nahe stehen.

Ich habe festgestellt, dass Kritik sehr schnell in die falsche Richtung gehen kann, und Menschen mehr verletzt sind, als dass sie etwas annehmen können. Deshalb ist hier der vorherige Punkt entscheidend: Achte auf die Körpersprache und halte gegebenenfalls inne. Die Regel lautet ja: Fünfmal loben und dann erst – wenn es nötig ist – kritisieren.
Wie ich unter Punkt 5. ausführte, sind besonders bei Kritik Ich-Botschaften entscheidend. Es ist wenig hilfreich zu sagen: *Du machst immer, du machst nie, du machst nur...* und so fort. Viel sinnvoller ist es zu sagen, was man braucht, wie zum Beispiel mit den Worten: *Ich bräuchte, dies so und so gemacht. Wie findest du das? Macht das Sinn für dich?* Es ist deutlich zu sehen, dass die erste Form eine Konfliktkommunikation, die zweite dagegen eine Beziehungskommunikation ist.

Aber selbst wenn wir etwas in der Beziehungskommunikation ausdrücken, muss der Andere so kritik- beziehungsweise konfliktfähig sein, dass er mein Anliegen hören und annehmen kann. Kann er dies nicht, kann er sich überhaupt nichts sagen lassen, ist er für keine Form der Rückmeldung offen, dann wird auf Dauer eine Beziehung mit ihm schwierig sein. *Denn zu einer guten Beziehung gehört es, dass man sich herzlich und auf vorsichtige Weise spiegelt, was man gerne anders hätte, beziehungsweise was der andere tut, womit man ein Problem hat.*

Es ist ein weiterer Pfeiler der Beziehungskommunikation, dass ich sagen kann, was ich anders brauche. Und kann ich das, versteht mich der andere, nimmt er an, was ich ihm vermitteln möchte, dann wird deutlich, was **Beziehungskommunikation schafft: Nähe.**
Kritikfähigkeit und die richtige Art und Weise, Kritik beziehungsweise seine Wünsche auszudrücken, macht deutlich, wie wichtig und wie hilfreich Beziehungskommunikation ist.

Zu 13. *Verzeihen können*: Wie wir soeben sahen, kann in einer Beziehung sehr schnell etwas schief gehen. Der eine möchte etwas ansprechen, was ihm wichtig ist, und der andere reagiert verletzt, weil das Gesagte ihn getroffen hat. Deshalb ist es unmöglich, eine Beziehung zu führen, ohne zu verletzen oder verletzt zu werden. Deswegen sagt der kluge Volksmund: *Im Verzeihen zeigt die Liebe erst ihre wahre Größe.* Dieser Spruch vermittelt, dass es nicht darum geht, keine Fehler zu machen, sondern vielmehr darum, wie wir damit umgehen, beziehungsweise wie unser Gegenüber damit umgeht.
Es gibt nun Menschen, die bitten gar nicht erst um Entschuldigung, weil sie meinen, sich zu entschuldigen sei unter ihrer Würde. Ein chinesisches Sprichwort sollte sie eines Besseren belehren: *Verzeihen ist keine Narrheit, nur ein Narr kann nicht verzeihen.* Ich ergänze: *Nur ein Narr kann nicht um Verzeihung bitten!* Denn wer sich nicht entschuldigen kann, der läuft Gefahr, in seinem Stolz oder gar Hochmut gefangen zu sein, und der kommt bekanntlich vor dem Fall – zumindest vor dem Ende der Beziehung. Denn die Gleichung der Kommunikation ist einfach: **Je mehr Hochmut, desto weniger Beziehung.**
So kann das Fehlermachen eine sehr gute Gelegenheit sein, Bescheidenheit zu üben und damit Beziehung zu geben. Mit anderen Worten: Verzeihen-Können ist ein unverzichtbarer Bestandteil der Beziehungskommunikation. Können wir uns nicht entschuldigen, können wir nicht verzeihen, so ist nicht nur unsere Kommunikation, sondern unsere Beziehung sehr

gefährdet, denn wir sind nicht in der Lage Fürsorge zu leben. Fürsorge bedeutet, für den anderen sorgen zu können, und dies bedeutet, dass ich mich entschuldige, wenn ich jemanden verletzt habe, und als Verletzter eine Entschuldigung annehme, die von Herzen kommt.
Wieder wird deutlich: Es geht nicht darum, keine Fehler zu machen, sondern primär darum, wie wir damit umgehen.

Zu 14. *Positives Denken*: Auch das ist entscheidend in einer Beziehungskommunikation, denn Menschen, die positiv denken, machen sich und anderen das Leben leicht. Zudem ist positives Denken eine unglaubliche Kraft, die viel Gutes bewirken kann. Es ist nachgewiesen, dass Menschen, die positiv denken beziehungsweise einen Glauben haben, froher und gesünder sind, außerdem auch länger leben. Darüber hinaus ziehen uns Menschen runter, die alles negativ oder gar schwarz sehen. Kein Wunder, dass Menschen, die in allem das Positive sehen, uns das Leben leichter machen. So heißt es zu recht: *Der Pessimist sieht in jeder Lösung ein Problem, der Optimist dagegen in jedem Problem eine Lösung*. Deshalb verwenden Pessimisten eine Konfliktkommunikation, weil sie reichlich Probleme mit sich und anderen haben. Optimisten dagegen pflegen eine Beziehungskommunikation, weil sie eine positive Beziehung zu sich haben und deshalb eine ähnliche zu anderen aufbauen. Daher verwundert es nicht, dass Pessimisten gemieden und Optimisten gesucht werden.

Zu 15. *Humor*: Humor ist für ein frohes Leben und eine positive Kommunikation genauso wichtig, wie das Salz im Essen. Wir können noch so wunderbar gekocht haben, mit noch so herrlichen Zutaten, fehlt aber Salz, schmeckt jedes Essen schal. Deswegen ist Humor so wichtig. Er kann schwierige Situationen leicht halten und ein Gespräch retten, das droht, ins Unangenehme abzurutschen. So griffen Neider den Philosophen Aristipp an, der froh war mit seiner lockeren Beziehung zu der sehr erotischen Edeldirne Lais. Sie meinten, sie liebe ihn nicht. Er nahm es mit Humor und sagte: „Der Wein und die Fische lieben mich auch nicht, aber ich genieße sie trotzdem!" Kein Wunder, dass alle lachten und er mit diesem Spruch die Schärfe aus dem Gespräch nahm. Deshalb gehört Humor untrennbar zur Beziehungskommunikation. Er belebt jede Partnerschaft mit Fröhlichkeit.

Zu 16. *Fröhlichkeit*: Menschen lieben es zu lachen, Spaß miteinander zu haben, unbeschwert zu sein. Deshalb ist eine positive oder, wie ich sie nenne, Beziehungskommunikation so wichtig, weil sie uns im wahrsten Sinne des Wortes Spaß macht. Halten wir die bisher beschriebenen Punkte ein und kommunizieren entsprechend, dann gibt es viele Gründe, fröhlich zu sein. Und das Erstaunliche: Sind wir fröhlich, dann ziehen wir ebenso gesinnte Menschen an, wodurch die Fröhlichkeit sogar zunimmt. Die Themen *positives Denken* und *Fröhlichkeit* machen deutlich, dass wir gut aussuchen sollten, mit wem wir zusammen sind. Es gibt nun mal gute und schlechte Gesellschaft. Die gute bedient sich der Beziehungskommunikation, die schlechte verwendet die Konfliktkommunikation. Wollen wir froh sein, ist es klar, welche Menschen wir suchen und von welchen wir uns fernhalten sollten.

Zu 17. *Medèn ágan* – niemals zu viel: Dieser Spruch schmückte ebenso wie das berühmte *Erkenne dich selbst* das Delphische Orakel. Er passt sehr gut zur Platonischen „*Mesothes*-Lehre". Sie besagt, wir sollten keine Extreme leben (nicht Feigheit und nicht Tollkühnheit, sondern die dazwischen liegende Tapferkeit), und dadurch die Mitte halten.
Ein gutes Beispiel hierfür sind Ines und Barbara.
Barbara hat einen Betrieb und bat Ines, sie zu beraten. Ines hat aber ein Problem, ihre Gefühle zu spüren und diese auszudrücken. Zudem hat sie ein Problem, nein zu sagen.

Barbara hat genau das gegenteilige Problem: Sie ist immer wieder mit sich beschäftigt und merkt deshalb nicht, wie viel sie nimmt und wie sie ihr Gegenüber überfordert.

So gab Ines, gab und gab. Und Barbara nahm und nahm. Dies ging, bis Ines nicht mehr konnte. Sie hatte VIEL zu spät auf ihre Gefühle gehört und eine Grenze gezogen.

Barbara ihrerseits unterwanderte jede Grenze dadurch, dass sie zunächst alles verstand, am Ende aber nicht bei ihrem Gegenüber ankam, sondern immer nur von sich redete und sich erklärte. Das konnte Ines nicht handhaben, denn sie hatte in ihrer Kindheit weder gelernt, ihre Gefühle zu achten, noch im richtigen Moment nein zu sagen. Kein Wunder, dass sie sich zerstritten – und dies, obwohl BEIDE wirklich bemüht waren, und Barbara alles dafür tat, gut mit Ines zu klären.

Sie haben beide ZU VIEL getan: Ines zu viel gegeben, womit sie weit über ihre Grenzen ging; Barbara zu viel genommen, womit sie weder Ines noch sich auf Dauer einen Gefallen getan hat.

Die Lösung bestand darin, dass beide IHRE Mitte fanden, ihre und die Grenze des anderen respektierten und sich dadurch wieder herzlich aufeinander zubewegen konnten.

Die *Mitte Halten* bedeutet deshalb: Nicht zu viel geben, nicht zu viel nehmen. Nicht zu passiv und nicht zu aktiv, nicht zu laut und nicht zu leise, nicht aggressiv zu sein, sich aber auch nicht alles gefallen zu lassen.

Mit anderen Worten: Die *Mitte Halten* bedeutet, im HARMONISCHEN AUSTAUSCH mit meinem Gegenüber zu sein.

Dafür müssen wir einen Partner haben, der EBENFALLS die Mitte hält. Diesen zu finden gelingt uns am besten, wenn wir selber die Mitte halten und auf die Mitte des Anderen achten.

Zu 18. *Leichtigkeit*. Es gibt Menschen, die machen sich ständig das Leben schwer. Das Eine stört sie, das Andere lehnen sie ab,

wieder Anderes ärgert sie – ähnlich wie Gregor im Beispiel weiter oben. Der Umgang mit ihnen ist entsprechend mühsam.
Und es gibt Menschen, die wie Federn durchs Leben zu schweben scheinen. Obwohl sie sehr intensiv leben und empfinden, sehen sie stets das Positive in allem, was ihnen begegnet. Das lässt sie leicht leben, das macht sie – und andere! – froh. Deshalb ist Leichtigkeit so wichtig für eine Beziehungskommunikation, und damit für ein glückliches Leben.
Wir sollten aber nicht meinen, so eine Eigenschaft sei „angeboren" und damit nicht zu erreichen. Ich habe vielmehr festgestellt, dass viele Menschen, die leicht leben, sich dies durch DISZIPLIN beigebracht haben. Sie haben sich GEZWUNGEN, stets das Positive zu sehen und zu LEBEN. Für manche war dies zum Teil harte Arbeit, aber – wie sie sagen –, es hat sich total gelohnt!

Zu 19. *Dankbarkeit*. Wer positiv denkt, fröhlich ist, Humor hat und geduldig ist, ist zwangsläufig auch dankbar. Denn Dankbarkeit entsteht dadurch, dass ich SEHE, was ich habe, und wie viel es ist. Deshalb ist es auch so wichtig zu sehen, dass das Glas halb voll ist, denn das erfüllt mich mit Freude und Dankbarkeit. Dankbarkeit ist nämlich entscheidend für mich und nicht für den, dem ich Dank schulde. Dankbarkeit erzeugt IN MIR ein sattes Gefühl, das mich froh und zufrieden macht. Dankbarkeit ist eines der Ergebnisse der Beziehungskommunikation. Damit wird nochmals deutlich, wie froh uns diese macht.

Zu 20. *Fürsorge*. Das andere Ergebnis der Beziehungskommunikation ist Fürsorge. Wer gut kommuniziert, sorgt für sich und für andere. In früheren Zeiten wurden die Konflikte mit Waffen ausgetragen. Heute, in einer Zeit, in der Frieden weite Teile der Welt umspannt, werden die Auseinandersetzungen verbal ausgefochten. In vielen Ländern kommt man heute nicht mehr dadurch an die Macht, dass man ein Land erobert oder erbt, sondern indem man ein Fernsehduell gewinnt. Wir sehen: Es ist die Kommunikation, die über unseren Erfolg oder Misserfolg entscheidet. **Fürsorge bedeutet deshalb in dieser Zeit, dass wir hervorragend kommunizieren, die Konfliktkommunikation ablegen und zu einer erstklassigen Beziehungskommunikation gelangen. Fürsorge bedeutet deshalb auch, dass ich über eine erfolgreiche, weil positive Kommunikation zu Fröhlichsein, Glück und Fülle gelange.**

ÜBUNG: Auch hier ist es wichtig, dass wir uns bewusst machen, welche Elemente der Beziehungskommunikation wir bereits verwenden und welche ausbaufähig sind. Dieses Bewusstmachen ist wichtig, denn es baut einerseits Selbstwert auf und gibt uns andererseits die Möglichkeit, mit unserem Partner darüber zu sprechen, wie er dies sieht.
Falls unsere Beziehung im Moment oder überhaupt nicht so ist, dass wir dies besprechen können, dann sollten wir es als Mann mit einem Freund, als Frau mit einer Freundin besprechen, und hören, wie er beziehungsweise sie uns sieht.

Krieg und Frieden

Die vielen vorherigen Jahrtausende waren von Kriegen gekennzeichnet. Immer wieder zogen Feldherrn mit ihren Heeren durch die Lande und eroberten, was sie bekommen konnten. Das Leben war damals äußerst gefährlich und gefährdet. Kein Wunder, dass die Erziehung entsprechend war. Da wurde nicht lange herum gefragt, wie es jemandem wohl gehen möge. Genauso wenig hatte man Zeit für große Gefühle, wenn der Feind vor den Toren stand – wie wir weiter oben bereits sahen.
Die Menschen mussten äußeren Sachzwängen gehorchen, und dies lernten sie bereits in der Erziehung. Da gab es Befehle, da wurde Gehorsam erwartet, und klappte das nicht, dann gab es entsprechende Strafen. Schläge waren somit an der Tagesordnung und ein völlig anerkanntes Erziehungsmittel. Die Men-

schen sollten hart, widerstandsfähig und gehorsam sein. Ob sie glücklich waren oder positiv dachten, war völlig nebensächlich, wenn nicht gar uninteressant. Wichtig war nur, dass sie gehorchten und sich in keiner Lebenslage schonten. Bei den Spartanern war die Ausbildung der Elitesoldaten gekennzeichnet von unglaublicher Härte – ebenso wie bei vielen Elitesoldaten heute. Geht man in den Krieg, so bedeutet dies, zu töten beziehungsweise ebenfalls getötet oder verwundet zu werden. Darauf muss man vorbereitet werden, darauf war die frühere harte bis brutale Erziehung angelegt. Kein Wunder, dass sie von einer Konfliktkommunikation bestimmt war.

Rechtzeitig zur Zeit des Friedens, den wir jetzt in Europa genießen können, kamen Pioniere wie Sigmund Freud, C. G. Jung, Alfred Adler und Wilhelm Reich – um nur einige zu nennen. Sie veränderten unsere Sichtweise über die seelische Entwicklung bei Kindern völlig. Sie sind deshalb die Vorbereiter der Beziehungskommunikation. Diese kann man nur erlernen, sofern man von klein an nur Konfliktkommunikation kennengelernt hat, wenn man INTENSIV an sich arbeitet. Denn die Konfliktkommunikation zusammen mit der harten Erziehung zerstört die Zartheit im Menschen. Genau diese Zartheit brauchen wir aber für die Beziehungskommunikation. Deshalb müssen wir diese in uns wiederfinden und leben.

Da dies mit so vielen Mühen verbunden ist, müssen wir unsere Kinder völlig anders erziehen, als wir beziehungsweise unsere Eltern noch erzogen wurden. Wir müssen sie so aufwachsen lassen, dass **ihre Zartheit erhalten** oder sogar gefördert wird. In Zeiten des sicheren, beständigen Friedens benötigen wir keine Kommunikation des Kampfes, der Verachtung, der inneren und äußeren Zerstörung.

So ist es kein Zufall, dass der vorsichtige Umgang mit der Seele des Menschen einhergeht mit einem größeren Umweltbewusstsein. Und es ist ebenso kein Zufall, dass ein Land, das so sehr durch die Kriege gelitten hat wie Deutschland, und entsprechend viel gelernt hat, ein Vorreiter im Umweltschutz geworden ist. Dass die USA hingegen, die seit ihrem Bestehen permanent im Krieg sind, ein viel geringeres Bewusstsein für den Umweltschutz haben, genauso wie Russland oder China, wo die Herrscher einen permanenten Krieg gegen die Freiheit ihrer Bevölkerung führen. Zudem haben diese drei Staaten immer noch die Todesstrafe, die in ganz Europa geächtet ist.

Fürsorge bedeutet in diesem Zusammenhang deshalb, dass wir **so mit uns und anderen umgehen (wozu auch Tiere, Pflanzen und die Umwelt gehören)**, dass wir friedlich und froh kommunizieren, dass der Frieden von uns zu unserem Partner geht und von hier sich weiter ausbreitet – so wie sich Kreise über einen ganzen Teich ausbreiten können. Und die Welt ist ein Teich, in dem zum Beispiel ein klitzekleines Griechenland die gesamte Weltwirtschaft beeinflussen kann. Buddha sagte: *Ein Lächeln geht nie verloren.* In Anlehnung daran können wir sagen: Die Freude, die Leichtigkeit, der Frieden und das Glück einer Beziehungskommunikation gehen auch nicht verloren, sondern werden mit der Zeit die ganze Welt erobern. Das wird der Zeitpunkt sein, wo wir wissen werden, dass unsere geglückte Fürsorge für unsere Beziehung am Ende Fürsorge für die ganze Welt ist. Denn, wie Arthur Koestler sagte: *Worte sind Luft – und Luft erreicht die ganze Welt.*

Dazu eine schöne Geschichte:
Gestern war ich mit meinem Freund Tschurtschi in einem italienischen Restaurant essen.
Ich bestellte Artischocken auf Rucola und Spaghetti al Radicchio (vgl. Kap. 8, Ernährung!).
Das erste Gericht war köstlich, die Spaghetti dagegen waren so scharf, dass ich sie, obwohl sie sehr gut waren, nicht essen konnte. Ich sagte dies dem Ober, und der bot an, sie neu zu machen. Es täte ihm sehr leid, der Koch sei nicht verliebt, sondern Kalabrese, aus Kalabrien. Die äßen so scharf.

Ich hatte aber keine Lust nun 15-20 Minuten auf neue Spaghetti zu warten.
Dann bekam Tschurtschi Eis mit Erdbeeren und Himbeeren und da meinte ich, die Erdbeeren und Himbeeren hätte ich auch gerne (ohne Eis! Siehe Kap. 8!) – anstatt der Spaghetti. „Ob das wohl gehe?", fragte sich der Ober laut.
Ich bekam den Nachtisch und anschließend bat ich um die Rechnung. Und was war darauf? Die Spaghetti UND der Nachtisch. Da sagte ich dem Ober, das gehe gar nicht, er möge mir doch den Chef schicken. Der kam und setzte sich auf die Bank neben mich. Ich brachte ihm mein Anliegen vor. Da meinte er, er hätte uns gerne einen Amaro oder einen Grappa angeboten, aber an einen Nachtisch habe er nicht gedacht. Da sagte ich: „Vielen Dank, das ist sehr freundlich, aber sowohl mein Freund als auch ich müssen noch Auto fahren – ich sogar bis zum Ammersee, da kommt Alkohol nicht in Frage. Tut mir leid. Deshalb denke ich, der Nachtisch ist die bessere ‚offerta', das bessere Angebot." Das fand er nun auch, und so wurde dieser von der Rechnung abgezogen. Das tat der Ober, war sichtlich froh und meinte: *Mia mamma disse sempre, chi sa parlare, passa il mare – meine Mutter sagte immer, wer reden kann, kommt übers Meer.* Ein sehr kluger Spruch, besonders für eine Frau, die auf Sizilien lebt, das vom Meer umgeben ist.
Ich sagte dem Ober, ich fände den Spruch wunderbar und würde ihn gerne in mein Buch schreiben, und gab ihm die 5 Euro, die er mir soeben als Wechselgeld zurückgegeben hatte, um damit die Rechte auf diesen Spruch zu „kaufen". Das fand er eine großartige Idee! Als wir gingen und uns vom Chef und ihm verabschiedeten, strahlte er mich an und meinte: „Mille grazie per avermi pagato i diritti d'autore – vielen Dank für das Bezahlen der Urheberrechte!" Wir alle vier lachten von Herzen.
Diese unendlich scharfen Spaghetti hatten durch Reden eine absolute Win-Win-Win-Win-Situation geschaffen: Der Ober

war froh, der Chef war es, ich war es und Tschurtschi mit seinem guten Humor hat die Situation ebenfalls sehr genossen.
Was ungenießbare Spaghetti verbunden mit einem gutem Spruch, Reden und viel Lachen doch erreichen können – vielleicht das Essen der Zukunft?!

5. Fürsorge = <u>Entscheidung</u> für Glück und Fülle

„Vielen Dank für das Buch über Fürsorge", sagte Tom, ein Mann, von dem ich weiß, dass er sich intensiv mit Themen befasst. „Es ist leicht geschrieben und die vielen Beispiele machten es mir erst einmal leicht, mich mit dem Thema auseinanderzusetzen."

Das „erst einmal leicht" ließ mich aufhorchen, und dies zu Recht. Denn Tom fuhr fort: „Je mehr ich mich aber mit dem Thema auseinander setzte, desto mehr ärgerte ich mich über mich!"

Ich staunte, was Tom sagte. „Du staunst. Tue ich auch immer wieder – und ärgere mich. Denn durch das Buch wurde mir deutlich, wie häufig ich nicht für mich sorge, wie häufig ich mich übergehe, wie häufig ich erst nachträglich merke, dass ich mich übergangen habe. Als ich anfing, das Buch zu lesen, dachte ich, ich würde etwas lernen, wodurch alles leichter wird. Ehrlich gesagt, ist erst einmal alles schwerer geworden! Früher habe ich mich über Dinge, Menschen, Sachverhalte oder auch Gott geärgert. Seitdem ich dieses Buch gelesen habe, ärgere ich mich primär über mich – und auch das ärgert mich!"

Ich musste lachen, denn Tom brachte die Gefühle vieler auf den Punkt. Auch er lachte, fuhr dann aber fort: „Wir lachen, aber im Grunde ist es gar nicht zum Lachen, denn mir war nicht bewusst, wie schwer ich mich mit einer grundlegenden Veränderung tue. Dies ist noch etwas, das ich durch das Buch gelernt habe: Bis dahin dachte ich, Verstandenes leicht umsetzen zu können. Das Buch lehrte mich etwas anderes: Die

Veränderung geht so tief, dass ich mich damit schwer tat und immer noch tue.
Das Schwierige an Fürsorge ist für mich, dass sie ein permanenter Prozess ist, der mir ständig zeigt, wo ich stehe. Mitunter fühle ich mich immer wieder völlig am Anfang, was mich ärgert!"

Was Tom hier schildert, ist eine kluge Beobachtung dessen, wie Fürsorge wirkt: Sie macht uns immer wieder nicht nur deutlich, wie wir für uns sorgen, sondern auch wie etwa unsere Eltern für uns gesorgt haben. Sind sie streng mit unseren Fehlern umgegangen, so tun wir dies heute auch. Deshalb ärgern wir uns, ähnlich wie Tom, über uns – und machen uns damit das Leben schwer.
Fürsorge sollte aber die Entscheidung für Leichtigkeit, Glück und Fülle sein. Wir sollten uns bewusst sein, wie ich es im ersten Kapitel beschrieb, dass Fürsorge einen Prozess in Gang setzt, der uns weit, sehr weit bringen kann. Und am weitesten kommen wir bekanntlich dann, wenn wir uns nicht negativ bewerten. Hadern wir, so wie Tom, immer wieder mit uns selbst, sollten wir uns an die klugen Worte von George Bernhard Shaw (1856-1950) erinnern: *Die besten Reformer, die die Welt gesehen hat, sind die, die bei sich selber anfangen.*
Wer beginnt, sich zu fragen, wie er besser für sich und andere sorgen kann, gehört zu diesen besten Reformern, denn er leistet etwas Großes: Er fragt sich, wie er etwas besser machen kann beziehungsweise WIE ER SICH VERBESSERN KANN. Und das IST eine große Leistung!

FÜRSORGE = ENTSCHEIDUNG

Denn Fürsorge ist gleichbedeutend mit Entscheidung für mich und für andere. Und diese Entscheidung ist weit reichend. Denn:

1. Ich entscheide mich für mich.
2. Ich entscheide mich, meine positiven Eigenschaften zu sehen.
3. Ich entscheide mich, das Positive zu hören, was andere mir sagen.
4. Ich entscheide mich zu sehen, was ich leiste.
5. Ich entscheide mich, auch meine Fehler zu sehen, und meine Leistung zu werten.
6. Ich entscheide mich für Fürsorge, und deshalb entscheide ich mich für Leichtigkeit, Glück und Fülle.
7. Und schließlich entscheide ich mich zu sehen, dass diese letzte Entscheidung eine große Entscheidung ist!

Die weise Heilige Amma (www.embracingtheworld.org) bringt dies auf den Punkt: *Wie jede andere Entscheidung im Leben, so ist auch Glück eine Entscheidung. Wir müssen die feste Entscheidung treffen: Was auch immer in meinem Leben geschieht, werde ich froh und stark sein.*
Dies kann weit reichende Folgen haben, wie die folgende Geschichte belegt, die mir mein lieber italienischer Freund Ezio Codato schickte, bei der man aber nicht ersehen kann, von wem sie stammt, da kein Autor angegeben ist. Sie ist mit wunderschönen Ansichten von Italien geschmückt und erzählt die Geschichte von Pepe, einem Mann, den der Autor kannte, und der ihm immer sagte, wie gut es ihm gehe. Denn er stehe jeden Tag auf und entscheide sich für das Glück.
Pepe wurde eines Tages überfallen und von den Räubern niedergeschossen. Er konnte noch die Erste Hilfe rufen und kam schwer verletzt ins Krankenhaus – so schwer, dass viele ihm

keine Überlebenschance gaben. Das merkte er und entschied sich BEWUSST fürs Leben.

Dann kam er in den Operationssaal und merkte, dass die Ärzte ihm ebenfalls keine Überlebenschance gaben, aber sagten, es werde alles gut gehen. Pepe entschied sich hier nochmals für das Leben.

Als ein Arzt ihn fragte, ob er auf etwas allergisch sei, antwortete Pepe: „Ja, auf Lügen!" Während die Ärzte noch über seine Äußerungen lachten, sagte Pepe: „Ich habe entschieden zu leben. Operiert mich wie einen Lebenden und nicht wie einen Toten!" Das machte den Unterschied. Pepe überlebte und konnte bald wieder sagen, **es gehe ihm wunderbar! Denn, so meinte er, dies sei nichts anderes als eine Entscheidung, und er habe sich für das Leben und das Glück entschieden.**

DAS PROBLEM MIT DER VERANTWORTUNG

Bewusst meine Fürsorge zu leben, bedeutet, wie wir sahen, mich zu entscheiden, und dies bedeutet, dass ich für meine Entscheidung verantwortlich bin. Und genau hier beginnen für viele die Probleme, denn sie haben – leider! – in ihrer Kindheit gelernt, dass es sehr gefährlich ist, verantwortlich zu sein – besonders für seine Fehler. Dies ist wieder mal ein guter Grund, warum wir Kinder nicht streng erziehen beziehungsweise strafen dürfen, denn wir bringen sie um ihre Fürsorge, um ihre Verantwortung und damit um ihr Glück und ihren Erfolg.

Deshalb müssen viele etwas Neues lernen: Dass es keine „Abkürzung" im Leben gibt.

Viele glauben, diese „Abkürzung" sei, anderen die Schuld zu geben. Dies bedeutet aber nichts anderes, als dass wir ihnen die Macht über unser Leben geben. Sie bekommen sie dadurch, dass wir ihnen vorwerfen, sie hätten uns dies oder jenes angetan, weswegen sie ja Schuld haben.

Die Voraussetzung für Fürsorge und damit für Glück ist aber, dass wir die Meisterschaft über unser Leben erlangen. Und die bekommen wir nie, wenn wir die Macht über uns an andere abgeben. Wir leben damit immer noch das Muster unserer Kindheit, wo unsere Eltern oder sonstige Erziehungsberechtigte Macht über uns hatten.
Wieder ist eine Entscheidung gefragt: Entscheide ich für mich oder lasse ich es zu, dass andere für mich entscheiden? Denn das Gesetz lautet: Entweder ich lebe mich oder andere leben mich. Was so viel hieße wie: Ich lasse es zu, dass andere ihre Interessen auf meine Kosten leben.

Deshalb gibt es keine „Abkürzung" im Leben, indem ich Verantwortung abgebe.
Fürsorge bedeutet daher, dass ich mich für mich entscheide und Verantwortung übernehme. Nur das gibt mir Freiheit. Genau hier hatte Tom Probleme: Er sah, dass Fürsorge beziehungsweise Freiheit etwas kosten. Nämlich, dass er erkennt, wie weit er seinem Ideal von Fürsorge und Selbstverantwortung entspricht. Selbstverantwortung und Freiheit stellen DIE Herausforderungen dar, die mich selbstbewusst und stark werden lassen.
Wir müssen in diesem Zusammenhang **etwas Grundsätzliches anerkennen**, wenn wir wirklich fürsorglich sein wollen: **Dass es keine weiteren (!) Geschenke im Leben gibt.**
Das ist die wichtige Aussage, denn die drei größten Geschenke haben wir schon erhalten:

> **Dass wir leben,**
>
> **dass das Glück bereits in uns ist,** wir es nur entdecken müssen
>
> **und wir ein verbrieftes Recht auf Freiheit haben.**

Wir müssen nichts mehr finden, wir müssen nichts mehr erreichen, wir müssen im Grunde nichts mehr tun, **AUSSER, dass wir uns für uns entscheiden.** Dies ist zwar ein großer Schritt, er liegt aber absolut in unserer Reichweite. Deswegen sagt der kluge amerikanische Ingenieur und Philosoph Charles F. Kettering (1876 - 1958): *Glück ist meistens nur ein Sammelbegriff für Tüchtigkeit, Klugheit, Fleiß und Beharrlichkeit.* Und *Mut*! – würde ich hinzufügen.
Tüchtigkeit, Klugheit, Fleiß, Beharrlichkeit und Mut ergeben sich zwangsläufig, wenn wir uns für uns entscheiden. Deshalb sind Fürsorge und Verantwortung keine Probleme, sondern DAS Geschenk, das uns alle Türen im Leben öffnen kann – wir müssen uns nur für sie und das heißt, FÜR UNS entscheiden und dies auch leben.

Sehen, Wundern, Staunen, Bewundern

Kein Wind ist demjenigen günstig, der nicht weiß, wohin er segeln will!, sagt der wichtige französische Philosoph Michel de Montaigne (1533 - 1592). Er beschreibt damit das Problem vieler Menschen. Sie sind unglücklich, weil sie nicht wissen, wonach sie schauen, was sie finden wollen. Das Glück ist nämlich nicht nur in uns, sondern auch um uns herum. Wir haben nur nicht gelernt, oder verlernt, es zu sehen.
Dazu gibt es das sehr interessante Experiment der *Washington Post* mit dem weltberühmten und brillanten Violinisten Joshua Bell. Er spielte am 12. Januar 2008 zur Zeit der Rushhour in der Washingtoner U-Bahn. Sein Spiel dauerte genau 43 Minuten und 1070 Menschen gingen an ihm vorbei. Er spielte selbst schwierigste Stücke von Johann Sebastian Bach. Gerade mal ein kleiner Junge blieb vor ihm stehen und staunte – solange, bis die Mutter ihn aufforderte weiterzugehen. Joshua Bell, der sonst für einen Abend viele 1000 Dollar beziehungsweise Euro erhält, bekam hier für seine großartige Leistung gerade einmal 32,17 Dollar. Und warum? Weil keiner einen Blick bezie-

hungsweise ein Ohr für sein überragendes Können hatte. Wie sagte Montaigne so richtig? Das Problem ist, wenn wir nicht wissen, wohin wir wollen; wenn wir nicht wissen, worauf wir achten sollen.

Deshalb ist es so wichtig, dass Kinder von klein auf von ihren Eltern auf das Schöne, das Besondere, das Außergewöhnliche aufmerksam gemacht werden. In dem Verb „aufmerksam machen" ist bereits alles beinhaltet. Wir müssen lernen, aufmerksam zu werden, das zu bemerken, was um uns herum ist und geschieht. Können wir einen Joshua Bell sehen, so ist das natürlich ein großes Geschenk. Es muss aber auch nicht etwas so Außergewöhnliches sein. Allein schon das Betrachten einer Blüte, das Ansehen ihrer vielfältigen Farbschattierungen oder das Riechen ihres Duftes kann uns vom **Sehen** zum **Wundern** bringen. Und dies ist bereits ein GROSSER Schritt. **Denn es geht nicht darum, beim Sehen zu bleiben, sondern zum Wundern, zum Staunen zu kommen**.
Eltern sollten deshalb unbedingt ihre Kinder auf die Schönheit und Fülle der Natur aufmerksam machen. Diese sollten von klein an einen Sinn für die unglaubliche Vielfalt entwickeln, die ununterbrochen um sie ist und sich ständig verändert.
Fürsorge in diesem Sinne ist, dass Eltern ihre Kinder motivieren, einen Sinn für all das zu bekommen, was Wunderschönes um sie ist, was entsteht, sich entfaltet, was vergeht. Menschen, die in ihrer Kindheit immer wieder auf all dies hingewiesen wurden, entwickeln die Fähigkeit, durch die Natur regelrecht genährt zu werden. Sie genießen deren Anblick, sie erfreuen sich an den unzähligen Düften und sie können in den schier unendlichen Farbschattierungen schwelgen.
So kenne ich viele, die in die Natur gehen, wenn sie nachdenken, wenn sie sich entspannen wollen, wenn sie Probleme haben, oder einfach nur, um sich an ihr zu erfreuen.

Wir sollten deshalb unbedingt nicht nur vom Sehen zum Wundern gelangen, sondern von diesem auch noch zum **Staunen**. Denn, wie wir bereits wissen, sagte Platon, Philosophie beginne mit Staunen. Staunen ist das große Geschenk, das Kinder sich und uns Erwachsenen geben, wenn wir uns an ihrem kindlichen Staunen erfreuen.

Staunen ist Ergriffensein, Überraschtsein, Frohsein.

Wenn uns Staunen, wenn uns Philosophie all das bringt, haben wir dann nicht bereits unendlich viel erreicht? Sind wir nicht wirklich beschenkt, wenn wir sehen, uns wundern und staunen können? Ist dies nicht bereits Glück?

Fürsorge ist deshalb Aufmerksamkeit, und Glück ist deshalb zu sehen, was man hat.

Aber genau dies tun die meisten Menschen nicht. Denn wir haben einen „Konstruktionsfehler"! Wenn wir etwas lange kennen, wenn wir etwas häufig sehen, wenn uns etwas zur Gewohnheit geworden ist, dann beachten wir es nicht mehr oder – noch schlimmer! – wir achten es nicht mehr.

Genau dies ist aber die Aufgabe: *Vom Sehen zum Wundern, vom Wundern zum Staunen, vom Staunen zur* **Bewunderung** *zu gelangen.*

Die Frage ist hier NICHT, wie wir zur Bewunderung kommen, sondern vielmehr, WIE WIR NICHT ZU IHR KOMMEN KÖNNEN? Was machen wir, was geschieht in uns, dass WIR ALL DIE WUNDER, ALL DAS WUNDERSCHÖNE UM UNS NICHT (MEHR) SEHEN, WO ES DOCH SO SICHTBAR IST?

Eben diese Blockade müssen wir lösen. Wodurch? Was sagte Amma? *Glück ist eine Entscheidung.* Fürsorge bedeutet deshalb, dass wir uns ENTSCHEIDEN, endlich zu sehen, und NICHTS mehr als selbstverständlich anzusehen, NICHTS als bekannt abzutun oder gar als „normal" abzuwerten.

Bewunderung entsteht dann, wenn wir sehen, dass alles außergewöhnlich ist.

In der Spiritualität wird immer wieder vom „dritten Auge" gesprochen. Mit dem „Öffnen des dritten Auges" wird das Erlangen der Erleuchtung bezeichnet. Ich möchte dieses Bild für etwas Einfacheres, Greifbareres verwenden. Für mich ist das Öffnen des dritten Auges das Sehen, wie wunder-voll ALLES um uns ist, und mögen wir etwas noch so häufig verwenden, mag es noch so sehr in unseren Alltag integriert sein, es ist dennoch niemals „normal".
Wir müssen das Auge der Bewunderung öffnen und deshalb sehen, wie beschenkt wir sind. Und dieses Sehen erfüllt uns dreifach, denn wir gehen dadurch anders mit uns, mit unseren Mitmenschen und mit unserer Umwelt um.

Sehen ist Geben

Haben wir das Sehen, den Blick für die Menschen, die Tiere, die Pflanzen und die Natur um uns entwickelt, so entwickelt sich aus der Bewunderung Achtsamkeit, die ihrerseits eine besondere Form der Fürsorge ist. Denn kennt jemand den Wert von etwas, geht er zwangsläufig achtsam damit um. Kinder können Geldscheine zerreißen oder wegwerfen, weil sie deren Wert nicht kennen, und deshalb nicht fürsorglich, nicht vorsichtig mit ihnen umgehen.
Was uns das Beispiel der *Washington Post* mit dem Violinisten Joshua Bell lehrte, war, dass wir uns von dem Rahmen, in dem etwas stattfindet, ablenken lassen beziehungsweise es nur darin erkennen. Gehen wir in ein Konzert und zahlen in der Bostoner Symphony Hall 1000 Dollar für die teuersten Plätze, dann interessiert es uns, dass Joshua Bell auf einem einzigartigen Instrument spielt, einer Stradivari von 1713 im Wert von mehr als 3 Millionen Dollar.

Wir müssen uns aber von solchen Rahmenbedingungen freimachen. Wir müssen sehen, dass wir von unendlich Vielem

umgeben und beschenkt sind, das noch viel kostbarer als so eine wunderbare Stradivari ist.
Dieses Sehen findet immer dann statt, wenn Menschen ihre Liebe leben. Sie machen sich vielleicht nicht wie ein Philosoph Gedanken, was die Liebe sei, sie leben sie aber. Und dies ist Sehen und Geben und zudem ein großes Wunder.
Ist es etwa kein Wunder, wenn eine werdende Mutter wochenlang im Bett liegen bleibt, damit ihr Kind ja nicht zu früh auf die Welt kommt? Woher kommen diese Liebe und diese Fürsorge? Und ist es kein Wunder, dass eine Mutter ihren Schlaf, ihre Kräfte, zum Teil ihre Jugend oder sogar ihre Gesundheit aufopfert, um Kinder großzuziehen? Und der Mann, der alles tut, der alles riskiert, der selbst unter den gefährlichsten Bedingungen arbeitet, um seine Familie zu ernähren? Ist dies kein Wunder?

Zudem: Müssen die Wunder immer so groß sein, wie soeben beschrieben? Ist es nicht auch ein Wunder, wenn jemand das angebrannte Essen seines Partners mit Genuss ist, weil er weiß, welch eine Freude er ihm damit bereitet? Ist es kein Wunder, wenn eine Frau früh morgens aufsteht, um ihrem Mann das Hemd und den Anzug fürs Büro zu bügeln? Ist es kein Wunder, um im Klischee zu bleiben, wenn eine Frau liebevoll für die ganze Familie kocht? Ist es ein kleineres Wunder, als wenn ein Mann für sie und die Kinder Tausende Euro verdient?
Ist es kein Wunder, wenn eine Frau für ihre Freundin immer da ist, sogar bei ihr wohnt, weil diese im Moment viel Kummer hat?
Und ist es kein Wunder, wenn ein Mann seinen liebsten Pullover seinem Freund schenkt, weil dieser ihn so schön findet?

Die Inder sagen, das Leben sei ein Traum und Erleuchtung sei es, daraus zu erwachen. Ein großes Ziel. Mir reicht ein kleineres: Zu sehen, wie traumhaft schön alles um mich ist und dadurch zufrieden, froh und glücklich zu sein.

So haben wir jeden Morgen die Wahl: Zurück ins Bett zu gehen, weiter zu schlafen und zu träumen, oder aufzustehen und zu sehen, wie traumhaft schön unendlich Vieles ist und uns dadurch bewusst für ein erfülltes Leben zu entscheiden.

Dies verstehe ich unter wahrer Freiheit: Mich BEWUSST für das Glück entscheiden zu können – und dies ganz ohne Erleuchtung!

Und was sagt der erleuchtete Dalai Lama? *Glücklichsein ist die höchste Form von Gesundheit.*

Ein Grund mehr, glücklich zu sein!

6. Fürsorge für den Körper

Eine Gruppe Schüler wurde einmal gebeten aufzuschreiben, was für sie die sieben Weltwunder wären. Am häufigsten wurden genannt:

- Die Pyramiden
- Das Taj Mahal
- Die chinesische Mauer
- Der Petersdom
- Die Golden Gate Bridge
- Der Panamakanal
- Der Eurotunnel

Eine Schülerin, Rosmarie, gab ihr Blatt nicht ab. Dies fiel der Lehrerin auf und sie fragte sie, ob sie Schwierigkeiten habe, die sieben Weltwunder aufzuzählen. „Ja, ich habe wirklich Probleme, sie aufzuzählen, denn es sind so viele!", antwortete Rosmarie. Da meinte die Lehrerin: „Nenne sie uns doch, dann können wir vielleicht bei der Ermittlung der Reihenfolge helfen."

Da sagte Rosmarie: „Mir kommen in dieser Reihenfolge:

1. Das Sehen
2. Das Hören
3. Das Spüren
4. Das Schmecken
5. Gefühle zu haben
6. Das Lachen
7. Die Liebe"

Nach dieser Aufzählung war die ganze Klasse still. Rosmarie hatte im Grunde Alltägliches aufgezählt, was aber nichtsdestoweniger GROSSE WUNDER DARSTELLT.
Nun sprach die ganze Klasse über all die Wunder, die wir als selbstverständlich ansehen. Zum Beispiel die unglaublichen Fähigkeiten der Hände und der Finger, dass sie im Grunde fast genauso viel „bewerkstelligen" können wie das Gehirn. Auch wurde deutlich, welch ein Wunder das Denken darstellt, was Rosmarie ebenfalls nicht erwähnt hatte. Dabei kamen sie auch darauf zu sprechen, welche Wunder zusätzlich zum Denken, die Kreativität und das Gedächtnis darstellen. Anschließend sprachen sie über die Augen und die Ohren, die Nase und die Zunge, mit welcher Präzision diese arbeiten und zu welcher Höchstleistung sie fähig sind. An dieser Stelle wurde besonders den Schülern, die sich musikalisch betätigen, bewusst, was ihre Ohren leisten.
Anschließend sprachen sie mit großer Bewunderung über die Leistungen von Parfum-Kennern, die unzählige Parfums unterscheiden können, wie auch über die Sommeliers, die Weinkenner, die Hunderte von Weinen durch ihre geschulte Zunge und Nase identifizieren.

Die Lehrerin sprach noch den Gleichgewichtssinn an, den keiner erwähnt hatte, der unsichtbar im Ohr sitzt und zum Beispiel bedingt, dass wir gerade gehen können – was durch Alkohol sehr beeinträchtigt wird.
Viele staunten, dass sie bisher NOCH NIE über diese großen Fähigkeiten des menschlichen Körpers nachgedacht hatten und sahen sich und ihren Körper jetzt in einem ganz neuen Licht.

Anschließend sprachen sie über die Zähne. Aus welch einem unglaublichen Material sie geschaffen sind, dass sie unter dieser enormen Belastung des Kauens – gut gepflegt! – ein Leben lang halten und selbst nach dem Tod noch nach Jahrtausenden erhalten sind, wie wir das zum Beispiel an den Mumien sehen.
Durch das Thema Mumien wurde natürlich sogleich allen die unglaubliche Funktion, Widerstandsfähigkeit und Selbstheilungskraft der Haut deutlich. Es wurde besprochen, dass sie nach der Lunge das größte Kontaktorgan ist, wie unendlich wichtig sie ist, und wie sehr sie das Aussehen eines Menschen und den Eindruck, den er macht, bestimmt.
Von der Haut kamen die Schüler auf die Lunge, das Herz, den Verdauungsapparat, die Leber, die Bauchspeicheldrüse, die Nieren und die Fortpflanzungsorgane zu sprechen, und stellten fest, dass diese auch nichts anderes als große Weltwunder sind.
Anschließend sprachen sie über unsere Füße und bewunderten, wie absolut ergonomisch die 26 Knochen hier angeordnet sind und darüber, wie wir diese so bewegen und belasten können, dass wir in der Lage sind, so unendlich viel mit unseren Füßen zu tun und zu erreichen – und dies ein Leben lang!
Die Lehrerin war von einer Aufzählung der Weltwunder ausgegangen, die der Mensch geschaffen hatte. Rosmarie hatte die Aufmerksamkeit auf unsere Sinnesorgane gelenkt, was die Lehrerin und die Klasse dann dahin brachte, sich bewusst zu werden, welch ein Wunder der Mensch überhaupt ist. So kamen sie gemeinsam zu einer ganz neuen Schlussfolgerung: Nur

weil der Mensch selber ein solches Wunder ist, kann er Wunderwerke wie die oben genannten schaffen.

DIE NICHTACHTUNG DES KÖRPERS

Bevor Rosmarie die Aufmerksamkeit auf das Wunder lenkte, das wir Menschen **sind**, waren alle andern damit beschäftigt, die Wunder aufzuzählen, die der Mensch **geschaffen hat**. Das unendlich große Wunder, das wir selbst darstellen, war erst einmal niemandem – außer Rosmarie – bewusst.

Und dies ist signifikant, denn die meisten Menschen gehen genauso mit sich und ihrem Körper um. Sie sind sich nicht wichtig und ihr Körper ist es ihnen auch nicht. Welch eine Tragik!

Ist ihr Körper ihnen nicht wichtig, dann wird er zum Teil furchtbar behandelt beziehungsweise größten Gefahren ausgesetzt.

Es gibt aber auch eine Schizophrenie, die viele Menschen leben: Je wichtiger ihnen ihr Körper ist, desto schlechter behandeln sie ihn! Man denke hier an die Stuntmen, die ihren Körper zum Teil täglich trainieren, um ihn anschließend den größten Gefahren auszusetzen. Da beschäftigen sie sich so sehr mit ihm, achten darauf, dass er schön und durchtrainiert ist, um ihn dann den größten Wagnissen auszusetzen. Was bleibt ihnen, wenn sie ihn verloren haben? Was, wenn sie sich so verletzen, dass sie keine Stunts mehr ausführen können? Besonders Männer scheinen hier einem „Immer-Mehr" zu verfallen. So sprang der Stuntman von James Bond Darsteller Daniel Craig, Mark Sutton, nur mit einem so genannten Flügelanzug ausgerüstet von einem Berg aus sage und schreibe 3300 m Höhe. Er schlug mit 200 Stundenkilometern gegen die Felswand und war sofort tot.

Der Schauspieler Tom Cruise liebt es, Stunts zu machen. Wie er dem britischen ‚OK!'-Magazin verriet, bekomme er davon nicht genug. Selbst vor Autounfällen mit größter Geschwindigkeit schrecke er nicht zurück, ganz im Gegenteil, sie zögen ihn magisch an. Sein Ziel sei zudem, in jedem neuen Film etwas darzustellen, was es noch nie gegeben habe! Ich sage: Welch ein Wahnsinn!

Außerdem ist er ein sehr schlechtes Beispiel für junge Männer. Es ist bekannt, dass die Lebenserwartung der Männer in Europa deshalb niedriger ist als bei Frauen, weil so viele Männer zwischen 18 und 23 Jahren durch Autounfälle umkommen – in Zahlen: Die 18- 25jährigen stellen nur 8% der Bevölkerung dar, verursachen aber 25% der Unfälle. Da sind natürlich die wildesten Autofahrten im Film genau das, was diese jungen Männer ÜBERHAUPT NICHT BRAUCHEN. Meiner Ansicht nach sollte das Bestreben von Leitbildern, wie es Schauspieler nun einmal sind, nicht darin bestehen, Nachahmer in Todesgefahr zu bringen.
Und sich selber auch nicht!
Paul Walker, einer der Hauptdarsteller der Serie *Fast and Furious*, liebte schnelle Autos. Er war mit seinem Freund und Berater Roger Rodas in dessen Porsche Carrera GT unterwegs, der 330 Km/h fahren kann und fast 500.000 Euro kostet. Roger Rodas fuhr anstatt der vorgeschriebenen 70 km/h 160 – und fuhr damit beide in den Tod! Warum hat Paul Walker diese tödliche Raserei mitgemacht? Weil er das aus seinen Filmen kannte und als „normal" empfand?
Aber nicht nur Schauspieler wie Paul Walker und Tom Cruise sind da verantwortlich, sondern auch Videospiele, die eine Scheinrealität kreieren und eine Machbarkeit vorgaukeln, die sowohl zu Gewalt als auch zu Risikobereitschaft animieren.
Zudem geht die Mentalität vieler Männer in diese Richtung.
So sprach ich vor kurzem einen Maler und fragte ihn, wie er sich gegen die Dämpfe und schädlichen Lösungsmittel der Farben schütze. Da antwortete er mir so, dass ich sprachlos war. Er sagte: „Mein Großvater und mein Vater starben mit 50. Ich bin 36 und die mir verbleibenden 14 Jahre schaffe ich mit

oder ohne Lösungsmittel!" Trotz meiner großen Verwunderung warf ich ein: „Aber Sie haben doch noch eine kleine Tochter, soll die ohne Vater aufwachsen? Wäre es nicht für sie wichtig, wenn Sie sich schützen und ihr erhalten bleiben?" Da antwortete er plakativ: „Es ist, wie es ist!" Sagte es und zündete sich eine Zigarette an – wovon er mehr als 20 am Tag rauchte! Auch dies ist eine Form von „Fürsorge" oder gar „Vorsorge" – nur leider in die falsche Richtung – Richtung Tod!

Ich dachte mir: Da hängt jemand so sehr von seinem Körper ab und achtet ihn so wenig. Ich als Therapeut könnte notfalls auch im Rollstuhl arbeiten wie es zum Beispiel Milton Erikson getan hat. Wie aber kann ein Maler im Rollstuhl arbeiten?
Männer müssen sich hier vor Augen führen, dass sie immer noch massiv vom Stammhirn bestimmt sind. Sie glauben, sie lebten ihre Freiheit, wenn sie wie Wahnsinnige Auto führen, wenn sie bei gefährlichen Stunts ihr Leben aufs Spiel setzen oder wenn sie bei einer gefährlichen Arbeit ihre Gesundheit riskieren. Im Grunde sind sie aber immer noch im Konkurrenzkampf, im Konkurrenzkampf um die „Weibchen", wie dies im Tierreich gang und gäbe ist. Und wie schaut es da aus? Eine Bärin ist läufig und lockt damit die Bären aus der Umgebung an. Diese kämpfen so lange, bis der stärkste gewonnen und die anderen in die Flucht geschlagen hat. Dieser stärkste Bär kann anschließend die Bärin begatten.
Genauso läuft es in der Brunftzeit bei den Hirschen ab: Der stärkste und Gewinner *gets them all* – bekommt alle Weibchen. Genau dies müssen sich Männer vor Augen führen. Unbewusst denken sie immer noch: Bin ich der Stärkste, dann bekomme ich all die Frauen, die ich haben will.
Dafür setzen alle männlichen Säugetiere ihre Gesundheit und ihr Leben ein – genauso wie es viele Männer tun.
Interessant in diesem Zusammenhang ist der Ausspruch von George Bernhard Shaw: *Ein ungeübtes Gehirn ist schädlicher für die Gesundheit als ein ungeübter Körper.*

Das heißt, übe ich mich nicht im Nachdenken, denke ich nicht darüber nach, WAS mich zu solchen wahnsinnigen Höchstleistungen antreibt, und frage ich mich nicht, was meine UNBEWUSSTEN BEWEGGRÜNDE sein könnten, dann lebe ich als Mann sehr gefährlich – siehe Paul Walker und sein Freund.

Außerdem ist, genau besehen, meine Freiheit als Mann gleich Null. Denn ich entscheide BEWUSST gar nichts. Vielmehr werde ich von der Konditionierung meines Stammhirns getrieben, meinen kostbaren Körper und damit meine Gesundheit für eine Selektion aufs Spiel zu setzen, die es heute so nicht mehr gibt.

Natürlich finden Frauen – auch hier liegt eine Programmierung vor! – erfolgreiche, wohlhabende, mächtige Männer attraktiv. Ich muss mich aber fragen: Will ich durch mein **Haben** oder durch mein **Sein** gewählt werden?

Mein Sein definiert sich dadurch, wie ich bin, welche Eigenschaften mich bestimmen, wie mein Charakter IST.

Mein Haben sind mein Erfolg, mein Wohlstand, meine Macht, mein Porsche (!), die ich HABE.

Eines müssen wir uns deshalb hier unbedingt vor Augen führen: Das, was ich bin, kann mir niemand nehmen – das ist auch die tiefe Erkenntnis des großen Viktor Frankl, der so seine schreckliche Zeit im KZ überlebte. Er erkannte, dass die Nazis ihm zwar alles nehmen konnten und auch genommen haben, aber den Sinn, den er in SEINEM Leben gefunden hatte, und damit auch seine tief empfundene Würde konnten sie ihm nicht nehmen.

Deshalb sollten wir uns immer vor Augen führen: Was wir besitzen, was wir haben, können wir im Nu verlieren. Was wir dagegen sind, können uns selbst die größten Schurken nicht nehmen.

Die Nichtachtung des Körpers macht deshalb nochmals den tieferen Sinn der Aufzählung der sieben Weltwunder deutlich: Die Schülerinnen und Schüler zählten auf, was der Mensch geschaffen HAT. Sie übersahen aber völlig, womit er gesegnet IST.

Von den sieben Weltwunder der Antike:

1. Das Grab des Königs Mausolos II. zu Halikarnassos
2. Der Koloss von Rhodos
3. Der Leuchtturm auf der Insel Pharos vor Alexandria
4. Der Tempel der Artemis in Ephesos
5. Die hängenden Gärten der Semiramis zu Babylon
6. Die Pyramiden von Gizeh in Ägypten
7. Die Zeusstatue des Phidias von Olympia

gibt es heute nur mehr die Pyramiden. Alles andere ist verschwunden. Da HABEN die Menschen in der damaligen Zeit mit den damaligen Mitteln regelrechte Weltwunder geschaffen, und was ist davon übrig? Wenn überhaupt etwas, dann Ruinen. Das ist der Weg des Habens, denn er ist vergänglich. Dies sollten wir uns, besonders die Männer, vor Augen halten: *Haben* wir noch so viel erreicht oder erobert, es ist nicht von Dauer. Wir müssen es eines Tages abgeben, genauso wie es der noch so starke Löwe tun muss, der von einem jüngeren, stärkeren verjagt wird.

FREIHEIT und FÜRSORGE bedeuten deshalb, nicht auf die Insignien von Stärke und Macht zu setzen, denn sie sind erstens vergänglich und – wie wir am Stuntman Mark Sutton sahen – äußerst gefährlich.

Männer sollten deshalb das tun, was Frauen viel leichter fällt: Sich mit sich und dem Erhalt ihres Körpers beschäftigen.

FÜRSORGE FÜR DEN KÖRPER

Männer sind häufiger übergewichtig als Frauen.
Männer trinken mehr Alkohol, rauchen mehr und konsumieren mehr illegale Drogen als Frauen.
Männer erleiden mehr schwere und tödliche (Arbeits-)Unfälle als Frauen und sie begehen häufiger Selbstmord – so der *Gender Datenreport des Gesundheitsministeriums*.

Hinzu kommt, dass mehr Männer als Frauen gefährliche Sportarten betreiben. Sehen wir uns die Liste der gefährlichsten Sportarten an, dann werden diese fast ausschließlich von Männern betrieben: Rugby, Football, Eishockey, Boxen, Extrembergsteigen, Formel 1 Rennen usf.
Wie gesagt, Männer lieben das Risiko, weil sie unbewusst glauben, dadurch besonders ihren Wert unter Beweis zu stellen. Zu welchem Preis?! Der US Nationalsport Football fordert im Jahr 450.000 Verletzungen! Und wer sind die Betroffenen? Natürlich Männer!
Und wer stürzte sich aus wahnsinnigen 39 Kilometern Höhe auf die Erde? Natürlich ein Mann!
Frauen tun so etwas nicht! Stattdessen ernähren sie sich besser, kümmern sich mehr um Zahnpflege und Prophylaxe, gehen häufiger zur Vorsorgeuntersuchung. Zudem pflegen sie ihren Körper besser.

Ich glaube, viele Männer sind noch nicht im Zeitalter des Friedens angekommen. Sie stählen immer noch ihren Körper und üben sich im Kampf, als müssten sie demnächst in den Krieg ziehen. Vielen Jungen wird ja heute noch verboten zu weinen. Sie werden häufiger als Mädchen geschlagen und müssen sich mehr mit anderen Jungs prügeln als Mädchen dies untereinander tun.
So wie wir zu einer Beziehungskommunikation mit anderen kommen sollten, sollten wir auch in eine Beziehungskom-

munikation mit unserem Körper kommen – besonders die Männer.
Wir sollten sehen, welch ein unendlich hohes Gut er ist. Wie verletzlich, wie angreifbar.
Wir sollten einsehen, dass der Körper – leider! – lange eine schlechte Behandlung, schlechte Fürsorge und schlechte Ernährung „wegsteckt". Wir könnten uns deshalb der Illusion hingeben, alles sei in Ordnung. Ist es aber nicht! Denn wir merken leider nicht, wie wir durch unseren Lebenswandel unseren Körper immer mehr schwächen, bis er nicht mehr kann (vgl. Kap. 8: Ernährung).
Und dann sind wir entsetzt und können uns nicht erklären, wie wir diese Krankheit überhaupt bekommen konnten. Viele denken dann: „Warum tut mein Körper mir dies nur an?" Nun fragen wir uns. Haben wir uns früher gefragt, was gut für ihn ist, und ob wir wirklich für ihn sorgen? Oder haben wir nicht viel mehr nach dem Motto gelebt: „Das macht mir Spaß, es wird schon gut gehen! Das muss mein Körper schon leisten!"

Das Problem vieler junger Menschen ist, dass sie glauben, sie hätten die Jugend und die Gesundheit für immer gepachtet. Sie müssten für beide nichts tun, sie müssten beide nicht schützen wie einen Augapfel.
Dies ist aber der große Fehler. Die Gesundheit kann im Nu weg sein und die Jugend und ihre Kraft einfach mitnehmen. Was gibt es Menschen, die sich durch eine Unachtsamkeit, durch mangelnde Fürsorge verletzten oder krank wurden, und damit für immer ihre Gesundheit und die damit verbundenen Möglichkeiten verloren haben.
In früheren Zeiten waren durch die permanente Kriegsgefahr sowohl die Gesundheit als auch das Leben aller bedroht.
Wir müssen endlich im Frieden ankommen und deshalb Frieden mit unserem Körper schließen. Wir müssen uns fragen, WAS ER BRAUCHT, und nicht, was wir von ihm wollen.

In Kriegszeiten kann man tragischerweise häufig nicht auf seinen Körper und dessen Unversehrtheit achten. Fallen Bomben, wie dies im Zweiten Weltkrieg unzählige Male geschah, dann kann man, sofern man dazu noch die Zeit hat, sich in einen Schutzbunker retten. Wird dieser aber getroffen und hält nicht stand, so verliert man seinen Körper und damit sein Leben.

Das müssen sich viele Jugendliche und Männer jeden Alters vor Augen führen: Der eigene Körper bedeutet Leben. Der unverletzte, nicht verkrüppelte Körper ist ein Riesengeschenk und sollte Freude bedeuten.

Und genau dies ist ein weiteres Problem: Häufig spüren wir den Körper erst dann, wenn er wehtut, wenn er krank ist. Wir werden uns unserer Organe erst bewusst, wenn sie nicht mehr perfekt funktionieren. Solange alles reibungslos läuft, nehmen wir die unglaublich präzise Leistung unseres Körpers und das faszinierende Zusammenspiel unserer Organe nicht oder kaum wahr.

Deshalb müssen wir ein neues Bewusstsein entwickeln. Wir müssen verstehen, dass unser Körper ein Wunderwerkzeug, ein Wunder an Präzision ist. Wir müssen uns bewusst machen, dass ein Körper, besonders aber ein gesunder Körper, ein riesiges Geschenk darstellt, das wir deshalb absolut achtsam und fürsorglich behandeln müssen.

Wir müssen rechtzeitig verstehen, dass Vorbeugen unendlich viel besser als Heilen ist. Haben wir unsere Gesundheit einmal verloren, haben wir eine wichtige Funktion unseres Körpers eingebüßt, dann kann dies unwiederbringlich sein. Wir sollten deshalb alles tun, um unseren Körper gut zu erhalten.

Wie in der Geschichte von Pepe im vorherigen Kapitel deutlich wurde, haben wir immer die Möglichkeit der Entscheidung: Entscheiden wir uns für Gesundheit oder Krankheit, für Fürsorge oder Nichtfürsorge, für Sicherheit oder sinnloses Risiko, für Leben oder Tod?

Diese Entscheidung sollten wir JEDEN MORGEN treffen.
Wir sollten jeden Morgen unseren Körper begrüßen, von Kopf bis Fuß, von Haaren, über Augen, Ohren, Nase, Mund, Herz, Lunge, Magen und Darm, Leber, Niere, Blase, Geschlechtsorgane bis hin zu den Beinen und Füßen. Wir können dies zum Beispiel auch dadurch tun, dass wir uns leicht abklopfen. Das macht uns wach und froh.
Anschließend sollten wir uns – wieder einmal! – für unseren Körper, für unsere Gesundheit, für unser Leben, für unser Glück, für unsere Fürsorge, für all dies und für unsere Familie und Freunde bedanken, die wir auch nur deshalb haben können, weil wir einen Körper besitzen!
Sollte diese Übung für jemanden eine große Herausforderung darstellen, dann sollte er sie als eine besonders gefährliche Sportart ansehen, die er jeden Morgen todesmutig betreibt!
Es wäre dies die erste gefährliche Sportart, die niemandem schadet, niemanden das Leben kostet, dafür aber viel Gesundheit, Glück und Fülle bringt! Damit hätte sie ihr Ziel absolut erreicht.

Wir sollten es so machen wie Jiroemon Kimura, der älteste Mensch, der je gelebt hat. Er wurde 116 und war bis ins höchste Alter gesund und leistungsfähig. Über ihn schreibt Prof. Andreas Kruse, Direktor des Instituts für Gerontologie in der Zeitschrift *Stern* (20.6.2013):
Was wir über die Lebensführung von Jiroemon Kimura wissen, deckt sich mit dem, was wir als lebensverlängernde Komponenten herausgefunden haben: körperliche, geistige und soziale Aktivität bis ins höchste Alter. Aktive Teilnahme am Leben anderer Menschen innerhalb und außerhalb der Familie. Gesunde Ernährung. All das spielt (...) eine sehr wichtige Rolle. Zudem wirkt sich eine positive Einstellung zum Dasein lebensverlängernd aus.
Kimura war offenbar ein zufriedener, optimistischer Mensch. Der Vater von sieben Kindern arbeitete über 40 Jahre bei der

Post und hat danach bis zum Alter von 90 auf den Feldern einer seiner Söhne mitgeholfen.

Nun ist es natürlich nicht jedermanns Sache, 45 Jahre bei der Post oder mit 90 Jahren noch auf dem Feld zu arbeiten. Darum geht es aber auch nicht. Es geht um die Aussage, die dahinter steht: Ein klar strukturiertes Leben, wie es die Post verlangt, und eine erdverbundene Arbeit, wie die Landwirtschaft sie bietet, sind gesundheitsfördernd. Und ist man zudem auch noch so positiv und engagiert bis ins hohe Alter, dann schaut man mit über 100 noch so unglaublich fröhlich aus, wie Jiroemon Kimura es auf dem Foto tut, das dem Artikel beigefügt ist.

Das heißt, Altwerden kann Freude bereiten, wenn man die richtige Einstellung hat, ein geordnetes Leben führt, positiv ist und sich gesund ernährt.

Mit anderen Worten: Die richtige Fürsorge lässt uns alt, froh und gesund werden. Was können wir uns Besseres wünschen, bei den vielen kranken, bettlägerigen, unglücklichen Menschen, die es gibt.

7. Fürsorge und Gesundheit

Zum Thema Fürsorge und Gesundheit kann ich nur sagen:

ACHTE AUF DEINE GESUNDHEIT!

DU HAST NUR DIESE EINE!

Wie wichtig das Thema ist, macht der deutsche Philosoph Arthur Schopenhauer (1788-1860) deutlich: ***Wenigstens 9/10 unseres Glücks beruhen allein auf der Gesundheit. Hieraus folgt, dass es die größte aller Torheiten ist, seine Gesundheit zum Opfer zu bringen, für was es auch sei: für Erwerb, für Gelehrsamkeit, für Ruhm, für Beförderung. Vielmehr soll man alles und jedes stets ihr nachsetzen.***

Leider ist die Fürsorge für den eigenen Körper und für die eigene Gesundheit bei vielen völlig unterentwickelt – oder sie wird sogar aus Faulheit und Gleichgültigkeit geopfert.
So sagt der deutsche Wirtschaftsprofessor Herrmann Simon (* 1947): *Wenn es um die eigene Person geht, sinkt der IQ um 50 Prozent.* (Eine IQ von 140 bedeutet Hochbegabung, einer von 70 entspricht geistiger Behinderung. Man sollte deshalb sehr vorsichtig beim Halbieren seines IQs sein!)
Herrmann Simon als Wirtschaftsprofessor ist hier genau die richtige Quelle, denn die Inder sagen wohlweislich: **Health is wealth – Gesundheit ist Fülle, Reichtum!**
Bei vielen kann, wenn es um ihre eigene Gesundheit geht, der IQ sinken, ohne dass sie dies merken, denn, so ein italienisches Sprichwort: *Die Gesundheit ist wie das Salz. Man bemerkt es nur, wenn es fehlt.*
So ist es ja leider auch: Solange der Körper gesund ist, bemerken wir ihn nicht. Erst, wenn wir Schmerzen haben, sehnen wir uns nach der Gesundheit.
Im Gegensatz zum Salz, das man immer noch nachträglich hinzugeben kann, ist es manchmal zu spät, wenn wir merken, dass wir auf unsere Gesundheit achten müssen – wie wir leider an den Fettleibigen jeden Alters sehen können. Menschen mit Fettleibigkeit werden häufig wegen ihrer falschen Ernährung beziehungsweise Trinkgewohnheiten zuckerkrank und müssen sich ein Leben lang Insulin spritzen. Die Gesundheit, die durch falsche Essgewohnheiten zerstört wird, ist manchmal unwiederbringlich verloren. (Vgl. Kap. 8!)

So kenne ich einen jungen Mann, der bereits früh anfing, mehrere Energydrinks täglich zu trinken. Heute mit nur 17 Jahren ist er zuckerkrank!

Manche Krankheiten aber sind, wenn sie ausbrechen, weder handhabbar wie Diabetes noch heilbar. Sie führen zu Dauerschmerzen oder gar zum Tod.
Deswegen sollten wir keinesfalls denken: „Ach, das wird schon gut gehen. Mein Körper hält das schon aus!"
So denken aber leider viele, wie man an waghalsigen Unternehmungen, an risikoreichem Autofahren, am Rauchen von Tabak und Rauschgiften, am Einnehmen von toxischen Stoffen oder am Alkoholmissbrauch sehen kann.

Wie gesagt, **der gefährlichste Satz ist: „Wird schon gut gehen!"** Bedenke: Dein Körper ist ein kostbares Vehikel, ähnlich einem Boot. Ist es kaputt, kannst du dich nicht voll entfalten oder gehst möglicherweise sogar unter.

Verschwende deshalb dieses kostbare Geschenk eines gesunden Körpers nicht!
Tue vielmehr alles, um dieses hohe Gut zu schützen und zu fördern, das, wie wir oben sahen, für mindestens 9/10 unseres Glücks verantwortlich ist.

(Man möge mir die Du-Form nachsehen, ich fand aber die Sie-Form bei diesem so wichtigen Thema etwas unpersönlich.)

8. Herz, Verstand, Ernährung

Die Inder sagen, der längste Weg der Welt sei der vom Kopf zum Herzen.
Ich weiß heute, wie lang der umgekehrte Weg ist, der vom Herzen zum Kopf: Er dauerte bei mir fast 29 Jahre!

1. Herz

Am 16.1.2014 ist unser geliebter Hund Jagadish eingeschläfert worden. Das war sehr schwierig für mich. Zuerst hatte er Krebs, der durch eine hervorragende Tierärztin geheilt wurde. Dann verlor er aber allmählich die Kontrolle über seine Hinterbeine. Dieser Prozess zog sich über ein Jahr hin. Ich dachte, ich hätte damit viel Zeit, mich darauf einzustellen, dass er eines Tages nicht mehr würde aufstehen können und wir ihn einschläfern lassen müssten.
Was mich über die Monate immer wieder berührte, waren seine Augen: Wie er mich morgens ansah, wenn ich herunter kam und er sich wieder einmal eingekotet hatte. Es war ein hilfloser, unsicherer Blick, der in sichtbare Freude umschlug, wenn ich ihn freudig begrüßte und sagte, alles sei OK. Ich denke auch an seine Blicke, als es ihm immer schlechter ging und er offensichtlich Angst hatte, nicht mehr gut genug zu sein.
Und ich werde nie seine Blicke vergessen, als er sich gar nicht mehr erheben konnte, ich ihm wieder einmal hoch half, ihm bald darauf seine Hinterbeine ganz versagten, und wir ihn einschläfern lassen mussten.

Ich hatte lange Zeit, mich darauf vorzubereiten, aber sein Blick berührt mich heute noch. Diese Augen, die mir ausdrückten, dass er noch so gerne bei uns geblieben wäre, berührten mich, wodurch mich dieses Erlebnis weit zurück in meine Kindheit führte.

Als ich acht Jahre war, kauften meine Eltern eine Schäferhündin. Kira sah aus wie ein Schäferhund, hatte aber ein langes Fell wie ein Collie. Auf der Fahrt von dem Züchter zu uns nach Hause hatte ich sie auf dem Schoß. Das bereits stellte eine enge Beziehung zwischen uns her. Zudem verbrachte ich viel Zeit mit ihr: Ich lag mit ihr in ihrer Hundehütte und las Comics, und sie war immer dabei, wenn ich mit meinen Freunden spielte. Diese durften in ihrem Beisein so lange mit mir raufen, wie sie wollten. Nur auf mir liegen durften sie nicht. Taten sie es doch, kam regelmäßig Kira und biss ihnen – nicht schmerzhaft, aber spürbar – in den Po und dies so lange, bis sie mich los ließen. Dann ließ sie ihrerseits los und war froh.

Dieses Leben endete für uns beide damit, dass ich mit 15 Jahren ins Internat musste. Mir ging es dort sehr schlecht. Bald darauf entwickelte Kira Krebs und starb daran.

Erst heute, nach so vielen Jahren, habe ich verstanden, dass sie an Trauer gestorben ist. Ihre Liebe zu mir war eindeutig größer, als mir damals bewusst war.

Der Dritte im Bunde war meine Eselin Violetta. Wir waren stets zu dritt unterwegs – häufig begleitet von meinen Freunden. Kira und Violetta verstanden sich sehr gut und Violetta starb ebenfalls, als ich weit weg im Internat in Deutschland war.

Waren das reine Zufälle?

Gestern sprach ich über meine Gedanken mit meinem Freund Manfred. Er erzählte mir, dass er mit 23 Jahren, das war 1983, seinen Lastwagenführerschein gemacht hat. Mit seiner gerade erhaltenen Fahrerlaubnis wollte ihn kein Unternehmer einstellen – außer ein Schlachtbetrieb. Für diesen lud er Pferde in Polen auf und brachte sie zum Schlachthof nach Frankreich. Manfred führte die Pferde auf den Lastwagen. Das ging ganz unproblematisch. Bis er einem schönen zweijährigen Pferd beim Gehen in das große braune Auge sah und sagte: „Ich bringe dich nach Frankreich, da machen sie eine schöne Wurst aus dir!" Da blieb das Pferd plötzlich stehen und er konnte es nicht mehr führen. Jemand anderes musste es auf den Lastwagen bringen. Dieses Erlebnis mit dem Pferd berührt Manfred bis heute. „Ich sage dir", erzählte er mir gestern, „den Blick dieses Pferdes sehe ich immer noch. Ich kam dann zu einer Veranstaltung der Ramakrishna-Leute. Sie servierten kostenlos vegetarisches Essen und sagten mir, man müsse Respekt für Tiere empfinden. In diesem Moment erinnerte ich mich an mein Erlebnis mit dem schönen braunen Pferd und aß von da an kein Fleisch mehr. Die Augen und das Verhalten dieses Pferdes, zusammen mit obiger Aussage bezüglich vegetarischen Essens, machten mir damals deutlich, dass ich einen falschen Blick hatte."

Mir ging es ähnlich. Ich war mit einem befreundeten Ehepaar auf der griechischen Insel Santorin. Wir saßen in einem Lokal mit einem sehr schönen Blick auf eine Schlucht und das Meer. Wir bestellten das Tagesmenü. Dabei beobachtete ich, wie Esel Touristen die steile Böschung von der Schlucht und dem Meer hinaufschleppten. Sie taten mir sehr leid. Und ehrlich gesagt, konnte ich die Touristen nicht verstehen, die den armen Eseln das antaten. Ich aß lustlos von dem mittlerweile servierten Fleisch und fragte den Kellner, was das für Fleisch sei. Da antwortete er, es seien drei verschiedene Sorten: Rinds-, Schafs- und Eselsfleisch. Da wurde mir schlecht. Sofort kam mir das Bild der schuftenden Esel, die, wenn sie nicht mehr konnten, beim Metzger landeten. Mir erging es ähnlich wie Manfred mit dem braunen Pferd. Ich erinnerte mich an meine wunderbare Zeit mit Violetta. Die Vorstellung, sie zum Schlachter zu geben, wenn sie eines Tages alt sein würde, wäre mir nie gekommen. Hier aß ich aber plötzlich Eselsfleisch. Wie bei Manfred wurde ich von da an Vegetarier – zwei Jahre später als er.

DER FALSCHE BLICK

Vor einiger Zeit sah ich im Fernsehen eine Sendung über einen Bauern, der, wie er erzählte, sich während eines Besuchs in Italien in Büffel verliebt hatte und deshalb nun seinen Biohof auf Büffelhaltung und Milchwirtschaft ausgerichtet hat. Er führte weiter aus, er möge die Büffel auch deshalb, weil sie ein besonders sanftes Wesen hätten und ihm gerne mal ihre Schnauze auf seine Schulter legten und sich an ihn schmiegten. Die Diskrepanz zwischen ihm und den Büffeln besteht aber darin, dass sie ihn wirklich mögen und ihm nicht schaden würden. Er dagegen, wie er auch betonte, sie als „Nutztiere" sieht und behandelt.

Es wurde gezeigt, wie der Bauer aufgeregt zum Stall ging und ihn die Frage beschäftigte, ob die eine Büffelkuh in der Nacht gekalbt hatte. Sie hatte, und das Kälbchen stand nah bei ihr. Der Bauer nahm es der Büffelkuh weg und tat es in einen Laufstall mit einer daran anschließenden Hütte, die wie eine Hundehütte aussah.

Er kommentierte den Vorgang damit, dass die wenigen Liter Milch, die die Büffelkuh pro Tag gebe, viel zu kostbar seien, als dass das Kälbchen sie trinken dürfte.

Dann gab es eine andere Szene, wo man sah, wie der Tierarzt eine Büffelkuh untersuchte, ob sie trächtig sei. Als sich herausstellte, dass sie es nicht war, wurde sie sogleich auf den Anhänger des Schlachters getrieben, der auch sogleich mit ihr weg fuhr. Alle fanden das normal. Nur eine Praktikantin brach in Tränen aus, denn sie fand es sehr hart, wie hier mit den Tieren umgegangen wurde. Dabei waren die Kühe mit dem Bullen auf wunderbaren Weiden und wurden auch sonst gut behandelt. Und trotzdem fand die Praktikantin den Alltag unerträglich.

Wie ist es dann wohl bei einem „konventionellen" Bauernhof? Wie brutal geht es da zu?
Wir finden es völlig normal, dass wir Tiere nutzen beziehungsweise ausnutzen. Ist es das?
Eine andere Sendung zeigte, wie frisch geschlüpfte Küken über ein Fließband in eine riesige leere Halle purzelten. Ist es richtig, mit Tieren so umzugehen?
Sie bleiben in dieser Halle, bis sie so gewachsen sind, dass sie gar keinen Raum mehr haben, sich zu bewegen. Dann werden sie in enge Käfige gestopft und zum Schlachthof gefahren.
Ist es nicht so, dass der Höherentwickelte MEHR Liebe haben und ausdrücken muss, als der Niedere – so war es ja im Verhältnis von Jesus zu uns? Müssten wir dann nicht liebevoller mit den Tieren umgehen, als sie mit uns? War es bei oben erwähnten Bauern nicht aber umgekehrt, waren die Büffel nicht liebevoller zu ihm, als er de facto zu ihnen?

Wenn Tiere offensichtlich so viel spüren, dürfen wir sie dann einfach so BENUTZEN? Wurde diese Frage nicht genauso beim Umgang mit Sklaven tabuisiert? Man sehe sich die Filme *Help* und *The Butler* – oder noch erschütternder: *Twelf Years a Slave*! – an und man wird sehen, welche Schuld sich die Menschen aufluden, als sie die Schwarzen nach Amerika brachten und hier wie Tiere ohne Seele (!) behandelten.
Tolstoi meinte: *Solange es Schlachthöfe gibt, wird es auch Schlachtfelder geben!*
Auf der einen Seite gab es unzählige Vertreter der Sklaverei, die erbittert und mit allen Mitteln FÜR deren Erhalt kämpften.
Auf der anderen Seite setzten sich die US Präsidenten Lincoln und Kennedy wie auch der Präsidentschaftskandidat Robert Kennedy und der Pastor Martin Luther King jr. für die Rechte der Schwarzen ein und verloren deswegen ihr Leben. Sehen wir uns in *Twelf Years a Slave* an, WIE brutal die Sklavenhändler und -halter waren, dann wundert uns nicht, dass sie selbst zum Präsidentenmord fähig waren.

Und wie ist es in unserer Beziehung zu den Tieren? Haben wir ihnen gegenüber ein Herz? Ist es in Ordnung, dass ein Huhn in einer Legebatterie ein Recht auf ein DIN A4 Blatt an Raum hat?
Ist es in Ordnung, dass Mastbullen in so engen Boxen stehen, dass sie sich kaum rühren, geschweige denn hinlegen können, und der einzige längere Gang der zum Transport zum Schlachthof ist?
Wird mit den Schweinen anders umgegangen? Und wieder: Haben wir ein Recht dazu?

Es gibt nun einen Bericht über *Lawrence Anthony* (1950-2012), der uns nachdenklich stimmen sollte. Lawrence Anthony setzte sich sein Leben lang besonders für die wilden Elefanten in Afrika ein und rettete auch noch die Elefanten im Zoo von Bagdad, der durch den Krieg völlig zerstört wurde.
Lawrence Anthony starb am 7. März 2012. Zwei Tage später versammelten sich zwei unterschiedliche Gruppen von Elefanten vor seinem Haus, die von zwei erfahrenen Kühen angeführt wurden. Sie trafen sich dort und blieben zwei Tage offensichtlich, um Abschied zu nehmen. Sie waren 20 km gelaufen, um dahin zu gelangen. Die Witwe von Lawrence Anthony war sehr berührt, dies zu sehen, denn in den drei Jahren, in denen sie dort wohnten, war dies nie geschehen. Sie war so berührt von der Tatsache, dass diese Tiere offensichtlich dankbar dafür waren, was ihr Mann für sie getan hatte.

Wenn Tiere dazu fähig sind, über 20 km Entfernung den Tod eines Menschen wahrzunehmen, der sich für sie eingesetzt hat, und daraufhin zu ihm kommen, sich vor seinem Haus versammeln, wieder gehen und später nie wieder kommen, müssen wir dann nicht unsere Beziehung zu Tieren im Allgemeinen und zu „Nutztieren" im Besonderen überdenken?
Haben sie nicht das, was vor nur etwas mehr als 100 Jahren (!) auch den Frauen noch abgesprochen wurde: Eine Seele?

Und warum gibt es einen weltweiten Aufschrei der Empörung, wenn sich der spanische König vor einem von ihm erlegten Elefanten fotografieren lässt? Dies besonders im Lichte der obigen Geschichte?

Was bedeutet es, wenn der große indische Heilige Ramakrishna Paramahamsa einen Devotee, der ihn besuchen kam, am Morgen aber seinen Hund geschlagen hatte, mit den Worten empfing: „Du hast mich heute Morgen geschlagen, wie kommst du dazu?" War Ramakrishna Paramahamsa „einfach verrückt", oder hatte er vielmehr Gottesbewusstsein erlangt und deshalb erkannt, dass alles eins ist?

Das heißt, dass *wir nicht den Hund schlagen und den Heiligen verehren können, sondern beiden mit der GLEICHEN Achtung begegnen müssen.*

Ich denke, wir müssen uns fragen, ob wir uns zum Beispiel wie Löwen verhalten dürfen, die ein Tier reißen, und nicht im geringsten einen Sinn für dessen Schönheit, Besonderheit oder gar Einmaligkeit haben. Aber gerade das zeichnet uns doch als Menschen aus, dass wir einen Sinn für Schönes haben – oder haben sollten!

Kein Tier baut eine Kathedrale. Dies ist allein uns möglich. Sollten wir dann nicht entsprechend mit den Wesen um uns umgehen? Ist es nicht die Aufgabe des Menschseins – im Gegensatz zu den Löwen oder anderen Raubtieren – unser Herz zu öffnen? Was nützt es, wenn wir die schönste Kathedrale bauen können, aber keinen Sinn für Zuneigung, Liebe, Schönheit und Zartheit der Lebewesen um uns haben?

Warum lehrte Buddha *Ahimsa*, Gewaltlosigkeit? Warum lehrte Mahatma Gandhi, dass wir uns vegetarisch ernähren und alle Lebewesen achten sollten? Warum sah der Heilige Franz von Assisi alle Tiere als Brüder und Schwestern an?

Warum isst Amma, einer der heiligsten Menschen, die ich kenne, kein Fleisch, keinen Fisch und keine Eier?

Haben wir ein Recht, uns über diese großen Lehrer zu stellen?

Hier habe ich eine erstaunliche Entdeckung gemacht: Je mehr wir über uns und die Mitgeschöpfe um uns nachdenken, desto mehr öffnet sich unser Herz. Und das ist gut, denn das Herz ist ein hervorragender Ratgeber.

DER KRIEG GEGEN DEN KÖRPER

An dieser Stelle komme ich auf das zurück, was bereits in den vorherigen Kapiteln Thema war: Dass wir uns immer noch in einem Kriegsdenken, Kriegskommunizieren und Kriegsessen befinden.

Die Hopliten waren die Elitesoldaten der Spartaner. Der Name kommt von Hoplos, was Schild und Waffe bedeutet. Die Ausbildung der Spartaner begann bereits mit acht Jahren (!), wenn Jungen und Mädchen von ihren Eltern wegkamen und in Kasernen gebracht wurden – die Jungen, um perfekte Krieger, die Mädchen, um perfekte Mütter zu werden. Welcher Geist bei dieser Ausbildung herrschte, erkennt man daran, dass bei den Spartanern nur die Gräber von Männern, die im Krieg gefallen, beziehungsweise von Frauen, die im Kindbett gestorben waren, mit einem Namen versehen wurden.
Die Spartaner perfektionierten die Phalanx – das Umrennen des Feindes mit unglaublicher Wucht – so sehr, dass sie fast jede Schlacht gewannen, und 404 v. Chr. selbst Athen eroberten. 374 v. Chr. aber wurden sie selber in der Schlacht bei *Leuktra* gegen Theben geschlagen. Der Feldherr *Epaminondas*, ermutigt, dass es ihm gelungen war, den Spartanischen Nimbus der Unbesiegbarkeit zu zerstören, führte den Krieg gegen die Spartaner weiter und schwächte sie empfindlich. So sehr, dass sie sich nie wieder davon erholen sollten.
Und wie erging es den siegreichen Thebancrn? Sie wurden 338 v. Chr. vom Mazedonischen König Philipp II erobert. Sein Sohn Alexander führte abermals einen Feldzug gegen Theben, um es 335 v. Chr. zu zerstören.

Und was wurde aus dem Riesenreich von Alexander, das er durch unzählige Schlachten und Kriege – und auf Kosten unzähliger Toter! – geschaffen hatte? Es zerfiel nach seinem Tod.
Was wurde aus dem römischen Reich? Es zerfiel, als weite Teile von Vandalen, Goten und Langobarden erobert wurden.
Was wurde aus dem Riesenreich von Karl dem Großen? Es zerfiel nach seinem Tod 814.
Es kamen immer wieder neue Reiche, die ebenfalls zerfielen. Man denke nur an Napoleon.
In weiten Teilen Europas bedurfte es aber nach Karl dem Großen noch 1150 Jahre und zudem zweier Weltkriege mit Millionen von Toten, bis endlich ein dauerhafter Frieden möglich wurde. Erst dann haben die Herrscherklasse und die Bevölkerung in Europa gelernt, dass KRIEGE ABSOLUT SINNLOS, UND NOCH SO GROSSE REICHE NICHT VON DAUER SIND.

Die Spartaner waren aber so erfolgreich und sind bis heute berühmt wegen ihrer „spartanischen" Lebensführung. Gefühle waren nicht gefragt, sondern nur Härte gegen sich selber, gegenüber anderen und dem Feind. Das war ihr primäres Erfolgsprinzip. Woran erinnert uns das? Genau, an die preußische Erziehung, die mit ebensolcher Härte Kinder erzog und Soldaten drillte. Und was ist aus dem militanten Großen Deutschen Reich übrig geblieben? Gott sei Dank die viel kleinere, friedfertige Bundesrepublik.
Diese friedfertige Bundesrepublik öffnet den Raum für einen völlig neuen Umgang mit seinen Nachbarn, für ein neues Miteinander und für eine neue, gewaltfreie Erziehung.
Wir müssen endlich die spartanische Tradition ablegen, wir müssen endlich aufhören, unsere Kinder und unsere Körper für den Krieg vorzubereiten und zu stählen.
Wir müssen endlich die Möglichkeit haben, für uns und unseren Körper sorgen zu können (vgl. Kap. 7!). Das heißt, Eltern

müssen ihre Kinder so erziehen, dass deren **Grundfürsorge** erhalten beziehungsweise gefördert wird.

Dann bekommen wir eine andere Beziehung zu unserem Körper – und zu den Tieren. Sind wir von unserem Körper, sind wir von unseren Gefühlen abgeschnitten, dann können wir auch nicht nachempfinden, wie es unseren nächsten Verwandten geht. Wir sehen dann nicht, was wir ihnen antun und wie sie durch uns leiden. Es ist dieser militante Umgang mit uns, der bedingt, dass wir zum Teil so brutal und herzlos mit den Tieren umgehen – genauso wie mit uns!

Berührend finde ich in diesem Zusammenhang, was die weißrussische Schriftstellerin Swetlana Alexijewitsch im Gespräch mit Katja Gloger (Stern 2014, 61) sagt: *Wir haben (in Russland) nicht wirklich gelernt zu leben. Wir wurden in der Hölle groß. Als ich ein kleines Mädchen war, kann ich mich nicht erinnern, dass wir jemals über das Glück gesprochen haben. Darüber, dass Menschen glücklich sein können. Dass sie glücklich sein dürfen. Es ging immer nur um das große Vaterland. Um Feinde, die bekämpft werden müssen, um den ruhmreichen Sieg im Krieg.*

Sie findet es deshalb so wichtig, dass Russen in die Länder der EU reisen, UM DAS GLÜCK KENNENZULERNEN! Sie schreibt: *wenn normale Menschen (!) reisen können, mit eigenen Augen sehen, wie das Leben sein kann, dann wird sich wirklich etwas (in Russland) verändern. Wenn sie sehen, dass man sich am Leben auch freuen kann, glücklich sein darf.* **Dass es so etwas gibt wie eine Kultur des Glücks** (Hervorhebung durch mich).

Swetlana Alexijewitsch meint, ihr Land sei immer noch in einem Kriegsbewusstsein und darin erstarrt, und deshalb nicht offen für etwas völlig Neues – wie das Glück! Kein Wunder, dass die Russen zu den unglücklichsten Menschen in Europa zählen!

Passend dazu ist, was ein Mann, mir sagte, bei dem mir auffiel, wie streng er andere beurteilte. Er, der als Kind von seinen Eltern viel geschlagen worden war, äußerte: „Es tut mir leid, dass ich manchmal so streng zu anderen bin, aber ehrlich gesagt, bei dem, was ich in meiner Kindheit erlebt habe, finde ich mich schon milde!"

Und genau das ist es: Genauso wie der Junge, der mit 17 seine Gesundheit durch das Trinken unzähliger Energydrinks bereits so ruiniert hatte, dass er zuckerkrank wurde, genauso rücksichtslos und gewalttätig gehen viele von uns mit ihrem Körper und den Körpern anderer, so auch denen der Tiere, um. So ist in Deutschland die Zahl der Schlägereien und Körperverletzungen mit fast 70.000 pro Jahr alarmierend.

Können wir einen Menschen zusammenschlagen, wenn wir so viel Fürsorge für uns und andere entwickelt haben, dass wir verstehen und nachempfinden können, wie wichtig ein gesunder Körper ist? Natürlich nicht.

Meine Meinung ist: Solange wir eine „spartanische" Einstellung zu unserem Körper haben, werden wir ähnlich wie mit unserem Körper auch mit den Tieren und der Umwelt umgehen.

Sehen wir uns die USA an, dann wird genau das bestätigt. Das Land ist seit seinem Bestehen im Dauerkrieg. Wie gehen hier Politiker unterschiedlicher Parteien miteinander um, wie ergeht es den Tieren und der Umwelt? Sind es nicht besonders die USA und China, die ein weltumspannendes Umweltabkommen verhindern – und die größten Umweltsünder sind?

Ich bin sicher: Hätten sie wie wir Europäer seit 70 Jahren Frieden und im Falle Chinas eine funktionierende Demokratie, dann hätten sie Parteien, die, obwohl unterschiedlicher Meinung, eine gemeinsame funktionierende Regierung bilden können. Zudem hätten sie ein Verständnis für die Umwelt, wie wir Europäer es haben. Und keine Todesstrafe!

Dies war mein langer Weg vom Herzen zum Verstand. Das heißt: Dass ich erst vor kurzem erfuhr, warum es nicht nur vom Mitgefühl geboten, sondern vom Verstand her auch sehr sinnvoll ist, kein Fleisch zu essen.

2. VERSTAND

Der Weg vom Herzen zum Verstand wurde für mich nochmals unterstrichen durch das Buch **China Study von T. Colin und Thomas M. Campbell**.
Ich bekam es vom Neffen einer Seminarteilnehmerin genannt, die im Endstadium Krebs war, Metastasen in vielen Organen hatte und von den Ärzten aufgegeben worden war. Da nahm sie ihre Genesung selbst in die Hand, änderte ihre Ernährung TOTAL, aß nur mehr vegane Kost und trank *Smoothies*, das sind Gemüse/Obst-Säfte (s. weiter unten). Es bildeten sich dadurch alle Metastasen und der Krebs so zurück, dass sie heute geheilt ist. Sie erzählte dies ihren behandelnden Ärzten, aber sie taten ihren wichtigen Hinweis mit „Spontanremission" ab. Das ist auch das Erleben von Prof. Campbell. Doch davon später.

DER WEG

Ich fand in der Biografie von Prof. Campbell und mir einige Übereinstimmungen: Auch er wuchs auf dem Land auf, auch er hielt die Ernährung seiner Kindheit für ausgezeichnet, auch er hatte einen Vater, der verschiedene Herzinfarkte erlitt. Seiner starb am zweiten. Mein Vater überlebte selbst den dritten und starb anschließend an einem Blasenleiden.
So wie ich wuchs Prof. Campbell in dem Bewusstsein auf, die Ernährung könne nicht das Problem für die Infarkte seines Vaters sein.
Ich meinerseits war so verblendet, dass selbst mein von mir so verehrter Platon mich damals nicht mit seiner Ansicht errei-

chen konnte, dass eine vegetarische Ernährung wichtig für die Bevölkerung und die Gemeinschaft sei. Ich überlas diese Passagen in meiner Studienzeit völlig, obwohl ich mich mit dem Dialog *Glaukon*, in dem Platon dieses Thema behandelt, eingehend auseinander setzte. Erst durch das Buch von Vater und Sohn Campbell wurde ich auf den Platonischen Text hingewiesen, der mir damals überhaupt nicht aufgefallen war.
Hier enden nun die Übereinstimmungen, denn Prof. Campbell ging den Weg des Verstandes, der Studien, der präzisen Versuchsanordnung und wissenschaftlichen Aufarbeitung.

Sein Weg begann damit, dass er von der US-Regierung auf die Philippinen geschickt wurde, um dort zwei Probleme zu lösen: 1. die dortige Unterernährung zu bekämpfen und 2. die Ursache für das häufige Auftreten von Leberkrebs bei Jugendlichen herauszufinden. Seine Annahme war, dass die Unterernährung und der Mangel an tierischem Protein das Entstehen von Krebs fördern würden.

Tierisches Protein

Prof. Campbell machte zwei bahnbrechende Entdeckungen: Der Krebs bei den Jugendlichen entstand durch schimmlige Erdnüsse, die, zu Erdnussbutter verarbeitet, auf dem Brot landeten. Die Schimmelpilze in den Erdnüssen erzeugen *Aflatoxine*, das sind hochgiftige Stoffe. Sie hatten bei den Jugendlichen den Leberkrebs ausgelöst.
Die Fabrikbetreiber verkauften die guten Erdnüsse im Ganzen, die verschimmelten dagegen verarbeiteten sie zu Erdnussbutter.
Was Prof. Campbell zudem auffiel, war, dass gerade die Jugendlichen Krebs entwickelten, die reichlich tierisches Protein aßen. Dies stand im Gegensatz zu seiner Annahme, ein Mangel an tierischem Protein mache krank.

Durch einen Artikel in einer Fachzeitschrift wurde er auf einen interessanten Zusammenhang hingewiesen: Indische Wissenschaftler berichteten darin, dass im Tierversuch **diejenigen Ratten Krebs entwickelten, die mit viel tierischem Protein gefüttert wurden.**

Prof. Campbell, der – immer noch von der amerikanischen Ernährungsweise überzeugt – annahm, bei diesem Bericht liege eine Verwechslung vor, führte nun selber Versuche durch.

Er trennte eine Rattenpopulation in zwei Gruppen. Beide bekamen dieselbe Menge des hoch karzinogenen, Krebs erzeugenden, Aflatoxins. Die eine Gruppe bekam aber ein Futter, das 5% tierisches Protein enthielt, die andere Gruppe das gleiche Futter, aber mit einem Anteil von 20% tierischem Protein – dieser Anteil entsprach (vor 30 Jahren!) ungefähr dem amerikanischen Durchschnittsverbrauch in Form von Fleisch und Milchprodukten.

Zu Prof. Campbells großer Überraschung entwickelten ALLE Ratten mit dem 20% tierischen Proteinanteil Krebs. Von den Ratten, die mit 5% tierischem Protein gefüttert wurden, hingegen keine einzige! Es stand damit **100% zu 0%** – eine absolut signifikante Aussage.

Prof. Campbell konnte aber noch etwas zeigen: **Verminderte er den tierischen Proteinanteil im Futter, bildeten sich die Tumore zurück, erhöhte er ihn, wuchsen sie wieder.** Er hat damit eindeutig bewiesen, dass tierisches Eiweiß Krebs erzeugt.

Diese Ergebnisse veröffentlichte Prof. Campbell 1983!!

Offensichtlich erreichte er damit – wie kam das wohl zustande?! – nicht die breite Öffentlichkeit (s.w.u).

Er kam aber in Kontakt mit Dr. Junshi Chen. Dr. Chen war stellvertretender Direktor des bedeutendsten staatlichen Ernährungs- und Gesundheitsforschungslabors in China (a.a.O. S. 73) und einer der ersten chinesischen Wissenschaftler, der die USA besuchte.

Es ist nun so, dass 1974 der chinesische Premierminister Chou Enlai an Blasenkrebs erkrankte. Da er wusste, dass er diese Krankheit nicht überleben würde, initiierte er eine landesweite Erhebung über das Aufkommen von zwölf verschiedenen Krebsarten in China. Dafür wurden 650.000 Mitarbeiter in 2.400 Landkreise mit 880 Millionen Einwohnern geschickt.
„Das Endergebnis der Datenerhebung war ein großartiger, farbkodierter Atlas, der zeigte, wo bestimmte Krebstypen häufig vorkamen und wo sie beinahe nie auftraten. Dieser Atlas machte deutlich, dass in China Krebs örtlich begrenzt war." (S. 70)

Genauso wie weltweit. 1958 hatten die USA 174,8 Millionen Einwohner. Japan annähernd die Hälfte, 92,3 Millionen. Die Zahl der **Prostataerkrankungen** war dagegen eklatant unterschiedlich: In den USA waren es 14.000, in Japan gerade mal 18! (So die Aussage in dem Film *Gabel statt Skalpell*).

Zusammen mit Dr. Chen führte Colin Campbell eine zweite Chinaweite Studie mit großer Genauigkeit und einer großen „Bandbreite von Ernährungs-, Lebensstils- und Krankheitsfaktoren" durch, „die nun in einer dichten, 896 Seiten langen, Monographie zusammengefasst sind" (S. 381).
Dr. Chen und Prof. Campbell konnten mit dieser Studie belegen, dass **tierisches Eiweiß in Form von Fleisch und Kasein nicht nur Krebs, sondern auch Herzerkrankungen, Diabetes, MS, Alzheimer und Arthritis hervorruft.**
Zudem konnten sie besonders anhand der Arbeit von Ärzten belegen, dass eine vegane Ernährung diese Krankheiten nicht nur verhindern, sondern sogar heilen kann.

Bemerkenswert in diesem Zusammenhang ist, was Colin Campbell über den berühmten Herzchirurgen Dr. Caldwell B. Esselstyn schreibt (S. 130 ff). Dieser bekannte und erfolgreiche Herzchirurg am Krankenhaus in Cleveland, Ohio, der für eine

Bypassoperation zwischen 50.000 und 100.000 $ berechnete, stellte eines Tages fest, dass **keine Operation soviel bewirken konnte, wie die Umstellung der Ernährung**.
Durch eine grundlegend veränderte Ernährung erreichte Dr. Esselstyn mehr als durch die beste Operation. Und noch etwas stellte er fest: Herzkranzgefässe, die nahezu verschlossen waren, ließen sich durch eine vegetarische beziehungsweise vegane Ernährung, die reich an Obst, Gemüse und Getreide ist, sogar wieder öffnen – was er mit Röntgenaufnahmen belegt hat (S. 133).
Deshalb wirkten Colin Campbell und Caldwell B. Esselstyn federführend bei dem interessanten Film *Gabel statt Skalpell* mit, in dem auch Patienten von Dr. Esselstyn vorgestellt werden. Besonders beeindruckte mich der Bericht einer Patientin, die so schwer am Herzen erkrankt war, dass der sie damals behandelnde Arzt sie mit den Worten aufgab, sie könne jetzt nur noch auf den Tod warten! Sie kam zu Dr. Esselstyn, der ihre Ernährung von protein- und kaseinreich auf vegan und ballaststoffreich umstellte. Das rettete offensichtlich ihr Leben, denn ihre Erkrankung beziehungsweise Heilung liegen nun schon 20 Jahre zurück!

DIE REAKTION

Bei diesen sensationellen Erkenntnissen und Heilungen müsste man meinen, dass sich die Wissenschaft, die Politik und verschiedene Interessenverbände damit *positiv* auseinandersetzen würden. Aber genau das Gegenteil war der Fall.
Natürlich waren die Interessensgruppe der Viehwirtschaft, der Branchenverband der amerikanischen Fleischindustrie, der Geflügelverband, die Vereinigung der Rinderzüchter, der Viehwirtschaft- und Fleischverband, die nationale Fleischvereinigung, der Molkereiverband, der Verband der Schweinefleischerzeuger, der Truthahnverband und der Eierproduzentenverband dagegen (S. 280f). Dies war naheliegend, denn der

Bericht der Drs. Campbell und Chen bedrohte deren Interessen massiv. Erstaunlich wird es aber, wenn das *Öffentliche Komitee für Ernährungsinformation* und die *Amerikanische Krebsgesellschaft* zu besonders heftigen Gegnern werden (S. 282). Ebenso feindselig war die Resonanz der *Nahrungs-, Medizin- und Pharmaindustrie*! Man würde ja meinen, diese Industriezweige seien mit der Gesundheit, deren Erhalt beziehungsweise Besserung beschäftigt. Offensichtlich weit gefehlt, wie wir an der Verarbeitung von aflatoxinhaltigen Erdnüssen auf den Philippinen sehen konnten.

Erschütternd ist auch, was Colin Campbell über die unsägliche Verbindung von Industrie und Politik schreibt (S. 311 ff). Die Politik ist infiltriert von Lobbyisten. Zudem sitzen viele Politiker in den Aufsichtsräten großer Firmen, welche wiederum wissenschaftliche Untersuchungen finanzieren, und dabei deren Ergebnisse beeinflussen.
Prof. Campbell schreibt von einem unglaublichen Filz, wodurch die Menschen erst unwissend und dann krank gemacht würden.

So gab zum Beispiel die Milchindustrie 1995 sage und schreibe 165 Millionen US Dollar für Werbung aus, um die Nachfrage nach Molkereiprodukten zu erhöhen. Besonders die Zielgruppe der Kinder wollte sie erreichen, um diese früh an Milchprodukte zu gewöhnen!

Bestürzend ist auch, wie mit der Verköstigung in den Schulen umgegangen wird. In dem Film *Gabel statt Skalpell* kommt auch der Arzt Dr. Neal Barnard zu Wort, der meint: „*Es ist schwierig, Obst und Gemüse bei den Essen für Schulkinder zu finden, da die Regierung Verträge mit der Fleischindustrie hat. Hier geht es nicht um die Gesundheit der Kinder, sondern um die finanzielle Gesundheit der Agrarindustrie!*"

Das Problem Kuhmilch

Im Gegensatz zur Industrie, die Milch und deren Produkte als besonders gesund darstellt, beweisen Vater und Sohn Campbell, mit welch großen gesundheitlichen Problemen der Konsum von Milch verbunden ist.
Interessant ist nun, was Menschen einfällt, die bezüglich Milch befragt werden.
In dem oben erwähnten Film *Gabel statt Skalpell* antworten alle Befragten: Kalzium. Damit wirbt die Milchindustrie auch. Dabei ist, so die Campbells, genau das Gegenteil der Fall: Durch Milch entsteht im Körper eine *metabolische Azidose*, d.h. das Gewebe wird sauer. Um dies auszugleichen, entzieht der Körper den Knochen das basische Kalziumphosphat. Dieses wird am Ende über den Harn ausgeschieden. Das heißt: Das Konsumieren von Milchprodukten bewirkt genau das Gegenteil von dem, was die Milchindustrie uns weismachen will. Wir bekommen dadurch nicht mehr, sondern WENIGER Kalzium in den Körper. Diese Tatsache ist gut dokumentiert, zum Beispiel dadurch, dass Menschen, die viel Milch und Milchprodukte konsumieren, häufiger an Osteoporose und Oberschenkelhalsbruch leiden – typische Probleme, die durch einen Mangel an Kalzium entstehen.
Das heißt: Obwohl Milch tatsächlich Kalzium enthält – ca. viermal so viel wie Muttermilch – nützt uns dies nichts, sondern schadet uns sogar, weil es in unserem Körper einen Prozess in Gang setzt, der genau das Gegenteil bewirkt, und wir am Ende WENIGER anstatt mehr Kalzium besitzen.

Hinzu kommt, dass es in unserem Körper ein Hormon gibt, das IGF-1, das *Insulin-like Growth Factor 1*, das Wachstum steuert. Dieses Hormon wird zum Beispiel durch Kuhmilch dann noch aktiviert, wenn wir es gar nicht mehr brauchen, da wir nicht mehr wachsen.

Will sagen: Je älter wir sind, desto mehr schadet uns tierisches Protein wie Kuhmilch, weil durch das IGF-1 die Zellteilung *unnatürlich* angeregt wird, was zur Entstehung von Krebs führt, der bekanntlich aus einem ungeordneten Zellwachstum besteht.
Deshalb lautet eine Regel: 50 : 50, 60 : 60, 70 : 70 und so weiter. Will heißen: Bei eiweißreicher Ernährung haben Männer mit 50 Jahren 50% Wahrscheinlichkeit, an **Prostatakrebs** zu erkranken, mit 60 Jahren 60% und so fort!

Kuhmilch hat zudem die Funktion, das Kalb mit den Nährstoffen zu versorgen, die es braucht, um so viel Muskel- und Knochenmasse entstehen zu lassen, dass es so bald wie möglich der Herde folgen beziehungsweise Fressfeinden entfliehen kann.
Muttermilch hat dagegen eine andere primäre Funktion: Das Kind mit so viel Nährstoffen zu versorgen, dass das GEHIRN so schnell wie möglich wächst. Deshalb ist sie sehr viel süßer als Kuhmilch, da Zucker DER Nährstoff für das Gehirn ist – mit ein Grund, warum wir ein Leben lang auf Süßes programmiert sind!
Interessant ist in diesem Zusammenhang, dass Makrobiotik – eine Ernährungslehre aus Japan, die auf taoistischen Prinzipien beruht – schon immer vor Milchprodukten warnt. Makrobiotik warnt auch deshalb davor, weil Milch unseren Organismus verschleimt, was zu häufigerem Auftreten von Husten beziehungsweise Erkältungen führt.
Mit anderen Worten: Milch ist eine ideale Nahrung für das Kind der Kuh. Und auf dieses von der Natur perfekt abgestimmt, damit das Kalb alles bekommt, was es für sein Wachsen und Überleben in freier Wildbahn benötigt.
Der menschliche Organismus ist von Anfang an für etwas völlig anderes angelegt, deswegen ist für ihn die Muttermilch das vollständige Lebensmittel – aber nur für eine bestimmte Zeit. Danach ist auch Muttermilch für uns nicht mehr förderlich, sondern schädlich, denn, je älter wir werden, desto weni-

ger brauchen wir einen Zellwachstumsschub, da dies, wie gesagt, nachweislich zu degenerativen Prozessen führt.

NOT- UND KRIEGSERNÄHRUNG

Von Peter Weir gibt es den beeindruckenden Film *The Way Back – Der lange Weg*. Er handelt von Kriegsgefangenen in Sibirien, denen die Flucht gelingt und die sich bis nach Indien durchschlagen. Sie legen damit eine Strecke von unglaublichen 5.500 km zurück, zudem unter extremen Witterungsbedingungen, die da gehen von Eiseskälte zu schlimmster Wüstenhitze. Dabei leiden sie so Hunger, dass sie alles essen. Einmal töten sie ein Elchkalb, das im Schlamm stecken geblieben war. Ein andermal jagen sie einem Rudel Wölfe die Beute ab, stürzen sich selber auf den Kadaver und essen das rohe Fleisch, von dem kurz vorher die Wölfe gefressen hatten.

In der Wüste gelingt es ihnen, eine Schlange zu fangen, die sie anschließend auf einer Steinplatte braten, unter der sie ein Feuer machen. Fleisch war für sie also lebensrettend.

Da fällt mir die deutsche Redewendung „Schwein gehabt" ein. Wer ein Schwein hatte, kam früher gut durch den Winter. Kein Wunder, dass diese Tiere, ebenso wie die Gänse ihr Leben im November, Dezember lassen mussten: Die Menschen brauchten unbedingt die Kalorien, um durch den harten Winter zu kommen.

Wie wir sehen, bedeutete Fleisch, Kalorien und Proteine für den Winter zu haben. In diesem Modus scheinen wir immer noch zu sein und zu verharren. Fleisch bedeutet aber nicht nur Nahrung, sondern auch „Fest" beziehungsweise „eine vollständige Mahlzeit", wie viele meinen.

Zudem bedeutet **Fleisch zu essen auf der unbewussten Ebene**, sich die Eigenschaften desjenigen „einzuverleiben", den man isst. Dies ist zum Beispiel eine unverhohlene Motivation bei den Kannibalen gewesen (vgl. E. Fromm, 1976 a, S. 26).

Sie meinten, sie würden sich die Eigenschaften derjenigen aneignen, die sie essen. Und was war das Ergebnis? Kannibalen sind nachweislich die Menschen, mit der geringsten Lebenserwartung – um die 35 Jahre! Menschen zu essen, war dann doch keine so gute Idee!
Viele denken aber ähnlich bezüglich der Tiere und sagen deshalb, Fleisch zu essen mache stark. So habe ich zum Beispiel immer wieder gehört, Muskelfleisch mache Muskeln.
Dies ist ein absolut magisches Denken, was deutlich in Richtung Aberglauben geht. Zudem wissen wir jetzt durch die Forschungen von Prof. Campbell, dass Fleisch zu essen nicht stark, sondern auf Dauer krank und damit schwach macht.
Wieder einmal hat klare wissenschaftliche Arbeit einen Aberglauben widerlegt – was aber nicht bedeutet, dass er sich nicht noch hartnäckig hält. Wir sagen ja auch immer noch, die Sonne gehe auf beziehungsweise unter, als lebten wir in einem geozentrischen (erdzentrierten) Universum.

Abgesehen von unbewussten Faktoren war Fleisch zu essen auch praktisch. Man nahm zum Beispiel die Tiere lebend auf Reisen mit und konnte sie dann essen.
Heute haben wir aber – Gott sei Dank! – Kühlschränke und Gewächshäuser, weswegen wir Obst und Gemüse in jeder Jahreszeit genießen können. Früher war dies nicht möglich, denn entweder wuchs nichts, weil es zu kalt war, oder es verkam, weil es sich bei Raumtemperatur nicht lange hielt.
Deswegen waren Kartoffeln so wichtig, denn sie konnten sich lange im Keller halten. Ebenso wie das Sauerkraut in den Fässern. Kein Wunder, dass ein deutsches Standardgericht aus gekochtem Fleisch, Kartoffeln und Sauerkraut besteht.

Diese Zeiten sind aber bei uns vorbei. Wir können den ganzen Winter hindurch zwischen einer schier unendlichen Vielfalt an Obst und Gemüse wählen. Wir brauchen keine Not- bezie-

hungsweise Kriegsnahrung mehr zu uns zu nehmen. Wir können in der Fülle schwelgen – vorausgesetzt wir denken um!
Glauben wir immer noch, wir verhungern, wenn wir kein Fleisch essen, dann werden wir uns nicht für die Fülle öffnen können, und stattdessen bedauerlicherweise all die Krankheiten entwickeln, die typisch für unsere Zivilisation sind.
In der *China Study* wird von Dr. John McDougall, einem Arzt auf Hawaii, Folgendes berichtet: Wie er beobachten konnte (a.a.O. S. 349 ff), kommen zum Beispiel Asiaten kerngesund nach Hawaii und bleiben es solange, wie sie sich an die gemüse-, obst- und ballaststoffreiche Ernährung ihrer Heimat halten. Sobald sie aber ihre Essgewohnheiten ändern und mehr und mehr die amerikanische Kost zu sich nehmen, bekommen sie die gleichen Krankheiten wie die US Amerikaner.
Fleisch und Milchprodukte (besonders in großen Mengen) zu essen bedeutet nicht Fülle, sondern Mangel an für unseren Körper notwendigen Nährstoffen. Es bedeutet deshalb in Wahrheit keine Fürsorge, sondern das genaue Gegenteil: Nicht-Fürsorge.
Wir sind umgeben von Institutionen und Industrien, die im Kriegsmodus sind – gegeneinander (die Amerikaner sagen nicht umsonst: *business is war!*) und gegen uns, den Konsumenten. Man denke nur an die vielen Gammelfleischskandale, die wir in Deutschland hatten. Oder daran, dass die italienische Mafia die hoch ansteckende Milch von an Brucellose erkrankten Kühen verarbeitet (vgl. Kap. 9). Brucellose erzeugt beim Menschen starkes Fieber, das in Wallungen kommt und Wochen beziehungsweise Monate (!) bleiben kann. Brucellose kann Hirnhautentzündungen, Herzklappenentzündungen oder Lungenentzündungen hervorrufen – das heißt: Der Erzeuger, die Mafia, nimmt aus reiner Profitgier billigend in Kauf, dass Konsumenten durch ihre Produkte schwer erkranken! Das bedeutet de facto: Sie behandeln die Menschen genauso schlecht wie die Tiere.

Fürsorge bezüglich der Ernährung muss deshalb eine eindeutige **Win-Win-Win-Win-Situation** bedeuten: Wir, die Konsumenten, die Betriebe, die Tiere und die Umwelt müssen gewinnen. Im Moment leben wir – u.a. auch aufgrund falscher wirtschaftlicher Anreize / Subventionen – eine Lose-Win-Lose-Lose-Situation: Es verlieren die Konsumenten (ihre Gesundheit), es gewinnen die Firmen, es verlieren die Tiere (ihre Würde und ihr Leben) und es verliert die Umwelt (**JEDE Minute wird wegen der Viehwirtschaft eine Urwaldfläche gerodet, die 40 Fußballfeldern entspricht!**).
Das kann auf Dauer nicht gut gehen. Man sieht dies an dem chinesischen Premierminister Chou Enlai. Wie viele Menschen und Tiere kamen um, während er und Mao China regierten! Es waren Millionen Menschen und Milliarden Tiere. Hat es ihn gekümmert?

Das heißt: Wenn die Firmen verdienen, wenn der politische Apparat noch so mächtig ist, der einzelne aber wie im Falle von Chou Enlai innerhalb von zwei Jahren an Blasenkrebs stirbt, dann hat am Ende ein noch so großer politischer oder finanzieller Erfolg keine wirkliche Bedeutung. Menschen geben ihre Gesundheit hin, um ein Vermögen aufzubauen – um am Ende das Vermögen auszugeben, um ihre Gesundheit wiederzuerlangen. Ein finanzieller Gewinn ist daher von absolut zweitrangiger Bedeutung, und somit in keiner Weise irgendeine Form von Fürsorge. Wir erinnern uns hier an den indischen Satz: *Health is Wealth – Gesundheit ist Fülle, Reichtum* (s. Kap. 7).
Hierher passt auch sehr gut der Spruch der Cree Indianer, den die Unweltbewegung in den 1980ern Jahren berühmt machte: *Erst wenn der letzte Baum gerodet, der letzte Fluss vergiftet, der letzte Fisch gefangen ist, werdet ihr (*Weißen*) merken, dass man Geld nicht essen kann!*
Oder anders ausgedrückt: Es gibt ein Karma. Das ist keine „Hexerei", sondern ein Sanskritwort und bedeutet „Tun". Mit

anderen Worten: All unser Tun zeitigt Konsequenzen. Sorge ich für mich, für mein Gegenüber (im Falle der Nahrungsindustrie für die Verbraucher), für die Tiere und die Umwelt, dann werde ich froh – weil gesund. Schade ich einem in dieser Kette, werde ich unglücklich. Jesus sagte lapidar: *Du erntest, was du säst.*

Wir verhalten uns, als befänden wir uns immer noch in einem Not- oder Kriegsmodus. Wir handeln immer noch nach dem Motto: *Entweder dein Leben oder meins.*
Wir befinden uns aber in Frieden. In einem absolut abgesicherten Frieden. Ein Krieg in der EU ist undenkbar geworden. Ebenso ein Krieg mit den USA, Kanada und ganz Südamerika. Selbst das diktatorische Putin-Russland vermeidet eine direkte Konfrontation mit uns und damit mit der Nato.
Wir leben in einer absolut sicheren Welt. Wir müssen uns nicht wie die zwei japanischen Soldaten verhalten, über die der Kölner Stadt-Anzeiger am 30.1.2014 schrieb: „Am Freitag (!) ging nun für die Krieger Ihrer kaiserlichen Majestät Yoshio Yamakawa und Tsuzuki Nakauchi der Zweite Weltkrieg zu Ende. Ein Mitarbeiter der japanischen Botschaft in Manila war eigens auf die südphilippinische Insel Mindanao geflogen, um den beiden amtlich mitzuteilen, dass Nippon schon am 15. August 1945 kapituliert hatte, ihr damaliger Feldherr Kaiser Hirohito längst gestorben ist und seine Tenno-Zeit heute ,Leuchtender Frieden' genannt wird".

Vielleicht sind Prof. Campbell und Dr. Esselstyn Friedensbotschafter, die wir noch brauchten, um Frieden mit unserem Körper (durch die richtige Ernährung), Frieden mit der Nahrungsmittelindustrie (indem wir nicht mehr bei ihr kaufen!), Frieden mit den Tieren (indem wir sie weder essen noch ausnützen) und Frieden mit der Umwelt zu schließen (indem wir sie endlich als UNENDLICH KOSTBAR achten).

Winston Churchill prägte den Spruch: *Wer mit 20 kein Marxist ist, hat kein Herz. Wer es mit 30 noch ist, hat keinen Verstand.* Ich würde diesen Spruch folgendermaßen umwandeln: Vor der *China Study* aß jemand Fleisch, weil er kein Herz für Tiere hatte. Heute isst jemand Fleisch, weil er keinen Verstand und keine Fürsorge für sich hat.

Die Erkenntnisse der Drs. Campbell, Esselstyn und McDougall machen uns zudem Mut: In Zukunft ist eine Krebsdiagnose nicht mehr unbedingt der Anfang eines möglicherweise baldigen Endes – wie zum Beispiel noch bei Chou Enlai, der seine Blasenkrebsdiagnose, wie wir sahen, nur zwei Jahre überlebte.

Die drei haben vielmehr gezeigt, dass sich unter einer konsequent fleisch- und milchproduktlosen Ernährung Tumore und selbst Metastasen zurückbilden können und man so bestenfalls seine Gesundheit wieder erlangen kann.

Dies ist eine wunderbare Nachricht für Milliarden von Menschen und Billionen von Tieren.

Der große Visionär und Erfinder (Erfinder der Glühbirne und Gründer von General Electric) Thomas Edison (1847-1931) formulierte bereist vor hundert Jahren den klugen Satz: ***Der Arzt der Zukunft wird den Menschen keine Medizin mehr geben, sondern Krankheiten durch Ernährung heilen und vorbeugen.***

Offensichtlich ist nun die Zeit gekommen, diese Vision Edisons zu verwirklichen.

3. ERNÄHRUNG

Wie Colin Campbell, Caldwell B. Esselstyn und John McDougall lehren, ist eine biologische, pflanzliche Vollwertkost das Gesündeste für uns. *Wir sollten unzählige Gemüse-, Getreide- und Obstsorten kombinieren, denn die Vielfalt schafft den größten Nutzen für uns.*

Prof. Campbell meint, wir bekämen genügend Proteine durch eine rein vegetarische Kost und selbst Nahrungsmittel wie Reis und Kartoffeln, die nur 9% Proteine enthalten, reichten aus.
Ich kann es natürlich nicht beurteilen, spüre aber wie eine Reduktion selbst der wenigen Milchprodukte, die ich zu mir nahm – einen Schwaps Milch in den Tee und hin und wieder eine Buttermilch – mir sehr gut tut. Chronische Schmerzen, die ich immer wieder in Schulter und Hüfte hatte, sind plötzlich verschwunden.
Ich merke aber, dass ich nicht gerne für immer auf Quark mit Leinöl oder etwas Joghurt verzichten möchte. Auf der anderen Seite ist mir bewusst, dass dafür Kühe gehalten und möglicherweise Kälber beziehungsweise Bullen geschlachtet werden.
Hier erhebt sich wirklich die Frage, wie viel vertretbar ist. Was ich nicht vertretbar finde – natürlich auch im Lichte der *China Study* –, ist, dass man Wurst durch Käse ersetzt und, da man ja spirituell ist, meint, es reiche, für die Kühe zu beten!

Ähnlich kurz greift das Denken, wenn wir glauben, wir täten uns als auch den Tieren etwas Gutes, wenn wir einfach Fleisch durch Milchprodukte ersetzen.
So einfach ist es nicht, wie die *China Study* klar belegt.
Wollen wir uns deshalb vegetarisch ernähren, dann müssen wir uns genau damit auseinandersetzen, und uns zumindest einmal ansehen, wie ein sich seit Jahrtausenden mehrheitlich vegetarisch ernährendes Volk wie die Inder dies tut.
Da kommen wir sogleich zur ersten Herausforderung: Inder verwenden Milchprodukte in Maßen und ehren die Kühe. So darf ein Brahmane nicht essen, bevor er nicht seine Kuh beziehungsweise seine Kühe versorgt hat. Und natürlich darf er Rinder nicht töten oder es billigend in Kauf nehmen, dass andere es tun.
In der Diät der Inder sind deshalb Milchprodukte wie Lassi oder Panir enthalten.

Dies scheint aber Gefahren zu beinhalten: Auf meinem Rückflug von Dubai nach München kam ich ins Gespräch mit der Chefstewardess, die mir mein asiatisch vegetarisches Essen gebracht hatte. Es erstaunte sie, dass ein westlicher Mann diese Art von Essen bestellt – ich war ein Novum in ihrer Laufbahn (!).

So sprachen wir über Ernährung und was sie auf den verschiedenen Flügen mit den unterschiedlichsten Menschen beobachtet hatte. Was mich sehr erstaunte, war ihre Beobachtung, dass kein Volk so viel Milch und Milchprodukte während des Fluges konsumiert wie die Inder, und kein Volk so viele Gehbehinderte beziehungsweise Rollstuhlfahrer hat wie sie. Wieder mal eine Bestätigung der Aussage der *China Study*, die beweist, dass Milchkonsum nicht die Knochen stärkt, sondern schwächt.

Was mir aber stets in Indien auffällt, ist, dass es mittags und abends IMMER Linsen beziehungsweise andere Hülsenfrüchte gibt, die sehr eiweißreich sind. Linsen und Hülsenfrüchte sind in Indien ein MUSS. Viele Vegetarier im Westen dagegen essen sehr wenig Hülsenfrüchte – wenn überhaupt. Hier sollten wir unbedingt von einem Volk lernen, dass die längste Tradition vegetarischen Essens hat.

Auf der anderen Seite sollten wir gleichzeitig mit der Assimilation indischer Essgewohnheiten vorsichtig sein, denn was ich in Indien zum Teil an Essgewohnheiten kennen gelernt habe, entspricht nicht gerade der modernen Vorstellung von Ernährung – geschweige denn denen der Vollwertkost und der absoluten Reduktion von raffiniertem Zucker.

Es ist offensichtlich so, dass wir in einer völlig neuen Zeit sind, und deshalb alle dazulernen, beziehungsweise uns völlig neu ausrichten müssen. Mit anderen Worten: Es ist eine absolut spannende Zeit mit ungeahnten Möglichkeiten.

(*Eine gute Methode, uns mit dem sehr wichtigen Vitamin B 12 zu versorgen, ist, eine entsprechende Zahnpasta im Bioladen zu kaufen,* wie mir eine kluge Ärztin riet).

Und noch etwas sollten wir bedenken: Viele Vegetarier verzehren zum Teil große Mengen an Sojabohnen, aus denen unendlich viel hergestellt wird: Würstchen, Aufschnitt, Suppen, Saucen und ganze Gerichte. Aber Vorsicht, es mehren sich die Berichte, dass Soja gar nicht so gut sein soll und sogar dann, wenn es nicht genmanipuliert hergestellt wird. Außerdem enthält Soja Östrogen, was natürlich für Männer, besonders reichlich genossen, nicht vorteilhaft ist.

Wieder ist unsere Fürsorge gefragt: Wir müssen nicht nur herausfinden, was uns, den Tieren und der Umwelt gut tut, wir müssen auch in Erfahrung bringen, welche Nahrungsmittel WIE hergestellt werden, **und ob das gut für uns ist**. Denn Menschen sind unterschiedlich, und jeder muss SEINE ideale Form der Ernährung finden.

Wir leben in einer neuen Zeit, die von uns verlangt, dass wir uns völlig neu ausrichten. Wir haben heute die Chance, völlig neue Formen der Medizin, des Sports, der Unterhaltung und der Ernährung zu entdecken.

Um genau herauszufinden, was wirklich gut für uns ist, müssen wir unsere **Grundfürsorge** entdecken, uns von ihr leiten lassen und dadurch am Ende das finden, was uns wirklich gut tut – und dies kann zum Beispiel etwas völlig Neues sein.

Genauso wie für jeden SEINE Fürsorge etwas völlig Neues, ein völlig neues Erlebnis seiner selbst sein kann, haben wir heute die Freiheit, über die Fürsorge genau das zu entdecken, was uns als Nahrung wirklich gut tut – und dies kann etwas noch nie Dagewesenes sein.

SMOOTHIES

Zu dem völlig Neuen kann man die sogenannten Smoothies zählen. Dies sind Getränke, die dadurch entstehen, dass das GANZE Obst beziehungsweise Gemüse in einem extra dafür konzipierten Mixer püriert wird. Das Besondere an Smoothies ist, dass bei grünem Gemüse besonders viel Chlorophyll aufgenommen werden kann. Durch Smoothies bekommen wir zudem reichlich Vitamine, Mineralien, Enzyme, Aminosäuren und Lebensenergie, die unseren Körper gesund und vital erhalten.

Durch die starke Zerkleinerung des Gemüses beziehungsweise des Obstes hat der Körper die Möglichkeit, diese wertvollen Stoffe besonders leicht aufzunehmen.

Möchte sich jemand näher damit beschäftigen, so kann er unter einer vielfältigen Literatur und Rezepten wählen, denn Smoothies sind so aktuell, dass sie selbst in Hollywood-Filmen selbstverständlich vorkommen wie zum Beispiel in *Die Thomas Crown Affäre* mit Pierce Brosnan.

Ich kann all das natürlich nicht beurteilen, da ich kein Ernährungsspezialist bin, merke aber, dass sie mir und meiner Familie sehr gut tun, und fand es deshalb wichtig, sie hier mindestens zu erwähnen, da ich von einigen weiß, dass sie darauf schwören.

Wie ich bereits sagte, ist es wichtig, dass jeder für sich herausfindet, was ihm gut tut. Zahnärzte zum Beispiel warnen davor, zu viele Obst-Smoothies könnten durch deren Zucker- und Säuregehalt die Zähne schädigen.

Wieder einmal ist die Fürsorge entscheidend. Achte ich auf mich, d.h. auf mein Gefühl und auf meinen Körper, höre ich auf hervorragende Ärzte und Ernährungsberater, dann ist die Wahrscheinlichkeit sehr groß, dass ich durch das Probieren von völlig Neuem das finde, was mir wirklich gut tut.

Um für uns sorgen, um innere Freiheit erlangen zu können, müssen wir uns bewusst machen, dass die **Ernährung die Mutter symbolisiert** – die Mutter ernährt uns über die Nabelschnur, sie stillt uns und die große Mehrheit der Mütter kocht für ihre Kinder.

Unser Umgang mit Nahrung, Nahrungsmittel und Eßgewohnheiten macht deshalb deutlich, wie unsere Beziehung zu unserer Mutter ist, wie EIGENSTÄNDIG wir sind, wie FREI wir wählen können. Diese enge Verbindung von Nahrung und Mutter bedingt nämlich, dass viele sich so schwer tun, ihre Eßgewohnheit zu verändern, da sie es unbewusst als „Verrat" an der Mutter erleben, wenn sie es täten.

Denke ich so, ist natürlich Fürsorge für mich beziehungsweise für andere kaum möglich, da ich mich unbewusst lebenslang in einer Abhängigkeit der Mutter befinde. Die einfache Regel lautet hier: **Je größer die unbewusste Abhängigkeit von der Mutter desto kleiner die Möglichkeit zu Veränderungen und umso kleiner der Spielraum für die eigene Freiheit.**

Das Leben ist nämlich durch permanente Veränderung bestimmt, will heißen: Wer sich nicht verändern kann, hat im Grunde nicht die Freiheit, mit dem Leben zu gehen.

Entscheidend ist deshalb, dass wir Freiheit erlangen, **und dass wir offen für Neues sind**. Sind wir es nicht, leiden wir lieber, als unsere Eßgewohnheiten zu verändern, dann ist der Spielraum für unsere Freiheit sehr gering – wenn er überhaupt vorhanden ist!

Deshalb müssen wir uns immer wieder überprüfen, wie wir auf Neues reagieren. Ob wir uns überhaupt nach der Fürsorge für uns und andere fragen – ob wir uns fragen KÖNNEN beziehungsweise DÜRFEN.

Viele haben diese Möglichkeit nämlich nicht, da sie durch die Bindungen an die Mutter beziehungsweise an die Familie viel zu sehr eingeschränkt sind.

Deshalb ist Fürsorge der beste Leitfaden – nicht nur zur Freiheit, sondern auch zur Freude!

So sollte uns stets die Frage begleiten, ob das, was wir vorhaben, ob das, was wir tun wollen, eine Win-Win-Win-Win-Situation darstellt. Ist sie es, sind wir auf der sicheren Seite.
Sollte unsere Fürsorge uns aber zum Beispiel dahin führen, ALLEIN suchen zu wollen, was nur für uns gut ist, dann sollten wir uns UNBEDINGT fragen, **was auch der Umwelt dient**, und spätestens dann an das kluge kenianische Sprichwort denken, das uns ermahnt: *Behandelt die Erde gut. Sie wurde euch nicht von euren Eltern gegeben. Sie ist euch von euren Kindern geliehen worden.*
Denn wir sind untrennbar mit unserer Umwelt – und damit mit den Tieren verbunden. Deswegen sagt Horaz (65 – 8 v. Chr.), einer der bedeutendsten römischen Dichter: *Wage es, weise zu sein. Höre auf, Tiere zu töten.* Damit sind natürlich auch die Tiere gemeint, die wir dadurch töten, dass wir ihnen – zum Beispiel für die Fleischproduktion – durch Rodung der Urwälder den Lebensraum nehmen.
Ich bin sicher, dass bald die Zeit kommt, in der die Menschheit dieser über 2000 Jahre alten Aufforderung von Horaz nachkommen wird.
Dann wird der Frieden, den wir Menschen zum Beispiel in Europa bereits seit Jahrzehnten genießen, auch bei den Tieren ankommen.
Womit wir endlich den Weg vom Verstand zum Herzen – und wieder dorthin! – zurücklegen.
Ein Weg, der offensichtlich Tausende von Jahren dauerte.

9. Geld

In meinen Seminaren drücken Teilnehmer immer wieder die Ansicht aus, Reiche seien Schweine, mit denen sie nichts zu tun haben wollen.
Und führen wir uns vor Augen, was so manch einer tut, um Geld zu verdienen, dann kann einem regelrecht angst und bange werden.
Menschen, die einem richtig Angst machen, lernten wir im vorherigen Kapitel kennen, als wir durch den Bericht von Prof. Campbell erfuhren, dass auf den Philippinen verschimmelte Erdnüsse der Rentabilität wegen verarbeitet wurden.
Wenn wir zudem in Colin und Thomas Campbells Buch *China Study* lesen, wie viele Milliarden manche Firmen umsetzen beziehungsweise verdienen (!), indem sie den Kunden das Falsche verkaufen, und zudem alles daran setzen, ernsthafte Wissenschaftler, wie die oben genannten, zu diffamieren, damit ihre Kunden nicht aufhören, ihre ungesunden Nahrungsmittel zu kaufen und nicht veranlasst werden, sich mit gesunden LEBENSMITTELN zu ver-sorgen (!), dann verstehe ich, dass viele glauben, Reiche seien unanständig.

Passend dazu ist ein Artikel der Süddeutschen Zeitung, in dem sie am 25./26. Januar 2014 (S. 29) berichtet, wie die italienische Mafia mehr und mehr den italienischen Nahrungsmittelmarkt kontrolliert. Sie verdrängt die ehrlichen Erzeuger und ist dabei, den Markt von Sizilien über Neapel und Rom bis nach Mailand hin zu kontrollieren. Eine gespenstische Vorstellung. Denn die mafiösen Strukturen vertrieben, so Ulrike Sauer, Autorin des Artikels, „unter italienisch klingenden Namen Waren aus dem Ausland, die mit den italienischen Original-

produkten wenig gemein haben. Besonders betroffen sind Olivenöl, Tomatenkonserven und Molkereierzeugnisse. Bei Neapel kamen Behörden skrupellosen Betrügern in der Mozzarella-Herstellung auf die Spur. Um die Brucellose-Erkrankung (vgl. Kap. 8) von Büffelkühen zu vertuschen, spritzen sie befallenen Tieren vor der Veterinärkontrolle starke Dosen eines Impfstoffes. Der ansteckende Brucellose-Erreger ist so für einige Stunden nicht nachweisbar. ‚Sogar die Wissenschaft arbeitet heute für die Agro-Mafia', sagte der neapolitanische Staatsanwalt Donato Ceglie." (a.a.O. 6. Spalte).
Die Mafia kauft sich in den besten Gegenden Landgüter wie zum Beispiel in der Umgebung von Siena, denn sie verfügt im Gegensatz zu ehrlichen Investoren, über schier unbegrenzte Finanzmittel, die sie durch Schutzgelderpressung und Drogenhandel bekommt. Deshalb ist der Umsatz der Agro-Mafia auf 14 Milliarden gestiegen.
Bei diesem Geschäftsvolumen möchte ich mir nicht vorstellen, welche italienischen Produkte ich kaufe und dabei ahnungslos die Mafia unterstütze!

Gehen wir von diesem Bericht aus, so trifft die Einstellung meiner Seminarteilnehmer absolut zu: Diese Reichen sind nicht nur „Schweine", sondern wirkliche Verbrecher.
Hier kommen wir zu C. G. Jungs *kollektivem Unbewussten*. Er verstand darunter, dass in der Psyche das gespeichert ist, was die Menschheit über die Jahrtausende ihrer Geschichte erlebte.
Und die Geschichte liefert uns als Betroffenen genügend Beispiele dafür, wie rücksichtslos viele Reichen sich ihrer Macht und ihren Möglichkeiten auf Kosten der Armen bedienten. Man erinnere sich nur, wie gewissenlos und hartherzig Ludwig XIV. mit den Arbeitern umging, die sein Versailles aus dem Boden stampfen sollten. Noch brutaler war Peter der Große, der in Kauf nahm, dass bei der Errichtung von Sankt Petersburg 60.000 Arbeiter umkamen. Eine unvorstellbare Zahl, die

noch größer wird, wenn wir bedenken, wie viel weniger Menschen es damals gab.

Manche Reiche haben zudem „Sorgen", die man mit besten Willen nicht verstehen kann, – weil man sie Gott sei Dank nicht hat und mit solchen Menschen gewöhnlich nicht in Berührung kommt! Die Zeitschrift BUNTE hat mit solchen Menschen Kontakt und schreibt (13/2013): *Al-Walid Ibn Talal,* der Neffe des saudiarabischen Königs habe 300 Autos, einen Marmorpalast sowie einen Jumbojet mit Goldthron an Bord. Alle diese Statussymbole wiegten aber weniger als eine Zahl in der Zeitschrift *Forbes.* Hier wird er mit einem Vermögen von 20 Milliarden nur auf Platz 26 der Reichsten dieser Welt geführt. Er möchte aber mit einem Vermögen von 29,6 Milliarden zu den Top Ten gehören. Und nun kommt's: Er meint, diese falsche Einstufung sei „ein Schlag ins Gesicht"! Die BUNTE meint dazu: „Oder Eitelkeit auf höchstem Niveau ...".

Bei solchen Nachrichten verstehe ich meine Seminarteilnehmer total, wenn sie mit Reichen nichts zu tun haben wollen. Es ist aber auch für niemanden, den ich kenne realistisch, Neffe des saudiarabischen Königs zu werden und ein Vermögen von fast 30 Milliarden zu haben.
Realistisch aber und ein absoluter Akt der Fürsorge ist es, sich um sein Geld zu kümmern.
Und genau hier fehlt es bei vielen. (Vgl. dazu den ausgezeichneten Artikel von Jan Willmorth im Anhang dieses Kapietls).

FÜRSORGE UND GELD

Viele sollten unbedingt den Ausspruch des Managerberaters Robert Heller (1932-2012) berücksichtigen, der meinte*: The easiest way of making money is to stop losing it – die einfachste Art Geld zu machen, ist aufzuhören, es zu verlieren.*

Es ist für mich immer wieder erschütternd, was viele Menschen leisten, wie sie sich einsetzen, mit welcher Anstrengung, welcher Disziplin und welchem Durchhaltevermögen sie ihr Geld verdienen, das sie dann aber nicht achten und im Nu ausgeben.

Fürsorge und Geld ist bei vielen ein unbeschriebenes Blatt: Deshalb ist ihnen überhaupt nicht klar, was sie mit ihrem Geld anfangen sollen. Viele leben nach dem Motto: *Nur weg damit* – als wäre es etwas Schmutziges oder eine ansteckende Krankheit.

Dabei ist das Geld der Lohn für ihren großen Einsatz, für ihre Arbeit. John D. Rockefeller Sr. sagte zum Beispiel, *Geld sei gefrorene Lebenszeit*. Aber genau das sehen viele nicht.

Hier ergibt sich ein absoluter Widerspruch: Menschen möchten immer mehr verdienen, auch als Zeichen der Anerkennung ihrer Leistung. Psychologisch gesehen, halten sie aber so wenig von sich, dass sie den absolut verdienten Lohn nicht als gerechtfertigt ansehen und deshalb verschleudern.

Es ist für mich immer wieder erschütternd – ich muss den obigen Satz wiederholen (!) –, wie viele Menschen Negatives hören und glauben, Positives dagegen **nicht einmal hören**.

Auch dies ist ein absoluter Widerspruch: Kritisiert man jemanden, dann widerspricht er häufig vehement. Lobt man ihn aber, so hört er es häufig nicht einmal, reagiert nicht darauf und übergeht es am Ende einfach.

Menschen widersprechen umso heftiger einer möglichen Kritik, je mehr sie diese selber glauben. Viele wurden in ihrer Kindheit so traumatisiert, dass sie am liebsten unscheinbar sind und bleiben. Anerkennung hebt sie heraus, und macht ihnen deshalb Angst.

Geld ist eine Form der Anerkennung und hebt sie ebenfalls hervor. Mit ein Grund, warum Menschen entweder nicht sagen wollen, was sie verdienen und was sie haben, oder wie im Falle des obigen Milliardärs jegliche Relation verloren haben und die Scheu durch Protzen kompensieren.

Welche Inhalte im Leben hat aber ein Mensch, dem der Platz in der Zeitschrift *Forbes* derart wichtig ist? Und wessen Geistes Kind ist jemand, dass er solch eine narzisstische Lappalie als „Schlag ins Gesicht" erlebt?
Auf der anderen Seite der Medaille: Welche Fürsorge lebt jemand, der sein schwer verdientes Geld einfach ausgibt, ohne etwas zu sparen, ohne an seine Altersvorsorge zu denken?

Feigheit ist das Gegenteil von Tollkühnheit. Beides sind keine guten Eigenschaften. Beide müssen wir als Eckpunkte einer Linie ansehen. Über beiden schwebt die Tapferkeit, eine Tugend. Deshalb stellt sie eine andere Dimension dar, weswegen sie nicht auf der gleichen Linie, sondern darüber angesiedelt ist. Die Tapferkeit hat von der Feigheit die Vorsicht und von der Tollkühnheit den Mut.
Ebenso sollten wir mit der Nichtachtung und der übermäßigen Identifikation mit Geld verfahren. Der Habenichts und der einfältige Milliardär gehen beide nicht angemessen mit Geld um: Der eine achtet es zu wenig, der andere identifiziert sich fast völlig damit.
Fürsorge bezüglich Geld muss deshalb eine andere Dimension darstellen.

Interessant in diesem Zusammenhang ist, was ein chinesisches Sprichwort sagt:

Geld kann ein Haus kaufen, aber keine Familie.

Geld kann eine Uhr kaufen, aber keine Zeit.

Geld kann ein Bett kaufen, aber keinen Schlaf.

Geld kann ein Buch kaufen, aber kein Wissen.

Geld kann einen Arzt bezahlen, aber keine Gesundheit kaufen.

Geld kann eine Position kaufen, aber keinen Respekt.

Geld kann Blut kaufen, aber kein Leben.

Geld kann Sex kaufen, aber keine Liebe.

Dieses chinesische Sprichwort macht deutlich, dass wir beides zusammenfügen müssen:
Geld *und* eine seelische Leistung.
Ich brauche Geld, um ein Haus zu kaufen, muss aber auch eine bestimmte seelische Entwicklung gemacht haben, um eine Familie aufbauen und erhalten zu können.
Ich brauche Geld, um eine Uhr zu kaufen, aber zudem eine bestimmte Einstellung, um mit Zeit umgehen zu können.
Ich brauche Geld, um mir ein Bett zu kaufen, ich benötige aber zudem eine innere Ausgewogenheit, um einschlafen zu können.

Dies müssen sowohl der Habenichts als auch der einfältige Milliardär einsehen und umsetzen: Im Leben benötigen wir stets ein harmonisches Zusammenspiel von *Quantität* (Geld) und *Qualität* (innere Einstellung). Sind Quantität und Qualität nicht in einem harmonischen, ausgewogenen Verhältnis, so wird das Leben schwierig.
Der Habenichts muss verstehen, dass er seine Ressourcen, seinen Einsatz, seiner Arbeit Lohn mehr wertschätzen sollte. Das heißt, dass er das Geld mehr achten, besser verwalten, und damit besser für das Geld und für sich sorgen muss. Einfach in den Tag hinein leben nach dem Motto: „Wird schon gut gehen!", ist kein Erfolgsprinzip. Es gibt in der Welt zu viele alte Menschen, die arm sind, weil sie zu wenig für ihre Vorsorge getan haben. Natürlich gibt es Fälle, die absolut beschämend

sind, dass Menschen zum Beispiel für ihre tüchtige Arbeit so wenig bezahlt bekommen, dass sie, wenn überhaupt!, kaum davon leben können, geschweige denn, sie könnten auch noch etwas sparen.

Dies ist fast so schlimm, wie die Bezahlung unzähliger Frauen in Dritte-Welt-Ländern, die für ihre viele Arbeit so wenig bekommen, dass sie damit gerade einmal in einem Slum leben können! Und all dies, damit Kaufhausketten konkurrenzlos billige Kleidung verkaufen können. Hier von Sparen oder Fürsorge beziehungsweise Vorsorge zu sprechen, wäre der reinste Hohn.

Von diesen Menschen rede ich nicht, da ich weiß, dass ich ihnen nur dadurch helfen kann, dass ich bei **Fair Trade** einkaufe, eine wunderbare Institution, die wir alle unterstützen sollten (s. a. w. u.).
Ich spreche viel mehr von den vielen Menschen, die so sind, wie ich einer war. Ich lebte bis zu meinem 50. Lebensjahr, ohne auch nur einmal an meine Altersvorsorge gedacht zu haben. Mit Frau und Kind eine völlig inakzeptable Einstellung. Ich habe – sehr spät zwar, aber doch noch – gelernt, und möchte deshalb andere davor bewahren, so unachtsam mit ihrer Zukunft umzugehen, wie ich es tat.
Fürsorge bezüglich Geld bedeutet deshalb, weder andere noch sich selbst auszubeuten.
Wer kein Geld spart, wer keine Vorsorge betreibt, beutet sich selber aus, denn er verbraucht alle seine Ressourcen jetzt und hebt keine für die Zukunft auf.
Außerdem sollten wir auch etwas für Bedürftige übrig haben. Es tut uns nicht gut, wenn wir nur für uns sorgen beziehungsweise für unsere Familie. Es ist wichtig für die Entfaltung der Seele, dass wir Menschen helfen, die in Not sind – häufig sind es ältere Frauen, für die keiner sorgt. Sie waren jahrelang für die Familie da beziehungsweise zogen die Kinder groß, des-

halb konnten sie in keine Rentenkasse einzahlen und haben heute das Nachsehen.

Was lernen wir hier? **Fürsorge endet nie bei mir, sondern schließt immer mein Gegenüber ein.** Das Besondere im Leben ist, dass ich mich am Besten finde, wenn ich mein Gegenüber entdecke. Es heißt so schön: *Der Weg ist das Ziel*. Der Weg ist, mein Gegenüber zu finden, das Ziel ist festzustellen, dass unsere Interessen in Wahrheit die gleichen sind.
Fürsorge bedeutet deshalb, vom Ich zum Du zu gelangen, und damit das Selbst, unser aller wahre Identität, zu finden.
Und das ist das Wunder des Lebens: Wir beginnen bei etwas so Materiellem wie dem Geld und landen über die Fürsorge und über das Du beim Selbst. Und warum? Weil im Grunde unser aller Fragen die gleichen sind: *Wer bin ich, wo komme ich her, wo gehe ich hin*? Mögen sich die Menschen noch so unterschiedlich zeigen, mögen die Sorgen im ersten Moment noch so verschieden erscheinen, am Ende sind die Fragen aber bei allen die gleichen.
Dies zu sehen, gibt der Fürsorge eine Ausrichtung und schafft deshalb Frieden – den Frieden, den wir brauchen, nachdem wir uns ein Bett gekauft haben, um darin auch schlafen zu können! Damit schließt sich der Kreis.

Arbeit und Würde

Manche vertreten die Meinung, Menschen würden NUR arbeiten, weil sie Geld verdienen müssen. Natürlich stimmt das für viele. Trifft es aber auf alle zu?
Es ist ebenso unumstritten, dass Menschen das Gefühl haben müssen, dass ihr Leben einen Sinn hat, dass sie wichtig sind, dass ihr Leben einen Unterschied macht.
So weiß ich von einem Mann, der nach dem Tod seiner Frau und nachdem er festgestellt hat, dass er beruflich nicht besonders erfolgreich war, nun regelmäßig in Krankenhäuser geht

und mit den Kranken spricht. Diese ehrenamtliche Tätigkeit gibt ihm mindestens so viel wie den Menschen, denen er zuhört und denen er Mut macht. „Ohne eine sinnvolle Tätigkeit", sagt er, „würde ich wahnsinnig werden. Ich MUSS etwas tun. Wie schön, dass ich etwas gefunden habe, womit ich mir und anderen eine Freude bereite."

Das Problem heute ist der enorme Wandel: Die Computer, die völlig neuen Telekommunikationsmittel und das Internet haben viele etablierte Berufe weggefegt und damit unzähligen Menschen die berufliche Zukunft genommen. Eine ganze Reihe gut bezahlter Berufe wurde durch neue Geschäftszweige verdrängt und Menschen wurden der Arbeit beraubt, mit der sie sich identifizierten, von der sie gut ernährt wurden und die ihnen einen gesellschaftlichen Status gab.
Diese Kehrseite der neuen Zeit wird meines Erachtens viel zu wenig thematisiert. Die Menschen werden viel zu wenig da abgeholt, wo sie sich befinden: In der Trauer um den Verlust eines Teils ihrer Identität, ihrer inneren und äußeren Sicherheit und sozialen Wertschätzung.
Es wird viel über die neuen Reichen berichtet. Für mein Gefühl werden aber die Opfer dieser Revolution recht wenig gesehen und in ihrem großen Verlust zu wenig nachempfunden.
Natürlich sind ein Heimcomputer und der damit verbundene Drucker eine große Errungenschaft. Für die Menschen, die zum Beispiel das Handwerk des Druckers ausübten – mag es wegen der Druckerschwärze mit noch so großen gesundheitlichen Risiken verbunden gewesen sein –, ist es aber eine Katastrophe. Unumstritten ist das Internet für viele ein Segen – weniger aber zum Beispiel für all die Journalisten, Redakteure und Programmgestalter, deren Zeitung dadurch nicht mehr lebensfähig ist.

Durch die großen Umwälzungen ist die Arbeit für den Einzelnen häufig auch stressiger geworden. So schreibt Tom Bschor,

Chefarzt der Abteilung Psychiatrie der Schlosspark-Klinik in Berlin in Taz.de vom 12.3.2013: „Die Arbeit verdichtet sich und die Durchdringung der Arbeitswelt mit Kommunikationstechnologie bedeutet fortwährende Erreichbarkeit. Ende Januar stellte Bundesarbeitsministerin von der Leyen den Stressreport 2012 vor.

Es bestätigt sich: 58 Prozent der Arbeitnehmer und Arbeitnehmerinnen berichten, verschiedenartige Arbeiten gleichzeitig betreuen zu müssen, 52 Prozent klagen über starken Termin- und Leistungsdruck und 44 Prozent darüber, bei der Arbeit zu häufig unterbrochen zu werden. Der Stressreport folgert: Die ‚Anforderungen aus Arbeitsinhalt und -organisation' bewegen sich ‚auf hohem Niveau', Spitzenreiter bei den ‚Anforderungen' sind ‚Multitasking ... und Leistungsdruck'."

Dabei sollte Arbeit uns völlig anderes vermitteln, denn:

- Arbeit führt zu Gelderwerb, der seinerseits zu äußerer und innerer Unabhängigkeit und Sicherheit führt.

- Dies verschafft mir als Arbeitenden das Gefühl von Autonomie.

- Für meine Mitmenschen bin ich durch meine Arbeit einschätzbar.

- Für die Finanzwelt bin ich einwertbar und entsprechend kreditwürdig.

- Dies gibt mir das Gefühl, selbständig über mein Leben entscheiden und über eigene und fremde Geldmittel/Kredite verfügen zu können.

- Durch klugen Umgang mit meinen Ressourcen und eine fürsorgliche Finanzplanung schaffe ich mit meiner Arbeit am Ende finanzielle Sicherheit und Freiheit (finanzielle Freiheit = ich kann von meinem Ersparten und angelegtem Geld leben, ohne es aufzubrauchen).

- Durch meine Arbeit und beruflichen Erfolg schaffe ich meinen sozialen Status. Dies wirkt sich entsprechend darauf aus, wie ich von meiner Umwelt wahrgenommen, gesehen und geschätzt werde.

- Wie ich in meiner Arbeit reüssiere, bestimmt auch meine Selbstwahrnehmung und die Achtung beziehungsweise den Respekt anderer mir gegenüber.

- Damit baue ich Selbstwert auf. Entsprechend ist mein Umgang mit meinen Vorgesetzten und meinen Kollegen – und deren Verhalten mir gegenüber.

- Dadurch bestimmt sich auch mein Status im Betrieb, in der Gesellschaft und in der Familie. Denn: Je mehr Selbstwert ich habe, desto souveräner handle ich beruflich und privat.

- Damit bestimmt meine Tätigkeit in meinem Beruf meine *Work and Life Balance*. Das heißt, meine Arbeit bestimmt in hohem Maße mein berufliches und privates Leben. Und gibt beidem einen Sinn.

- Mein Leben bekommt durch meine Berufstätigkeit und den damit verbundenen Abläufen Struktur, Einschätzbarkeit und Verlässlichkeit.

Vor einiger Zeit hörte ich im Radio ein Interview mit *Dieter Overath*, dem Geschäftsführer von **Fair Trade Deutschland**. Ich war von seinem Idealismus und seiner Einstellung fasziniert. Besonders beschäftigte mich aber seine Aussage, dass ein Dollar mehr pro Tag für die Blumenpflückerinnen in Kenia bedeuten würde, dass diese Frauen dadurch eine Selbstständigkeit bekämen, zudem Selbstwert und Würde aufbauten.

Dies müssen wir uns als Konsumenten immer vor Augen halten: **Wir sind für den Selbstwert und die Würde verantwortlich, die bei den Menschen entsteht, wenn sie für ihre Arbeit fair entlohnt werden.** Und wir sollten uns noch etwas vor Augen führen: Ihre Würde ist mit unserer verbunden. Wir können nicht ein superbilliges Kleidungsstück kaufen, wofür die Näherinnen in Bangladesch beziehungsweise China einen absoluten Hungerlohn bekommen – außerdem dabei täglich ihr Leben riskieren, weil die Bauten, in denen sie arbeiten müssen, so baufällig sind – und annehmen dies ginge nicht auf Kosten ihrer und unserer Würde. **Würde ist unteilbar.** Deshalb behandelt ein würdevoller Mensch andere würdevoll. Genauso wie ein fürsorglicher Mensch für sich und andere sorgt.

In der Zeitschrift STERN (Nr. 31, 24.7.2014, S. 58-59) findet sich eine Auflistung, wer wie viel an dem neuen Fußball-Weltmeistertrikot mit den vier Sternen verdient (Ladenpreis 84,95 Euro):

1. 33,00 € = Marge des Händlers

2. 20,00 € = Marge von Adidas

3. 16,14 € = Mehrwertsteuer

4. 7,51 € = Herstellung – inklusive Frachtkosten

5. 4,90 € = Lizenzgebühr des DFB

6. 3,20 € = Kosten für Marketing und Vertrieb

7. **0,20 € = Lohn der chinesischen Näherin**

Ich finde, diese Auflistung macht erschreckend deutlich, **wie wichtig** Fair Trade ist.
Der Film *Blutdiamanten* mit Leonardo DiCaprio zeigt auf, was Bewusstmachung bewirken kann: Nach dem Film mussten Diamantenhändler belegen, *woher* ihre Ware stammte. Dies bedeutete eine absolute Veränderung.
Das sollten wir auch bei den Textilien tun und misstrauisch werden, wenn sie gar zu billig sind.

Wie gesagt: Es geht um Würde. Und da ist die entscheidende Frage: Verdiene ich mein Geld mit Würde? Behandle ich es, verwalte ich es, sorge ich für mich und für mein Geld mit Würde?
Denn das Entscheidende ist: Achte ich meine Leistung nicht, achte ich mein Geld nicht, dann achte ich weder auf meine noch auf die Würde anderer, **und dass ich mit meinem Geld einen Unterschied machen kann.**
Deswegen sollten wir auf keinen Fall einer Arbeit nur des Geldes wegen nachgehen. Denn das höhlt unseren Selbstwert aus und schädigt unsere Würde.
Selbstwert und Würde bedeuten, dass ich um meinen und den Wert anderer weiß. Selbstwert und Würde bedeuten auch, dass ich mir bewusst mache, wie wichtig es ist, was ich tue – und dass im Leben alles zählt.
Natürlich haben viele Menschen Not, unbedingt das nötige Geld zum Leben zu verdienen. **Aber allein die Veränderung der eigenen Einstellung**, bewirkt unendlich viel.
So sprach ich vor Jahren mit einem Straßenkehrer in Rom. Damals rauchte ich noch, und so standen wir auf dem von ihm soeben sauberst gefegten Bürgersteig, jeder mit einer Zigarette in der Hand, und unterhielten uns. Er sagte einen Satz, der

mich heute noch beeindruckt: *Io come spazzino sono molto importante, perché io imbellisco la nostra città!* – *Ich bin als Straßenkehrer sehr wichtig, denn ich verschönere unsere Stadt!* Deshalb sind die richtige Einstellung, Würde und Fürsorge miteinander verbunden, wie uns dieser Straßenfeger lehrt. Er sieht die große Bedeutung seiner Tätigkeit. Er hält sich für so wichtig, wie er auch WIRKLICH ist. Er weiß, was er der Gemeinschaft gibt, wie er für alle sorgt – und was es bedeuten würde, wenn er die Stadt nicht sauber hielte.

Deswegen ist es den würdevollen Menschen ein wichtiges Anliegen, für andere zu sorgen und natürlich auch darauf zu achten, dass sie nicht ausgebeutet werden.

Wieder kommen wir zur bereits beschriebenen Win-Win-Win-Win-Situation. Das heißt: Glücklich werden wir nur, wenn unser Tun auch andere glücklich macht, und wir uns nicht auf Kosten anderer einen Vorteil verschaffen.

Deshalb ist die Verbindung von Arbeit und Würde so wichtig: Wir müssen uns stets bei unserer Arbeit und bei unserem Umgang mit der Arbeit anderer fragen, ob sie Würde aufbaut, daher, ob sie fair ist und ob ich und andere froh sind (dazu noch mehr weiter unten).

Ausbildung

Viele Menschen sind unzufrieden mit ihrer Arbeit und haben nicht das Gefühl, dass sie ihren Selbstwert und ihre Würde aufbauen, weil sie einer nicht besonders gut bezahlten Tätigkeit nachgehen.

Das Problem bei vielen Menschen ist die mangelnde Ausbildung. Hierbei ist besonders in Deutschland das Schulsystem ein großes Problem. Vorwiegend für Jungs ist dieses System wenig geeignet. Aber auch sonst ist dieses Schulsystem antiquiert, verkrustet und nicht hilfreich, um den Selbstwert und die Würde der Schüler auf- und auszubauen.

Vor kurzem sprach ich mit einer Lehrerin, die immer wieder in Schweden unterrichtet. Begeistert erzählte sie mir, wie würdevoll, paritätisch und freiheitlich mit den Schülern umgegangen wird und wie sehr deren Interesse und Begeisterung geweckt werden.
Davon ist in deutschen Schulen häufig leider nicht die Rede. Und hier versündigen sich die Verantwortlichen, denn sie zerstören die Chancen und damit die Zukunft vieler Menschen.
Denn wer die Schule abbricht, wer keine solide Ausbildung hat, ist besonders in dieser neuen und sich so dramatisch verändernden Zeit absolut im Nachteil.
Es ist heutzutage sehr schwierig, sein Geld leicht und mit Freude zu verdienen, wenn man keine hervorragende Ausbildung hat.

An dieser Stelle möchte ich zwei Zitate von klugen Männern anführen, die etwas sehr Wichtiges ausdrücken:

> Konfuzius: *Wähle einen Beruf, den du liebst, und du brauchst niemals in deinem Leben zu arbeiten.*

> Mark Twain: *Das Gesetz der Arbeit scheint äußerst ungerecht zu sein, aber es ist da, und niemand kann es ändern: Je mehr Vergnügen du an deiner Arbeit hast, desto besser wird sie bezahlt.*

Diese beiden Zitate drücken zwei wichtige Gesetze bezüglich Arbeit und Geld aus:
Erstens sollten wir unbedingt einer Arbeit nachgehen, die wir lieben. Diese erkennen wir daran, dass wir kaum unterscheiden können, wo wir lieber sind: In der Arbeit oder Zuhause.
Zweitens müssen wir wissen, dass die Menschen, zum Beispiel Sklaven – die es leider immer noch gibt –, die besonders schwer arbeiten müssen, am schlechtesten bezahlt werden.

Diejenigen aber, die gerne oder gar begeistert ihrer Tätigkeit nachgehen, werden am besten bezahlt. Man denke hier nur an die Schauspieler: Sie leben ihre Kreativität, kommen mit interessanten Menschen zusammen, sind an faszinierenden Orten, bekommen viel Aufmerksamkeit beziehungsweise sogar Verehrung, und damit nicht genug, verdienen sie auch noch – jedenfalls die berühmten unter ihnen – zweistellige Millionen Dollarbeträge pro Film.

Das heißt: Wir sollten ja nicht einer Tätigkeit nachgehen, die uns keinen Spaß macht, denn, wie wir gerade sahen, bringt sie uns nicht nur um die Freude, sondern auch um die Wertschätzung und die entsprechende gute Bezahlung.

Deshalb ist Ausbildung so wichtig. Begabung allein reicht nicht. Berühmte Schauspieler, wie zum Beispiel der soeben verstorbene Maximilian Schell, haben eine hervorragende Ausbildung genossen. Deshalb haben sie auch eine geschulte Sprechweise und können Texte mit einer Diktion vorlesen, wie Unausgebildete dies nicht können.

Deswegen sage ich immer wieder: *Glück ist Fleiß*. Der deutsch-finnische Dichter Manfred Schröder (1932) sagte bezüglich Erfolg: *Begabung ist ein guter Anfang. Alles andere nur Fleiß*.

Um aber fleißig sein zu können, muss man etwas gerne tun. Wer widerwillig einer Tätigkeit nachgeht, wird mit Sicherheit nicht die berühmten 110% geben. Die sind aber wichtig, um das zu erreichen, was sich alle wünschen.

Der Schauspieler Harrison Ford wollte unbedingt beim Film landen. Aber keiner wollte ihn. So wurde er Schreiner und arbeitete in Hollywood für Schauspieler und Regisseure, spielte nebenher in kleinen Rollen, die ihn aber finanziell nicht einmal über Wasser hielten. Er wollte aber auf jeden Fall Schauspieler werden und ließ nicht locker, bis der Regisseur George Lucas ihm eine Rolle in dem Film *American Graffiti* als Rennfahrer Bob Falfa gab. Das war Harrison Fords Einstieg. Mit dem nächsten Film von George Lucas, *Star Wars – Episode IV – eine neue Hoffnung*, gelang ihm dann der Durchbruch.

Was lernen wir daraus? **Ausbildung ist unverzichtbar, aber Durchhaltevermögen ist entscheidend.** Häufig scheitern Menschen daran, dass sie nicht lange genug durchhalten. Wie heißt es so schön? Der Unterschied zwischen einem Verlierer und einem Gewinner besteht darin, dass Letzterer EINMAL MEHR aufsteht.
Der Fehler vieler besteht darin, dass sie meinen, wenn es stimmt, dann gehe es leicht. Stimmt nicht! Thomas Edison brauchte sage und schreibe 10.000 Versuche, um die Glühbirne zu erfinden – und auch sonst war sein Leben erst einmal nicht einfach, musste er doch sogar sein Wohnhaus verkaufen, weil er mit seinem Geld nicht hinkam. Er hielt aber durch und wurde ein äußerst erfolgreicher und wohlhabender Mann.

Sparen

Wie ich in meinem Buch *Wie werde ich reich – innerlich und äußerlich* ausgeführt habe, ist Sparen DER Weg zu finanzieller Sicherheit und Freiheit (S. 73 f – ich habe den Text teilweise übernommen, teilweise verändert, vgl. aber auch den bereits erwähnten Anhang am Ende dieses Kapitels).

Der erste Schritt dahin besteht darin, unsere Ausgaben zu kontrollieren. Viele von uns geben – häufig ohne es überhaupt zu merken! – ständig zu viel aus. Andere sind sich dessen bewusst, ändern aber trotzdem nicht ihr Verhalten.
Hierzu ein wichtiger Buchtipp: Der wunderbare Klassiker von George S. Clason *Der reichste Mann von Babylon*. Die Hauptaussage dieses Buches:

Zahle dich zuerst.

Das heißt: Bevor wir irgendetwas ausgeben, sollten wir mindestens 10% unseres Einkommens sparen. Legen wir dies durch einen HERVORRAGENDEN Finanzberater SORGFÄLTIG an, erreichen wir durch diese Fürsorge finanzielle Sicherheit oder gar Freiheit!

Sparen ist ein wahrer Segen, denn es schafft äußeren und inneren Reichtum. Es drückt Planung, Fürsorge, Weitsicht, Zielorientiertheit und die Fürsorge für das eigene Geld beziehungsweise die eigene Zukunft aus. Das sind entscheidende Eigenschaften, um ein Vermögen aufzubauen und zu erhalten. Denn Unzählige haben ein Vermögen verdient, gewonnen oder durch geschickte Transaktionen gemacht und anschließend alles – und manchmal noch mehr als sie hatten! – wieder verloren, weil sie es nicht verwalten konnten, weil sie – wie ich immer wieder betone – keine Fürsorge für sich und ihr Geld haben.

Deshalb mein Rat: Wir sollten **zunächst 10% unseres Einkommens sparen und kontinuierlich diesen Betrag steigern.** Und wie tun wir das? Indem wir zum Beispiel von jeder Gehaltserhöhung, von jeder Mehreinnahme die Hälfte **NICHT** ausgeben, sondern sparen. Und warum sollten wir unbedingt jede Mehreinnahme zu 50% sparen? Weil jede Gehaltserhöhung nach drei Monaten sowieso „verschwunden" ist, denn unsere Ausgaben passen sich automatisch unseren Einnahmen an, wie der britische Wirtschaftswissenschaftler **Cyril N. Parkinson** feststellte. Nach kurzer Zeit spüren wir sie gar nicht mehr, weil wir mehr ausgeben als vorher. Und wir vergessen, dass wir auch vorher mit der geringeren Summe ausgekommen sind.

Das heißt: Sparen wir sogleich 50% unseres Mehreinkommens, dann merken wir dies erstens nicht, zweitens verbrauchen wir es nicht und drittens bauen wir damit finanzielle Sicherheit oder gar finanzielle Freiheit auf.

Tun wir uns schwer mit dem Sparen, dann sollten wir unsere innere Einstellung dazu überprüfen, und uns zum Beispiel fragen, OB wir ÜBERHAUPT für uns sorgen können.

Die verschiedenen Konten

Wir sollten aber nicht nur sparen, sondern zudem unser Geld genau einteilen. Neben

- dem **Sparkonto** (worauf wir, wie gesagt mindestens 10% unseres Einkommens einzahlen) sollten wir auch

- ein **Spaßkonto** haben, auf das wir ebenfalls monatlich 10% überweisen. Unser Geld soll uns ja auch glücklich machen!

- Auf ein **Fortbildungskonto** tun wir weitere 10%. Das ist für unser Fortkommen ein ganz entscheidendes Konto, denn das Informationszeitalter verlangt, dass wir uns ständig weiterbilden.

- Das vierte ist das **Spendenkonto**. Auch hierhin überweisen wir 10%, die wir später an Bedürftige oder karitative Vereinigungen weitergeben.

- Das fünfte, das **Ausgabenkonto**, ist für 40% unseres Einkommens und für unsere täglichen Ausgaben bestimmt.

- Das sechste und letzte ist das **Langfristkonto**. Hierhin kommen 10% unserer Einnahmen für alle langfristigen Ausgaben.

Zählen wir die Prozentanteile dieser sechs Konten zusammen, dann ergeben sich 90%. Warum nicht 100? Ja, genau, weil wir für unseren langfristig gesicherten Wohlstand und für unsere finanzielle Freiheit möglichst mehr als 10% sparen sollten – am besten 20%. Dann passt es wieder.

FAMILIÄRER WOHLSTAND

Sich um eine gute Ausbildung zu kümmern, achtsam mit seinem Geld umzugehen, regelmäßig zu sparen, ist gelebte Fürsorge bezüglich Geld.
Viele Menschen machen sich aber nicht bewusst, wie viel Wissen sie im Laufe ihres Lebens sammeln – und am Ende mit ins Grab nehmen. Deswegen sagen die Inder, die bekanntlich ihre Toten verbrennen: *Wenn ein Mensch stirbt, wird eine Bibliothek verbrannt.* Wie viel kostbares Wissen geht dabei für immer verloren!
Deshalb sind Dynastien so wertvoll: Der Urgroßvater lehrt den Großvater, dieser den Vater, der den Sohn und dieser schließlich den Enkel. Wenn so etwas klappt, dann können sich große Familienbetriebe aufbauen wie zum Beispiel bei den Faber-Castells, die seit Generationen Bleistifte herstellen und heute weltweit rund 7.000 Angestellte beschäftigen. Dies ist eine enorme Leistung, denn häufig läuft es leider anders.

Von Thomas Manns Roman *Buddenbrooks, Verfall einer Familie* kennen wir die Regeln: Die eine Generation baut auf, die zweite erhält das Aufgebaute, die dritte verliert es.
Die Frage, die sich hier erhebt, ist: Was machen Familien wie die Faber-Castells richtig, und andere falsch?
Was viele Gründer einer Firma falsch machen: Sie kümmern sich primär um das Geschäft und nicht so sehr um die Familie beziehungsweise um die Erben.
Ganz anders dagegen die Familie Rockefeller. John D. Rockefeller Sr. machte im 19. Jahrhundert besonders mittels der Ölfirma Standard Oil ein Vermögen von 1 Milliarde Dollar, wodurch er zum reichsten Mann der damaligen Zeit wurde. Er

erwarb sein Vermögen aber mit einer derartigen Brutalität, dass er zum meistgehassten Mann der USA wurde – ein Hass, der bald darauf der ganzen Familie Rockefeller galt (Collier / Horowitz, S. 81). Dieser Hass vergrößerte sich noch mehr, als es zu einer Eskalation kam. Die Arbeiter in einer Bergmine in Ludlow, wurden so brutal ausgebeutet, die Arbeitsbedingungen waren so katastrophal, die Unfälle wegen mangelnder Schutzvorkehrungen so häufig, der Lohn so unendlich niedrig, dass sie sich gezwungen sahen, für ein Minimum an Sicherheit und Lebensqualität zu demonstrieren. Anstatt ihnen aber entgegenzukommen, ließ Junior die Sache eskalieren – soweit, dass am Ende viele Tote, darunter Frauen und Kinder zu beklagen waren.

Junior war damals noch ganz mit dem brutalen Denken seines Vaters identifiziert.

Dass sollte sich aber spätestens dann ändern, als er vor einem Ausschuss aussagen musste, und ihm der Vorsitzende Rechtsanwalt Frank Walsh derart zusetzte, dass Junior GRUNDLEGEND umdachte.

Er entschied sich für Menschlichkeit, für Ethik und für großzügige Spenden. Er reiste sogar zu den Bergleuten, aß mit ihnen, hörte sich Tage lang ihre Sorgen an, veränderte ihre Arbeits- und Lebensbedingungen, und setzte sich später sogar auf Bundesebene für die Schaffung von Gewerkschaften ein, die er zuvor – damals noch ganz im Bann seines Vaters – vehement abgelehnt beziehungsweise bekämpft hatte.

Um das Ansehen der Familie wieder herzustellen, zog er sich so sehr aus dem Geschäftsleben zurück, dass manche glaubten, es interessiere ihn nicht mehr. Die Wahrheit war aber, dass er verstanden hatte, dass nur seine Konzentration auf philanthropische Unternehmungen, die er klug bekannt machte, den Ruf seiner Familie herstellen würde.

Zudem unterstützte er seine sechs Kinder, wo er nur konnte. Er lebte damit ein familienbezogenes Denken, das bereits sein Vater ihm gegenüber an den Tag gelegt hatte.

Und hier wird die große Leistung von John D. Rockefeller Sr. deutlich: Er ließ seinem Sohn freie Hand, viel Geld in karitative Projekte zu investieren, oder ließ sich von ihm überreden, dies selber zu tun. So gründete er auf Betreiben von Junior das *Rockefeller Institute for Medical Research*, was später die *Rockefeller Universität* wurde – und Großes auf dem Gebiet der Medizin leistete. Junior, wie er von allen genannt wurde, gründete auch die *Lincoln School*, in der ein freiheitliches, motivierendes Denken herrschte, und die Schüler so gut vorbereitete, dass viele von ihnen anschließend in Harvard studierten.

Zudem gab Junior viele Millionen aus, um Nationalparks zu gründen, wovon einer der bekanntesten der Yellowstone National Park ist.

Rockefeller Sr. spendete auf Drängen seines Sohnes 8,5 Millionen Dollar, womit die UN den Grund erwerben konnte, auf dem heute ihr berühmtes Gebäude in New York steht.

John D. Rockefeller Sr. hatte einen klugen Berater in dem Baptisten Pfarrer Frederick Taylor Gates. Dieser wies ihn darauf hin, dass sein Vermögen (man schätzt, dass die damalige 1 Milliarde Dollar heute ca. 200 Mrd. wert wäre), seine Erben, wenn er diese nicht darauf vorbereitete, wie eine Lawine erdrücken würde.

Und genau dies ist die Leistung von John D. Rockefeller Jr.: Er kümmerte sich um die Familie, er sorgte sich um die Verteilung und Verwaltung des Vermögens – und ließ so Vieles Gates mit-entscheiden, dass es schien, als habe er sich ganz aus dem operativen Geschäft zurückgezogen.

Ganz im Gegenteil, war es er, der das große Vermögen auch auf stabile SOZIALE Füße stellte, der das soziale Gewissen der Rockefellers weckte und ausbaute, und unzähligen Menschen und Tieren half. So war er es, der das Vermögen der Rockefellers derart mit der Familie verband, dass es bis heute Bestand hat.

Die Rockefellers erlitten nicht das Schicksal der Buddenbrooks, weil es einen Gründer gab, der das Vermögen schuf, der aber so um das Glück seines einzigen Sohnes bemüht war, dass er ihm den Freiraum gab, nach seiner Façon – wie Friedrich der Große dies einst formulierte – glücklich zu werden. So schufen Vater und Sohn ein Familienbewusstsein, eine Familienidentität, wodurch die „Lawine", wie Frederick Taylor Gates das Riesenvermögen nannte, die Familie nicht erdrückte.

Daraus lernen wir: Ein Vermögen anzusammeln reicht nicht aus – man könnte es sogar nur als eine Befriedigung des Egobedürfnisses des Gründers ansehen. **Es muss die Fürsorge für die Nachkommen dazu kommen. Es müssen ein Bewusstsein und eine seelische Stabilität geschaffen werden**, wodurch erst die Last und die Verantwortung geschultert werden, die zwangsläufig mit so einem großen Vermögen verbunden sind. Man denke nur, was es mit sich bringt, eine neue Universität beziehungsweise eine Forschungsstätte für Mediziner zu schaffen, wie Vater und Sohn Rockefeller das taten.

Familien müssen deshalb ein Bewusstsein und eine Identität schaffen, die ein ganz eigenes Gefühl der Zusammengehörigkeit ermöglichen.

Dazu müssen sich die Älteren um die Jüngeren kümmern. Jene müssen beraten, müssen diesen bei der Wahl ihrer Ausbildung, ihres Studiums, ihres Berufs helfen. Nur wenn die Jungen merken, dass *sie*, dass *ihre* Fragen, *ihre* Sorgen, *ihre* Wünsche den Älteren wichtig sind und sie sich ernst genommen fühlen, werden sie auf die Älteren hören und entsprechend die Familientradition weiterführen.

Aus dem Ego und zum Teil Egoismus des Gründers, der in den meisten Fällen nicht zimperlich in der Wahl seiner Mittel war, muss ein Du, ein Wir erwachsen.
Genau dies schafften die Buddenbrooks nicht. Bei ihnen lebte jeder schlecht und recht sein eigenes Leben, seinen eigenen Egoismus.
Damit ein Familienbewusstsein und damit die Familie selbst Bestand haben kann, muss ein Wir-Gefühl entstehen. Dies ist nur zu schaffen, wenn die Familie übergeordnete Werte für sich findet und pflegt.

Interessant ist in diesem Zusammenhang, was Facundo L. Bacardí, Chef eines der größten Familienunternehmen weltweit, im *Focus* 43/2013 auf die Frage antwortet, ob es auch ein Bacardí-Zusammengehörigkeitsgefühl gäbe ohne den Konzern: „Ich denke, nicht. Bei uns hält die Firma die Familie zusammen. Bacardí Limited ist zu 100% im Familienbesitz, und jeder der 500 Miteigentümer (!) ist auf irgendeine Weise mit mir verwandt. Und jeder einzelne hält Bacardí Limited für „sein" Unternehmen. Dies ist wie bei vielen verschiedenen Menschen, die sich für denselben Fußballverein begeistern und so ein Zusammengehörigkeitsgefühl entwickeln."
Kein Wunder, dass bei dieser Einstellung aller Miteigentümer, dieser Konzern selbst die Enteignung durch Fidel Castro überlebte und nun in der fünften Generation an 27 verschiedenen Produktionsstandorten 178 Millionen Liter Rum erzeugt.

Familienunternehmen – besonders große – funktionieren wie so Vieles im Leben, wenn die Beteiligten einen Widerspruch aushalten: Auf der einen Seite soll es das Ziel sein, den Wohlstand der Familie zu bewahren und gegebenenfalls zu mehren, und auf der anderen Seite darf dies nicht das primäre Ziel darstellen. Passend dazu sagt John D. Rockefeller Sr.: *If your only goal is to become rich, you will never achieve it – wenn*

dein einziges Ziel ist, reich zu werden, wirst du es nie erreichen.
Entsprechend gilt: Wenn eine Familie nur damit beschäftigt ist, ihren Wohlstand zu bewahren beziehungsweise zu vermehren, wird sie sehr wahrscheinlich so enden wie die Buddenbrooks. Geld beziehungsweise Wohlstand sind wichtig, aber nicht entscheidend.
Entscheidend dagegen sind Werte wie Wahrheit, Rechtschaffenheit, Fürsorge, Nachempfinden, Verständnis, Gewaltlosigkeit. Von großer Bedeutung ist zudem der Glaube. John D. Rockefeller Sr. war zum Beispiel gläubiger und praktizierender Baptist. Obwohl Rockefeller gnadenlos seine Konkurrenten ausbootete, Aktienkurse manipulierte, Richter und Politiker bestach und ein gesetzeswidriges Monopol schuf, war es ihm ein Anliegen, den Armen zu helfen und Bildung allen zugänglich zu machen.

Wollen wir ein Familienbewusstsein schaffen, dann müssen wir erst einmal ein liebevolles Miteinander der Mitglieder ermöglichen und Fürsorge füreinander als tragendes Prinzip verankern. Wichtig ist die Freude, die eine Familie beseelt. Wichtig ist auch der Sinn, der eine Familie in ihrem Tun ausrichtet. Hält eine Familie zusammen, hat sie tragfähige Ideale, lebt sie Fürsorge für sich und andere, dann schafft sie damit zwangsläufig Freude, und auf die Freude folgt früher oder später stets der Wohlstand. Warum? Weil Menschen, die, wie wir bereits sahen, etwas mit Freude tun, mehr Zeit und Engagement in das investieren, was sie machen und deshalb zwangsläufig auf Dauer persönlichen und finanziellen Erfolg haben.

Hier kommen wir zu einem weiteren wichtigen Punkt, den wir bereits vorher kennenlernten: **Geduld**. In einer Familie muss beides vermittelt werden: Wissen UND Geduld. Die Menschen werden heute älter. Damit haben sie die Gelegenheit, noch mehr Wissen anzusammeln. **Zu diesem wichtigen Wissen, dass von einer Generation zur nächsten gegeben werden sollte, gehört auch die Weisheit, dass uns auf Dauer ohne Geduld und Fürsorge nichts gelingt.**

Wir Älteren müssen den Jüngeren vermitteln, wie wichtig Fürsorge beziehungsweise Wissen ist, aber dass *alles Wissen sinnlos ist, wenn wir keine Geduld, kein Durchhaltevermögen, keine Disziplin haben und nicht verlässlich sind.*

Dies können Ältere den Jüngeren dadurch am besten vermitteln, wenn sie es VORLEBEN. Deshalb ist die Interaktion verschiedener Familienmitglieder und zudem unterschiedlichen Alters von so großer Bedeutung.

Bestehen tragfähige, belastbare Beziehungen unter den einzelnen Angehörigen einer Familie, dann lässt sich Wissen leichter vermitteln und die Jüngeren haben nicht das Gefühl von den Älteren belehrt zu werden.

Wie viel Wissen ist über die Jahrhunderte, nein Jahrtausende verloren gegangen, weil die Erfahrenen nicht achtsam, nicht einfühlsam mit den Unerfahrenen umgingen! Deshalb ist die Grundvoraussetzung für eine positive Wissensvermittlung, dass zuerst eine Basis von Fürsorge, Achtung und Verständnis geschaffen wird. Diese Basis ist viel wichtiger als alles Wissen und alles Geld. Besteht diese Grundvoraussetzung für ein positives Miteinander nicht, dann nützt alles Geld dieser Welt auch nichts, denn erst wird die Familie und dann das Vermögen verloren gehen.

KINDER IHRE IDENTITÄT FINDEN LASSEN

Vor kurzem sprach ich mit einem Schulfreund, Gian Antonio, der in einer Parallelklasse war, als ich auf die Scuola Media di Stato in Oderzo ging. Wir hatten nur in den Pausen Kontakt und verloren uns aus den Augen, als ich nach Deutschland ging. Nun trafen wir uns wieder, als mein Neffe Florian mich in sein Hotel und Restaurant führte.

Sein Vater war erfolgreicher Zahnarzt, der alles Geld, was er erwirtschaftete, entweder in die Ausbildung seiner Kinder oder in Immobilien investierte. So sind zwei seiner Söhne ebenfalls Zahnärzte. Gian Antonio ist zudem Professor für Zahnheilkunde in Padua – eine der ältesten und renommiertesten Universitäten Italiens. Außerdem hat er einige die Zahnheilkunde betreffende Patente entwickelt.
Damit nicht genug, lebt er zusammen mit seiner Frau Maurizia seine Kreativität dadurch, dass sie eine sehr große alte venezianische Villa vor dem Verfall gerettet und zu einem wunderschönen Anwesen gemacht haben.

Die beiden haben Zwillinge, die in New York Zahnheilkunde studierten und nun in London arbeiten. Das fand ich interessant, woraufhin er mir erklärte, warum er sie so weit weg geschickt hat: „Mir ist es wichtig, dass meine Söhne nicht ‚die Kinder von' sind, sondern *ihre eigene Identität finden* konnten. Nun haben sie diese mit 36 Jahren, einer eigenen Familie und genügend Berufserfahrung gefunden. Jetzt kommen sie zu mir und können beurteilen, was sie von mir lernen können – und wollen! – und was nicht."
Ich erzählte ihm, dass ich in diesem Buch über die Bedeutung von Familientraditionen geschrieben hatte. Daraufhin meinte er: „Schreib unbedingt noch, wie wichtig es ist, dass Eltern ihren Kindern helfen, *wirklich **ihren** Weg zu gehen*!" Er wiederholte sogar mehrmals: „Glaube mir, das Schlimmste ist, wenn den Jüngeren nicht geholfen wird, IHR EIGENES zu entwickeln, sondern ihr Leben lang ‚die Kinder von' bleiben!"

Zusammenfassend können wir deshalb sagen: **Familien sollten unbedingt danach streben, das Wissen zu bewahren, das die einzelnen Mitglieder angesammelt haben. Und dass jede Generation IHRE Identität findet**. Das heißt, dass das alte Wissen erhalten und das neue hinzugefügt wird. Das ist Entwicklung.

Deshalb ist es natürlich ein großes Geschenk, wenn das Wissen, wie man die besten Bleistifte herstellt, in der Familie bleibt. Ebenso wenn der Beruf des Zahnarztes zum Beispiel vom Großvater auf die Söhne und von diesen auf die Enkel übertragen wird. **Man macht sich in den meisten Familien nicht klar, welch unglaublich starke Synergien entstehen, wenn Familien zusammenhalten und das berufliche Wissen, die Lebenserfahrung und die persönlichen Kontakte in der Familie bleiben und von Generation zu Generation weitergegeben werden. Entscheidend dabei ist natürlich, dass in jeder Generation eine fundierte Ethik gelebt wird. Geschieht dies nicht, dauert es keine drei Generationen, bis alles verloren geht!**

Wissen, Lebenserfahrung, persönliche Kontakte und Ethik schaffen Erfüllung und Geborgenheit. Und nichts nährt mehr als die Geborgenheit einer glücklichen Familie. Und da bekanntlich Freude anziehend wirkt, werden sich auch entsprechend neue positive Kontakte ergeben, weswegen der Erfolg, falls er noch nicht da sein sollte, kommen wird, und ist er bereits da, wird er sich vergrößern.

Wie wichtig die richtige Einstellung aller Familienmitglieder ist, verdeutlich sehr gut der Film *Das ultimative Geschenk* vom Regisseur Michael O. Sajbel. In dem Film geht es darum, dass ein sehr reicher Großvater (James Garner) nach seinem Tod seinen Enkel viele Prüfungen unterziehen lässt, damit dieser sich als würdig und fähig erweist, das Milliardenvermögen der Familie verwalten zu können.

Die dort behandelten „Geschenke" würde ich Werte nennen. Ich habe deren Reihenfolge verändert und mehrere eigene hinzugefügt. Ansonsten finde ich den Film eine hervorragende Illustration dafür, wie wichtig die Fürsorge der einen Generation für die nächste ist und wie entscheidend für den eigenen Erfolg und dem des Familienvermögens die richtige Einstellung ist.

Die Werte sind:

1. Gott
2. Liebe
3. Gesundheit
4. Ethik
5. Achtung
6. Fürsorge
7. Dankbarkeit
8. Zufriedenheit
9. Bescheidenheit
10. Zuverlässigkeit
11. Großzügigkeit / Geben
12. Familie
13. Freunde
14. Lernen
15. Lachen
16. Fleiß
17. Sehen, dass Arbeit Gnade ist
18. Probleme als Chancen sehen

19. Träumen können

20. Jeden Tag als Geschenk sehen

21. Geld würdigen

FÜRSORGE UND ZUFRIEDENHEIT VERSUS GIER UND UNZUFRIEDENHEIT

Diese Überschrift sagt im Grunde schon alles und macht deutlich, WIE WICHTIG die weiter oben aufgelisteten Werte sind. Denn ein Familienverband, der von Gier und Unzufriedenheit bestimmt ist, wird nicht überleben. Gier macht nämlich blind und Unzufriedenheit höhlt aus – keine guten Voraussetzungen für Erfolg.

Zudem ist Gier häufig mit Neid verbunden. Man ist so gierig, weil man alles an sich reißen möchte und anderen nichts gönnt. Dies geht so weit, dass Menschen lieber selber weniger verdienen, wenn sie dadurch verhindern, dass der Nachbar mehr als sie verdient.

Hier kommen wir wieder zu *Al-Walid Ibn Talal* zurück, dem Neffen des saudiarabischen Königs: Wie unzufrieden, wie unerfüllt muss er sein, wenn ihn solche Probleme beschäftigen. Meine Frage ist deshalb: Ist seine Frau glücklich, sind es seine Kinder, sind es seine Angestellten, sind es die Tiere, deren Wohl und Weh von ihm abhängen? Nützt sein Tun der Umwelt?

Das sind für mich die entscheidenden Fragen. Wenn er sie alle mit Ja beantworten kann, frage ich mich, warum ein Platz mehr oder weniger unter den Reichsten dieser Welt in der Zeitschrift *Forbes* für ihn von Bedeutung ist.

Deshalb gibt es keine höheren Werte als Fürsorge und Zufriedenheit. Warum? Weil sie ansteckend sind! Kinder lernen durch ihre Eltern, was Fürsorge bedeutet und können sich dadurch ihre Grundfürsorge bewahren. Und sie lernen durch ihre Eltern, wie wichtig Zufriedenheit ist, denn sie ist eine Grundvoraussetzung für Glück.

Wie will man seine Kinder anhalten, bereits morgens froh zu sein, wenn man es selber nicht ist? Wie will man von Kindern erwarten, dass sie für sich und für andere gut sorgen, wenn man es selber nicht tut?

Und wie will man all dies überhaupt tun, wenn man nicht da ist? Wenn man außer Haus geht, während die Kinder noch schlafen, und wieder kommt, wenn sie schon wieder schlafen?

Wie will man ein Familienbewusstsein aufbauen, wenn es genau genommen gar keine Familie gibt, sondern zum Beispiel nur eine Mutter und die Kinder, und einen abwesenden Vater, der zwar das Geld verdient, aber sonst nur hin und wieder anwesend ist?

Eltern vermitteln damit ihren Kindern klare Prioritäten: Der Beruf, die Karriere, das Geldverdienen sind wichtiger als Kinder und Familie. Kein Wunder, wenn die Kinder eines Tages so ein Leben nicht führen wollen. Denn ein Leben der Gier und des Immer-Mehr ist auf Dauer nicht interessant, nicht erfüllend und zerstört eine Familie. Die Bacardís als Beispiel sind deshalb erfolgreich, weil ihnen das Wohl der Familie UND des Konzerns wichtig sind. Deshalb kennt der Firmenchef selbst den Namen seines Cousins siebten Grades!

Gier dagegen endet immer mit offensichtlicher Selbstzerstörung, denn dass sie überhaupt entstehen kann, drückt aus, dass innerlich bereits etwas zerstört ist. Gier und Unzufriedenheit machen deutlich, dass wir das Leben nicht verstanden haben und nicht gut führen. Denn das Leben ist Fülle. Gier und Unzufriedenheit sind genau das Gegenteil, und schließen damit Fülle aus. Deswegen hat Gier etwas derart Selbstzerstörerisches an sich: Warum sollte man immer mehr wollen, nie zufrieden sein, wenn man erkannt hat, wie sinnlos und zudem kontraproduktiv es ist? Deshalb sagt die deutsche Schriftstellerin (1889-

1958) Friedel Beutelrock sehr klug: *Gleichgewicht halten ist die erfolgreichste Bewegung des Lebens.*
Gier, Neid und Unzufriedenheit schließen ein inneres Gleichgewicht aber GRUNDSÄTZLICH aus – das heißt, sie verlangen einen ENORMEN PREIS, bieten dafür aber nichts.
Dies bedeutet in Wahrheit aber: Menschen sind im Grunde neidisch, weil ein anderer so viel mehr Kontakt zu seinem inneren Gewinner gefunden hat. Den findet man aber nicht durch Neid, sondern zum Beispiel dadurch, dass man seinen Blick für das Positive öffnet, aber trotzdem kritisch bleibt. Eine große Leistung – um die sich der Neider, verblendet durch seine Gier, drückt.
Wieder kommen wir zu dem Fazit: *Glück ist Fleiß und Begeisterung. Neid, Gier und Unzufriedenheit beruhen entsprechend auf einem Mangel an Fleiß und Engagement.*

Deshalb sind Gier und Unzufriedenheit absolute Zeichen des Mangels.
Ich wiederhole: Sie machen deutlich, dass jemand das Leben nicht verstanden hat. Es geht aber darum, das Leben zu verstehen und richtig zu leben. Dies ist das Problem des nun zu Ende gehenden Zeitalters: Es hat viele zeitlose Gesetze vergessen, an die wir uns aber halten müssen, um glücklich zu sein.
Wir müssen wissen, dass es ein höchstes Prinzip gibt. Nennen wir es wie Platon *Agathon – das absolute Gute*, oder wie Aristoteles den *Unbewegten Beweger*, oder wie Thomas von Aquin *Summum Bonum Subsistens – das höchste, grundlegende Gute*, oder wie Augustinus *Gott*, es bleibt das letzte Prinzip, das wir immer voraussetzen, wenn wir irgendwie über uns und die Welt nachdenken.
Platon zeigte anhand der Ideen und mittels der Mythen, die er beschrieb, dass es eine Göttliche Ordnung gibt, die unser Leben bestimmt. Sokrates lehrte, es gebe ewige Wahrheiten, weshalb Tugend lehrbar sei. Und noch etwas lehrten Sokrates

und sein Schüler Platon: Alle Wahrheiten befinden sich IN UNS, wir müssen sie nur dort auffinden.
Wir müssen deshalb verstehen, dass Beruf, Karriere und Geld nicht zu den höchsten Prinzipien gehören. Dies ist eine typische Verwechslung dieser Zeit. Weit über diesen dreien stehen als unumstößlicher Wert Gott und Seine Gesetze, dann kommt die Gesundheit. Dann folgen wichtige innere Einstellungen, dann die Familie und das Wohl der Kinder.
Wir haben als Eltern nur eine sehr begrenzte Zeit, in der wir überhaupt für unsere Kinder da sein können, denn dann gehen sie aus dem Haus. Und genau diese Zeit müssen wir nutzen, um ZUSAMMEN MIT IHNEN eine Familie aufzubauen.
Tun wir dies, finden wir mit Sicherheit Zufriedenheit und Erfüllung, die automatisch Gier und Unzufriedenheit ausschließen.
Gier und Unzufriedenheit können aber Lehrmeister sein, wenn wir verstehen, dass – genau genommen – sie deshalb sinnlos sind, weil sie etwas unterstellen, was es nicht gibt: Den einfachen Weg.

Das Gesetz des Lebens lautet: ALLES HAT SEINEN PREIS. Und vielfach müssen wir ihn IM VORAUS bezahlen. Es ist deshalb sinnlos auf jemanden neidisch zu sein, weil dieser etwas hat, was man selber auch gerne hätte. Kenne ich den Preis, den er bezahlt hat? In diesem oder einem früheren Leben? Bin ich bereit, den gleichen Preis zu zahlen?
Vor einiger Zeit bekam ich hierin eine große Lehre erteilt: In meinem Seminarraum ist eine Leinwand angebracht, die ich verwende, um Gruppen wichtige Filme vorzuführen. Diese Leinwand war nun kaputt und ich bat denjenigen, der sie mir verkauft hatte, zu kommen und sie zu reparieren.
Da ich an dem Tag, an dem er kam, gerade frei hatte, konnte ich ihm dabei zusehen, wie er sich abmühte, um sie wieder in Gang zu bringen. Immer wieder versuchte er, die automatische Abschaltung einzustellen, und entweder klappte sie oben und

dann unten nicht, oder umgekehrt. Das passierte wieder und wieder und wieder. Ich bewunderte diesen Mann, wie ruhig er blieb, wie total konzentriert und äußerlich völlig entspannt er nach der Lösung suchte. Ich fragte mich, wie ich in der Situation reagieren würde, und erinnerte mich, wie sehr es mich ärgert, wenn zum Beispiel das Diktiersystem Dragon mich nervt, weil es so unendlich viel falsch schreibt, und mich damit aus dem Fluss bringt.

Dieser Mann blieb aber völlig ruhig, so dass ich ihm meine Bewunderung aussprach und dazu auch selbstkritisch meinte, ich hätte mich wahrscheinlich schon geärgert.

Da hielt er inne, sah mich an und meinte: „Ich habe vor zwei Jahren meine Frau verloren. Sie hatte unheilbar Krebs und wusste, dass sie nicht mehr lange zu leben hatte. Wir haben zwei kleine Kinder, und ich musste tagsüber in die Arbeit gehen, um das Geld zu verdienen. Musste sie allein lassen. Dann starb meine Frau und nun muss ich alles ohne sie managen. Sie werden verstehen, dass mich da eine nicht funktionierende Abschaltautomatik nur relativ berührt." Ich war sprachlos. Welch einen Weg war dieser Mann gegangen! Wie muss es für seine Frau gewesen sein zu wissen, dass sie bald ihre kleinen Kinder allein lassen würde. Und für ihn, sie zu verlieren. Welch ein Preis!

Dieses Erlebnis machte mir wieder einmal deutlich, wie wichtig die richtige Reihenfolge ist – diesmal in Kurzform!:

Als erstes kommt Gott – oder wie auch immer wir das letzte notwendige Prinzip nennen wollen.

Dann die ewigen Gesetze, die unser Glück, unsere Fülle und Zufriedenheit absichern.

Drittens die Gesundheit.

Viertens die Familie.

Fünftens Freunde.

Sechstens der Beruf.

Siebtens die Ausgewogenheit von Beruf und Familie.

Achtens das Geld.

Halten wir diese Ordnung ein, gibt es keinen Raum für Gier, Unzufriedenheit oder gar Neid. Warum nicht? Weil wir bei dem Wesentlichen angekommen sind.
Und dies wird jeder bestätigen, der glücklich mit seinen Familienmitgliedern ist, und sie mit ihm. Besonders, wenn alle einen Sinn für das Wesentliche entwickelt haben und deshalb finden, dass sie genügend Zeit miteinander verbrachten, spannende Unternehmungen zusammen machten, und heute noch gerne und viel zusammen sind.

Fürsorge, Bescheidenheit und Achtung

Vor kurzem sprach ich meinen indischen Freund Ahmed und freute mich darüber, was soeben in seiner Familie gerade geschieht, denn hier geht das Wissen seines Vaters in die dritte Generation. Ahmeds Vater betreibt mit 86 Jahren (!) immer noch ein florierendes Geschäft mit Schmuck, Edelsteinen, Götterstatuen und -bildern. Ahmeds ältester Sohn öffnet gerade ein Geschäft in einem sehr guten Hotel in Bangalore und sein Großvater, sein Vater und sein Onkel unterstützen ihn. Sein Großvater sagte sogar zu seinem Enkel: „Wenn du am Anfang Probleme mit dem Zahlen der Miete hast, mache dir keine Sorgen, ich helfe dir gerne."
„Aber weißt du", sagte Ahmed und trank einen Schluck Kaffee, „das Wichtigste ist Achtung. Als mein Sohn klein war,

hatte er viel Kontakt zu einem *Watchman*, zu einem Wachmann. Er sprach aber immer nur von *Watchman* von ihm und nannte keinen Namen. Da sagte ich ihm, er müsse ihn beim Namen nennen und auch so von ihm sprechen – auch wenn viele andere dies nicht täten. Denn das Wichtigste im Leben sei die Achtung. Gerade, wenn dieser Mann ärmer sei, habe er besondere Achtung verdient, denn dies sei nicht nur sehr wichtig für den Wachmann, sondern mindestens so sehr für ihn, meinen Sohn. Denn erstens sind wir vor Gott alle gleich und zweitens kann Reichtum im Nu weg sein."

Darauf erzählte Ahmed seinem Sohn folgende Sufi-Geschichte (Sufismus ist eine spirituell ausgerichtete Strömung im Islam): „Es war einmal ein König, der war sehr, sehr reich. Eines Tages las er im Koran folgenden Satz: *Heute bist du der Reichste der Reichen, morgen schon kannst du der Ärmste der Armen sein.* Der König las dies und meinte, diese Aussage des Korans treffe auf ihn nicht zu, denn er sei so reich und zudem in Frieden mit allen Nachbarn, dass er nicht morgen der Ärmste der Armen sein könne.

Am nächsten Tag ging er in seinem großen Park spazieren, als er einen wunderschönen, bunten Vogel sah. Der König wollte diesen unbedingt fangen. Der Vogel hüpfte vor dem König her und lockte ihn so weit weg, dass die Wachen und Bogenschützen ihn nicht mehr sehen konnten. Da ließ er sich vom König fangen. Zunächst war dieser sehr froh. Plötzlich drehte sich das Spiel aber um: Denn nun hielt der Vogel ihn fest und hob ihn in die Höhe und flog mit ihm zu einer verlassenen Insel. Hier setzte er ihn ab. Völlig verlassen und nicht wissend, wo er hingekommen war, erkannte der König, dass er im Handumdrehen alles verloren hatte und sich nun darum kümmern musste, wie er hier überlebte. Er war zum Ärmsten der Armen geworden!

Nach 40 Tagen kam der Vogel wieder und brachte in zurück zum Palast. Der König war nun noch reicher geworden: Er hatte gelernt, wie schnell sich im Leben alles verändern kann und wie wichtig Dankbarkeit und Bescheidenheit sind.

Deshalb", meinte Ahmed, „sind Bescheidenheit, Fleiß, Zuverlässigkeit, Achtung und Dankbarkeit so wichtig. Alles kann jeden Moment weg sein. Wir bekommen aber alles wieder – beziehungsweise können es überhaupt ERHALTEN – wenn wir diese fünf Tugenden leben. Mein Vater verlor durch eine Flugzeugentführung all sein Hab und Gut, bekam es aber wieder, weil alle seine Geschäftspartner ihm zinslose Kredite gaben und hervorragende Geschäfte vermittelten.
Alles ist Gnade, deshalb ist Undankbarkeit Gott und mangelnde Achtung den Menschen gegenüber fast immer der Anfang vom Ende – oder bereits das Ende."

Viele Familien zerbrachen und zerbrechen, weil keine Familiensolidarität, keine Bescheidenheit, zu wenig Achtung und damit keine Fürsorge gelebt wurden und werden. Wir sollten uns immer daran erinnern, dass Geld kommt – und wieder geht. *Nur Bescheidenheit, Zuverlässigkeit, Achtung, Dankbarkeit und ETHIK* **kommen – und wachsen**. Sie sind deshalb das Wichtigste im Leben – so auch in jeder Familie. Sie sichern deren Bestand und sind die Basis für das eigene Glück. Besonders natürlich auch, wenn wir mit unserem Geld die Not anderer lindern, indem wir ihnen finanziell helfen. Deshalb ist Helfen und Spenden eine sehr wichtige Quelle der Freude.
Das heißt mit anderen Worten: Wenn Geld die *Voraussetzungen* schafft, damit wirklich Wichtiges möglich wird, dann hat es seinen richtigen Platz.

ANHANG

In Süddeutsche.de vom 11.7.2014 fand ich einen sehr interessanten Artikel von Jan Willmroth. Ich finde seine Überlegungen bezüglich des Sparens und der Einstellung der Deutschen dazu so wichtig, dass ich ihn als Anhang zu diesem Kapitel zitiere:

Der deutsche Sparer ist ein widersprüchliches Wesen. Im Vergleich zu seinen europäischen Nachbarn spart er überdurchschnittlich viel. Regelmäßig hebt er mehr als ein Zehntel seines verfügbaren Einkommens auf. In Europa haben die Bürger nur in der Schweiz, in Schweden und Luxemburg im vergangenen Jahr mehr auf die hohe Kante gelegt.

Was der Deutsche einmal auf die Seite getan hat, soll aber auf keinen Fall verschwinden. Deshalb deponiert er es am liebsten dort, wo er es sicher glaubt. Mehr als die Hälfte der Sparer steckt ihr Geld in Sparbücher, mehr als ein Drittel in Bausparverträge und in Lebensversicherungen. Oder gleich aufs Girokonto. Also dorthin, wo angesichts von Zinsen unterhalb der Inflationsrate vor allem eines sicher ist: dass hart erarbeitetes Geld mit der Zeit schwindet.

Das mag eine pauschale Beschreibung sein, basierend auf Durchschnittswerten und Beobachtungen. Doch sie verrät viel darüber, wie gering die Kultur der privaten Geldanlage in Deutschland entwickelt ist. Schlimmer noch: Sie entwickelt sich gerade in die falsche Richtung. Die Deutschen und das Sparen, das ist schon lange eine leidvolle Beziehung. Die Hyperinflation nach dem Ersten Weltkrieg besteht als kollektives Trauma fort. Die Verluste jener Zeit um die Jahrtausendwende, als der Neue Markt mit atemberaubenden Renditen lockte, Aktien sogar beim morgendlichen Brötchenkauf Thema waren und Tausende Anleger gute Teile ihres Vermögens an der Börse verzockten, sitzen immer noch tief.

Die Finanzkrise ab 2007 und die aktuelle Staatsschuldenkrise scheinen es noch verstärkt zu haben, das Gefühl: Wer Rendite sucht, ist den Finanzmärkten schutzlos ausgeliefert, den Ban-

ken, den Hedgefonds, all jenen, die in solchen Krisen die Hauptrolle spielen. Wer etwas kauft, dessen Risiken über die eines Sparkontos hinausgehen, bringt sein Geld schnell in Gefahr - diese Überzeugung hat sich ins Gedächtnis der Sparer eingebrannt. Und sie ist berechtigt, solange man zu wenig darüber weiß, was mit dem Geld passiert. Chancen erkennen, wo wirklich welche bestehen? Das ist anstrengend, es kostet Zeit, es kann überfordern.

Offenbar fehlt den meisten dazu auch die wichtigste Voraussetzung: der Wille, sich mit Finanzdingen zu beschäftigen. Die Fondsgesellschaft Union Investment veröffentlicht alle drei Monate eine Umfrage zum Anlegerverhalten in Deutschland. Nur ein Fünftel der 20- bis 59-Jährigen setzt sich gerne mit Finanzen auseinander. Das betrifft vor allem junge Menschen: 59 Prozent der Befragten zwischen 20 und 29 Jahren halten ihr Finanzwissen für unzureichend. Die Folge: Fast die Hälfte in dieser Altersgruppe legt großen Wert auf eine Empfehlung ihres Bankberaters. Warum selbst kümmern, wenn der Kollege bei der Sparkasse es übernimmt?

Gefälle zwischen Arm und Reich auch eine Frage des Wissens

Die Ergebnisse der Umfrage decken sich mit dem Stand der Forschung. In der Ökonomie ist das Finanzwissen von Privatleuten seit Jahren von immer größerem Interesse, wie die steigende Anzahl der Veröffentlichungen zeigt. Die weltweiten Finanzmärkte seien für kleine Investoren angesichts einer stark wachsenden Anzahl neuer Produkte und Dienstleistungen immer leichter erreichbar, schreiben die US-Ökonominnen Annamaria Lusardi und Olivia Mitchell in einer Metastudie über den aktuellen Stand der Forschung. Die These: Komplexere Märkte erfordern immer mehr Anlegerwissen - um Risiken einschätzen zu können und ihre Renditechancen zu erhöhen. Das klappt aber nicht.

Um das Wissen zu messen, stellen Wirtschaftsforscher rund um den Globus Privatanlegern drei simple Fragen:

Wie viel sind 100 Dollar bei einer Verzinsung von zwei Prozent pro Jahr nach fünf Jahren wert? Mehr als, weniger als, oder genau 102 Dollar? (Richtige Antwort: mehr)

Wenn die Rendite eines Sparbuchs bei einem Prozent liegt und die Inflation bei zwei Prozent, können Sie sich von dem dort hinterlegten Geld nach einem Jahr mehr, weniger, oder gleich viel kaufen? (Richtige Antwort: weniger)

Ist die folgende Aussage wahr oder falsch: Eine einzelne Aktie zu kaufen liefert in der Regel eine sicherere Rendite als ein Aktienfonds? (Falsch)

Jüngeren fehlt die Kreatitivtät beim Sparen

Das sind einfache Zusammenhänge, für die niemand spezielles Wirtschaftswissen braucht. Doch die Ergebnisse sind in vielen Industrieländern ernüchternd. Nur etwa jeder zweite Deutsche beantwortet alle drei Fragen korrekt. 37 Prozent antworten auf mindestens eine mit: „Ich weiß nicht." Eine ziemlich große Lücke, die aus mehreren Gründen ein großes Problem ist.

Erstens ist da der soziale Aspekt: Über Finanzwissen verfügen vor allem Reiche und Menschen mit höheren Bildungsabschlüssen, sie investieren auch geschickter. Weniger gebildete und ärmere Leute begehen eher Fehler, mit denen sie Geld verlieren, haben Forscher errechnet. Das Gefälle zwischen Arm und Reich ist also auch eine Frage des Wissens. Zweitens fallen finanziell Unbedarfte leichter auf Betrüger herein oder *lassen sich Zockerpapiere aufschwatzen, wie es in Bankfilialen tausendfach passiert.*

Der dritte Grund ist die demografische Entwicklung. Der Ökonom Hans-Werner Sinn sieht einen Sturm auf Deutschland zukommen. „Es ist sicher, dass der deutsche Staat in etwa 15 Jahren in eine fundamentale Finanzierungskrise rutscht", sagt er. Dann nämlich wird die Generation der Babyboomer in den Ruhestand gehen, also jene Menschen, die zwischen 1955 und 1970 geboren sind. Spätestens dann schwindet die Finanzierungsgrundlage des deutschen Rentensystems. Gerade junge Menschen sollte das motivieren, sich um die eigene Vorsorge zu kümmern. Wer früher spart, sorgt besser vor. Wer mehr über Finanzen weiß, plant eher für sein Alter und hat nachher Vorteile.

Doch ausgerechnet Jüngeren fehlt außer der Lernbereitschaft auch die Kreativität beim Sparen. Die langfristige Entwicklung sei geradezu alarmierend, schreibt etwa das Deutsche Aktieninstitut. Seit dem Crash nach der Jahrtausendwende haben fast vier Millionen Menschen der Börse den Rücken gekehrt, vor allem jüngere Anleger. Ein Paradebeispiel verpasster Gelegenheit: In dieser Zeit vervierfachte sich der Dax.

Die Ignoranz der vielen gegenüber finanziellen Dingen kann sich so zu einem gesamtwirtschaftlichen Problem auswirken, wenn sich nichts ändert. Sicher, es ist mühsam, über Geld nachzudenken. Wer sich aber nicht darin versucht, sollte sich in Zukunft auch nicht über niedrige Zinsen beschweren, über Rentenkürzungen oder falsche Beratung bei Banken und Versicherungen. Vielleicht ist es an der Zeit, schon Schulkindern beizubringen, was sie über die Finanzwelt wissen sollten.

10. Testament

Es nützt nun gar nichts, wenn Menschen noch so viel aufbauen, sich noch so sehr um ihre Kinder kümmern und sich um den Zusammenhalt der Familie bemühen: Sorgen sie sich nicht frühzeitig und KLUG um ihre Nachfolge, dann kann im Nu alles weg sein.
So ist es eine der wichtigsten Aufgaben eines Menschen, sich darum zu kümmern, was mit dem von ihm Aufgebautem nach seinem Tod geschieht.
Da in unserer Gesellschaft der Tod tabuisiert ist, – denn mit dem Verlust des Glaubens verlieren wir gewöhnlich auch einen adäquaten Umgang mit dem Tod –, so vermeiden viele, sich bewusst zu machen, dass auch ihr Leben ein Ende haben wird und sie sich mit dem auseinandersetzen müssen, was danach geschieht.
Unzählige Familien haben ihren Reichtum, ihren Wohlstand oder sogar ein bescheidenes Auskommen verloren, weil der Erblasser entweder überhaupt kein Testament hinterließ oder dies so ungünstig für alle beziehungsweise einige war, dass diese gegen die empfundene oder tatsächliche Ungerechtigkeit so lange klagten, bis alles verloren ging.
Manchmal ist das Testament zudem so unklug verfasst, dass ein großer Teil des Erbes an Steuern gezahlt werden muss und damit unwiederbringlich verloren ist, was bei einer klügeren Gestaltung hätten vermieden werden können.
Da ich kein Jurist bin, aber finde, dass eine fundierte Information unbedingt in ein Fürsorge-Buch gehört, bat ich meinen guten Freund und ausgezeichneten Juristen Dr. Thomas Fritz, einen Beitrag zu diesem Thema zu schreiben, in dem er ein absoluter Spezialist ist. So sind seine Bücher *Wie Sie Ihr Ver-*

mögen vernichten, ohne es zu merken* und *Wie Sie Ihre Familie zerstören, ohne es zu merken* sehr informativ und von einem breiten Publikum geschätzt und gefragt.
Hier nun seine wichtigen Ausführungen:

Text zu Kapitel 10 „Testament"
von Dr. Thomas Fritz

Das Vererben und Erben des Familienvermögens hat immer sowohl eine materielle als auch eine zwischenmenschliche Seite. Wenn juristisch alles richtig gemacht und das Vermögen vielleicht sogar unter gewissen Gesichtspunkten „absolut gerecht" unter den Erben verteilt wird, so heißt dies noch lange nicht, dass alle Erben damit glücklich werden. Da genügt es schon, dass sich eines der Kinder, das sich „schon immer zurückgesetzt fühlte", zumindest beim Erben von den Eltern „endlich einmal etwas mehr Beachtung" erwartet hätte, um den Familienstreit auszulösen. Die Vielzahl der zwischenmenschlichen Fallstricke sind in meinem Buch „Wie Sie Ihre Familie zerstören – ohne es zu merken" dargestellt.
Oft genug geht es beim Vererben und Erben nur vordergründig um das Geld, tatsächlich aber um alte Gefühle, wie Liebe, Neid und Wut, die mit dem Erbe und der vermeintlichen Zurücksetzung aufbrechen. Aus diesem Grunde werden viele Erbstreitigkeiten so erbittert geführt und hinterlassen zwischenmenschlich „verbrannte Erde" bzw. zerstörte Familien.
Im Rahmen des oben erwähnten Buches wird die andere, nämlich die materielle Seite des Vererbens und Erbens betrachtet.

Dabei geht es – häufiger Fehler! – nicht um die Frage, ob viel oder wenig vererbt wird. Vererben und Erben hat nämlich nichts mit der Frage zu tun, ob es um ein sehr kleines oder sehr großes Vermögen geht. Vererben und Erben hat vielmehr fast ausschließlich mit Gefühlen zu tun, Gefühlen wie Bevorzugung, Benachteiligung, Begleichung alter Rechnungen (im emotiona-

len Sinne) etc. Wer also glaubt, seine Familie sei gegen Erbstreitigkeiten gefeit, weil es ja wenig zu vererben gäbe, der irrt – 100%ig. Gestritten wird um die Wohnzimmereinrichtung genauso gut und intensiv wie um Unternehmen und Yachten.

„Muss ich überhaupt ein Testament machen und welche Alternativen gibt es zum Testament?" Die Antwort auf diese häufig gestellte Frage lautet: Es gibt tatsächlich einen Fall, in dem Sie zuverlässig kein Testament brauchen: nämlich, wenn Sie alleinstehend sind und ein Kind haben und dieses Kind alles Vermögen, das Sie haben, erhalten soll.

Aber selbst in diesem Fall ist ein Testament erforderlich, wenn Sie nicht ausschließen können, dass Ihr Kind vor Ihnen verstirbt. Und wer kann das schon ausschließen? Wer soll dann erben? Das ist testamentarisch zu regeln.

Hat der Erblasser kein Testament verfasst, bestimmt das Gesetz, welche Person wie viel erbt. Ob das, was das Gesetz vorsieht, aber gerade und ausgerechnet Ihrer Situation und Ihren Interessen entspricht, sollten Sie zumindest mit einem Berater ausführlich im Einzelnen durchgehen. Sollte sich dabei herausstellen, dass Sie tatsächlich kein Testament benötigen: Glückwunsch! Dass das aber bereits dann nicht mehr geht, wenn Ihr einziges Kind vor Ihnen verstirbt, haben wir oben bereits gesehen.

„Così fan tutte" – Richtig?

„Così fan tutte – so machen es alle" – nach diesem Titel der Mozart-Oper wollen viele das Thema Vererben so schnell wie möglich erledigen. Schon die Großeltern (so erinnern sie sich an Erzählungen der Eltern) hatten „das Berliner Testament gemacht". Und so hatten dann die Eltern wiederum das Gleiche getan. Und so schritten mit dem Kampfruf „So falsch kann das nicht gewesen sein" das Ehepaar Adam und Eva an einem verregneten Samstagnachmittag in eine kurze („bis zum Abendessen ist das erledigt") vernichtende Schlacht, ohne zu bedenken, dass es das eigene Vermögen ist, das hier vernichtend geschlagen wurde:

„Der Längerlebende von uns beiden wird Alleinerbe. Nach dem Tod des Längerlebenden erben die Kinder zu gleichen Teilen. Gezeichnet Adam und Eva." Der Text wird, „damit alles seine Richtigkeit hat", mit der Maschine, die Unterschriften von Hand geschrieben, das Ganze rein in den heimischen Safe und dem Spruch der Großeltern „In der Kürze liegt die Würze" ist auch noch Rechnung getragen.

Die Folgen sind verheerend. Als der wesentlich ältere Adam als erster verstirbt, stellt sich heraus, dass das beträchtliche Immobilienvermögen ausnahmslos alleine auf Adam in den Grundbüchern eingetragen ist. Da die Kinder durch die Bestimmung „der Längerlebende wird Alleinerbe" nichts bekommen und durch die traditionelle Pflichtteilsstrafklausel „Das Kind, das nach dem Erstversterbenden seinen Pflichtteil fordert, erhält auch nach dem Tod des Längerlebenden von uns beiden nur seinen Pflichtteil" ihren Pflichtteil auch nicht geltend machen, erhält Eva das Gesamtvermögen von 7,5 Mio. Euro und damit die Belastung mit ca. 1,5 Mio. Erbschaftssteuer. Bei besserer Strukturierung des Vermögens und sofortiger Beteiligung der Kinder als Miterben nach dem Tod von Adam hätte man die Steuerpflicht von Eva auf 0,5 Mio. (!) senken können und die Kinder hätten unter Beachtung des Erbschaftssteuerfreibetrages überhaupt keine Steuern bezahlt.

1 Mio. Euro Steuern verschenkt, wo Adam doch immer so genau war und auf jeden Pfennig geachtet hatte! Insgeheim gab Eva den Großeltern und Eltern die Schuld dafür, dass

diese Adam und Eva (man beachte die jetzt folgende Formulierung:) *„ein so schlechtes Testament vorgegeben hatten".*

„Così fan tutte" – der Herde folgen, funktioniert bei der Übertragung des Vermögens auf die nächste Generation überhaupt nicht. Abschreiben auch nicht. Als die Großeltern und die Eltern ihre Testamente gemacht hatten, waren diese gar nicht so falsch, damals allerdings unter ganz anderen Voraussetzungen: Zum einen war das Vermögen der Familie noch nicht so groß, zum anderen war es damals anders strukturiert und damit erbschaftssteuerrechtlich günstiger gestaltet, und zum Dritten hatten sowohl die Großeltern als auch die Eltern das Immobilienvermögen auf Adam nach dem sogenannten Einheitswert vererbt, der 1914 (!) für alle Immobilien festgesetzt worden war und dazu geführt hatte, dass bis 1995 auf Immobilien so gut wie keine Erbschaftssteuer bezahlt werden musste. Seit 1996 ist der Verkehrswert der Immobilie ausschlaggebend, wenn Immobilien vererbt werden. Kurz zusammengefasst kann man das sogenannte Berliner Testament als Relikt aus alten Zeiten bezeichnen, das auf die heutigen Lebensverhältnisse – sowohl erbrechtlich als auch erbschaftssteuerrechtlich – gar nicht mehr passt. Jedenfalls gilt: Ohne vorherige sorgfältige Beratung Hände weg von guten alten Traditionen!

> <u>Wichtiger praktischer Hinweis</u> auf die freundliche Ironie des Schicksals: Adam und Eva hatten ihr Testament auch formell falsch gemacht. Sie hätten den gesamten Text handschriftlich schreiben müssen. Dadurch, dass sie den Text mit Maschine geschrieben haben und nur handschriftlich unterschrieben hatten, war das gesamte Testament formungültig. Eva musste sich Adams Vermögen mit den Kindern teilen. Das hatte Adam gerade nicht gewollt. Dadurch zahlte Eva jetzt weniger, die Kinder dafür mehr Erbschaftssteuer.

Gibt es in letzten Dingen totale Gerechtigkeit?
Ausgleichung von Zuwendungen zu Lebzeiten des Erblassers

Wer von uns schafft es schon, seine Kinder gerecht und gleichmäßig zu behandeln? Manch einer kann behaupten „Ich habe meine Kinder immer gleichmäßig schlecht behandelt". Die meisten Eltern haben zumindest den Vorsatz, keines Ihrer Kinder zu benachteiligen. Dass sich trotzdem in so gut wie jeder Familie mindestens ein Kind emotional benachteiligt fühlt, ist eine Feststellung der Psychologie. Hierdurch aufgestauter Gefühle entladen sich erfahrungsgemäß häufig nach dem Tod der Eltern, wenn es ums Erben und Verteilen geht. Dementsprechend sollten wir versuchen, zumindest unsere materiellen Güter so gerecht wie irgend möglich auf die nächste Generation zu verteilen.

Beispiel: Adam und Eva haben 3 Kinder. Der älteste Sohn wird Pilot bei der Lufthansa, die seine Ausbildung zum Piloten finanziert und ihm anschließend lebenslang einen gutbezahlten Job garantiert. Die zweitgeborene Tochter heiratet mit 20 einen sehr wohlhabenden Unternehmer, wird Mutter von 5 Kindern und hat am elterlichen Vermögen kein vitales Interesse. Der jüngste Sohn von Adam und Eva ist künstlerisch begabt. Seine Studien an den Kunstakademien in Paris, London und New York verschlingen einen Großteil des Vermögens von Adam und Eva, die ihren Jüngsten Zeit ihres Lebens finanziell unterstützen. Als Adam und Eva ihr Vermögen zusammenzählen, um ein „möglichst gerechtes Testament zu machen", stellen sie fest, dass von den ursprünglichen 7,5 Mio. Euro Vermögen in den letzten 30 Jahren bereits über 3 Mio. Euro an den jüngsten Sohn Benjamin geflossen sind. Benjamin hat im Gegenzug das Haus seiner Eltern mit wunderschönen selbstgemalten Bildern ausgestattet, an denen sich die Eltern täglich von Herzen erfreuen. Trotzdem bleibt die Frage, wie ein „gerechtes Testament" der Eltern Adam und Eva aussehen soll.

James, der Älteste, Lufthansapilot, hatte von seinen Eltern nie etwas erhalten, noch verlangt. Elisabeth, die Mittlere, hatte zwar keine Ausbildungskosten verursacht, aber von Adam und Eva immerhin als Mitgift eine große Wohnung in Berlin im Wert von 500.000 Euro erhalten. Im Grunde genommen waren alle 3 Kinder zufrieden und die Eltern hätten testamentarisch ihr restliches Vermögen auch der Bahnhofsmission vererben können. Wenn sie aber dieses Vermögen an ihre Kinder übertragen wollten – und das wollten Adam und Eva – dann stellte sich die Frage, ob und gegebenenfalls in welchem Umfang das, was sie Benjamin und Elisabeth bereits zu ihren eigenen Lebzeiten hatten zukommen lassen, im Testament berücksichtigt werden sollte.

*Das Thema der sogenannten **Ausgleichung von lebzeitigen Zuwendungen** ist eines der schwierigsten Themen im Erbrecht, zu dem es wenig gesetzliche Regelungen und relativ viel Rechtsprechung gibt. Bei Zuwendungen zu Lebzeiten der Eltern gibt es die klassische Ausstattung, die Aussteuer, die Ausbildungskosten, aber auch sonstige Zuwendungen, wie beispielsweise lebzeitige Schenkungen (zur Vermeidung späterer Erbschaftssteuern), monatliche Zahlungen an Kinder, Firmenübergabe an eines der Kinder etc. Die Liste der denkbaren Möglichkeiten ist lang. Das Gesetz gibt nur eine unzureichende Regelung für den Fall, dass der Erblasser testamentarisch nichts geregelt hat. Da ist der Streit zwischen den Kindern geradezu vorprogrammiert. Und am Ende stehen dann Gerichtsurteile, die zumindest von einem der Kinder als grob ungerecht angesehen werden. So kann jeder seine Familie postum zerstören, wenn ihm daran gelegen sein sollte.*

*Ansonsten sollten Sie alles, was Sie den Kindern zuwenden, schriftlich festlegen und sich diese Zuwendungen auch von den Kindern bestätigen lassen. **Und**, das ist ganz wesentlich: Das jeweilige Kind sollte sich in dieser Vereinbarung ausdrücklich damit einverstanden erklären, dass die jeweilige Zuwendung* *ihm auf sein Erbe angerechnet wird. Oder aber, wenn dies gerade nicht der Fall sein soll, soll in der Vereinbarung festgelegt werden, dass sowohl die Eltern als auch das jeweilige Kind sich darüber einig sind, dass eine Ausgleichung dieser Zuwendung (beispielsweise Schenkung einer Wohnung) ausdrücklich nicht auf das Erbe des jeweiligen Kindes angerechnet werden soll, also gerade nicht ausgleichungspflichtig sein soll.*

Bei Schenkungen, die einen großen Teil des Vermögens der Eltern ausmachen, können sich die Eltern auch im Gegenzug zur Schenkung einen sogenannten Pflichtteilsverzicht des die Schenkung empfangenen Kindes unterschreiben lassen. Dabei ist zu beachten, dass diese Pflichtteilsverzichtserklärung notariell beurkundet werden muss, um wirksam zu sein.

Natürlich erscheint es uns allen etwas lebensfremd, dass wir uns bereits in jüngeren Jahren mit der Frage beschäftigen sollen, ob Zuwendungen an unsere Kinder bei unserem Tod einmal ausgeglichen werden sollen. Sie tun sich, Ihren Kindern und dem Familienfrieden aber den allergrößten Gefallen, wenn Sie gerade dies tun. Unser Lebensende ist von unseren Planungen unabhängig. Diese Tatsache sollten wir zu unserem Freund machen.

Auslandsvermögen

Jeder Staat hat ein eigenes Erbrecht. Dabei sind die erbrechtlichen Regelungen in den einzelnen Ländern teilweise extrem unterschiedlich. So gibt es beispielsweise in manchen Ländern überhaupt kein Pflichtteilsrecht, in anderen Ländern (z.B. Monaco) können Sie auf Ihren Pflichtteil noch nicht einmal verzichten, wenn Sie dies wollen. Wenn Sie Vermögen in verschiedenen Staaten haben, dann müssen Sie diese verschiede-

nen Erbrechte im ungünstigsten Fall allesamt berücksichtigen. Es kann aber durchaus möglich sein, dass Sie tatsächlich alles nach deutschem Erbrecht vererben können. Um festzustellen, welche nationalen erbrechtlichen Regelungen betreffend Ihr ausländisches Vermögen gelten und wie Sie darauf Einfluss nehmen können, dass deutsches Erbrecht gilt, müssen Sie vorher die entsprechenden genauen Untersuchungen anstellen (Vergleich von Staatsverträgen, internationalem Privatrecht) und gegebenenfalls eine ausdrückliche schriftliche Rechtswahl treffen. Bei Auslandsvermögen heißt es daher noch mal mehr: Ohne professionelle Beratung verkommt das Vererben zum Lotterie Spiel – das Risiko liegt bei den Erben.

Unternehmerische Todsünde:
In der Nachfolge Pattsituationen schaffen

Keines unserer Kinder soll sich benachteiligt fühlen. Diese durchaus ihrem Wertebedürfnis entsprechende Regelung kann bei der Vererbung von Firmenvermögen zu katastrophalen Folgen führen. Nehmen wir als Beispiel den Unternehmer Groß, der sein Testament wie folgt macht: „Sollte ich sterben, bevor ich mein Unternehmen zu meinen Lebzeiten übergeben habe, so verfüge ich für diesen Fall von Todeswegen, dass meine beiden Söhne, jeder zu 50 %, Gesellschafter meiner Groß-GmbH werden." Herr Groß stirbt noch bevor er seine Firma übertragen kann und hinterlässt zwei Söhne, die sich gegenseitig nicht über den Weg trauen. Da laut dem Gesellschaftsvertrag die Stimmrechte den Gesellschaftsanteilen folgen, hat keiner der beiden Söhne die Stimmenmehrheit. In der Praxis heißt das: Wenn einer der beiden Söhne einen Beschluss herbei führen will (Bespiel: Die Firma kauft einen neuen Tanklastzug), dann stimmt der andere Sohn dagegen. Dies führt zu dem Ergebnis, dass in der Firma keinerlei Beschlüsse mehr gefasst werden können, auch wenn dies eigent-

lich dringend nötig wäre, um die Firma weiterzuentwickeln oder zumindest am Leben zu erhalten. Da aber unternehmerische Entscheidungen nicht mehr gefällt werden können, geht die Firma über kurz oder lang pleite.

Nicht zuletzt im Interesse der im Unternehmen arbeitenden Personen müssen Sie sich deshalb bei der Unternehmensnachfolge überlegen: Soll meine Firma nach meinem Tod von der nächsten Generation übernommen werden? Wenn Sie das nicht wollen, dann müssen Sie ihr Unternehmen rechtzeitig verkaufen, weil die nächste Generation sonst nach Ihrem Tod wahrscheinlich nur noch einen Bruchteil des Unternehmenswertes erlösen kann. Oder aber Sie setzen unternehmerisch die Prioritäten und verteilen die Gesellschaftsanteile so, dass einer der Kinder den Stichentscheid hat, wenn sich die beiden Söhne nicht einigen können. Damit dies nach Ihrem Tod auch so funktioniert, muss zuvor die Satzung überprüft werden und entsprechend die Abstimmungsregelung angepasst werden – und zwar bereits zu Ihren Lebzeiten!

Testamente von Geschiedenen und Wiederverheirateten

Nahezu jede zweite Ehe wird geschieden. Viele Geschiedene heiraten wieder und bringen ihre alten Kinder mit in die neue Ehe. Ebenso tut dies häufig der neue Ehegatte. Dabei kommt die sog. Patchwork-Familie heraus. Hier entstehen ganz neue, zusätzliche Konkurrenzen:

Durch diese Konkurrenzen zwischen den verschiedenen Familiengruppen ist auch hier der Streit vorprogrammiert. Nur durch eine professionelle Testamentsgestaltung können die wirtschaftlichen Interessen der einzelnen Familienmitglieder und der Familienfrieden gewahrt werden. Dabei werden auch folgende Fragen geklärt und umgesetzt:

Wer soll erben, wenn der erste Ehegatte stirbt? Der neue Ehegatte oder ausschließlich die eigenen Kinder? In der Regel wird versucht, dass zunächst einmal der neue Ehegatte wirtschaftlich abgesichert ist, also Alleinerbe wird. Was aber geschieht nach dessen Tod? Soll dann das Vermögen des Erstverstorbenen gleichmäßig auf alle Kinder verteilt werden oder nur auf die eigenen, „alten" Kinder des Erstverstorbenen? Diese Fragen müssen in einem Testament ausdrücklich festgezurrt werden und zwar – wenn dies gewünscht ist – so, dass der länger lebende Ehegatte diese Regelungen nicht mehr verändern kann. Dies kann teilweise auch dadurch geschehen, dass der länger lebende Ehegatte als sog. **Vorerbe** eingesetzt wird: Als Vorerbe kann der länger lebende Ehegatte dann über das, was er als Vorerbe erhält, nicht mehr von Todeswegen verfügen, sodass nach seinem Tod das vom Erstversterbenden Geerbte sozusagen automatisch an die Kinder des Erstversterbenden übergeht. Wenn der Längerlebende als sog. nicht befreiter Vorerbe eingesetzt wird, kann er das Geerbte noch nicht einmal verbrauchen, sondern nur die Früchte des geerbten Vermögens (z. B. Mieteinnahmen) erhalten. Die Substanz des Vermögens des Erstverstorbenen geht dann in vollem Umfang nach dem Tod des Längerlebenden auf die Kinder des Erstverstorbenen über.

Einfacher ist es, wenn einer der beiden neuen Ehegatten keine Kinder hat. Zwar muss auch in dieser Konstellation der länger lebende Ehegatte wirtschaftlich abgesichert werden, nach dem Tod des länger lebenden Ehegatten geht dann aber in der Regel das Vermögen bzw. der größte Teil des Vermögens an die einseitigen Kinder des Erst- bzw. Zweitversterbenden. Es entfällt also die Konkurrenzsituation zwischen den Kindern des einen und den Kindern des anderen Ehegatten.

Eheverträge und Erbrecht

Wer professionell vererben will, muss neben dem Erbrecht auch das eheliche Güterrecht berücksichtigen. Wenn Sie keinen Ehevertrag geschlossen haben, dann gilt das gesetzliche Güterrecht der sog. Zugewinngemeinschaft. Sie können aber – und zwar auch während der Ehe – den Güterstand der Gütertrennung oder den der Gütergemeinschaft (letzteres wird kaum noch praktiziert) wählen.

Wenn Sie – insbesondere als Unternehmer – sog. dynamisches Vermögen haben, das heißt Vermögen, das sich in Umfang und Zusammensetzung schnell ändern kann, dann sollten Sie von Zeit zu Zeit (alle drei bis fünf Jahre) sowohl Ihren Ehevertrag als auch Ihr Testament daraufhin überprüfen (lassen), ob beides noch Ihren wirtschaftlichen Interessen und den Interessen Ihrer potenziellen Erben entspricht.
In meinem Buch Wie Sie Ihr Vermögen vernichten, ohne es zu merken *ist der Fall geschildert, wonach ein Kunsthändler namens Friedel Piccali bei seiner Verheiratung (beide Ehegatten fangen bei einem Vermögen von null an) aus purer Angst, dass er später einmal von seiner Frau im Rahmen eines Scheidungsverfahrens übervorteilt werden könnte, den Güterstand der Gütertrennung vereinbart hat. Und auch dies war (siehe oben) der Rat seines Vaters, der in zwei Scheidungen einen Großteil seines Vermögens verloren hatte. Und auch in diesem Fall funktionierte die Berücksichtigung des Rates des Vaters durch den Sohn nicht.*

> Unser Kunsthändler Friedel Piccoli vereinbarte den Güterstand der Gütertrennung und machte anschließend glänzende Geschäfte. Anders jedoch als die Ehen seines Vaters wurde seine Ehe nicht durch Scheidung beendet, sondern dadurch, dass ihm während einer Kunstauktion ein schweres Kunstobjekt auf den Kopf fiel und ihn tötete. Zum Zeitpunkt seines Todes hatte Friedel Piccoli

€ 10.000.000,00 Vermögen angesammelt. Aufgrund der ehevertraglichen Vereinbarung der Gütertrennung musste Friedels Frau diesen Zugewinn versteuern und ca. € 1.000.000,00 Steuern zahlen. Wäre unser Friedel Piccoli weniger vatergesteuert gewesen, hätte er zumindest in seinen späteren, geschäftlich erfolgreichen Jahren seine Ehe- und erbrechtliche Situation einmal überprüfen lassen und dabei festgestellt, dass er bei einer nachträglichen Änderung seines Güterstandes von der Gütertrennung auf die gesetzliche Zugewinngemeinschaft seiner Frau im Falle seines Todes fast € 1.000.000,00 Steuern erspart hätte! Im Fall der Zugewinngemeinschaft hätte seine Frau bei seinem Tod kaum Erbschaftssteuern zahlen müssen.

Erbrecht und andere Rechtsgebiete

So wie eine professionelle erbrechtliche Analyse neben dem Erbrecht auch das eheliche Güterrecht berücksichtigen muss, muss sie auch andere Rechtsgebiete in die Überlegungen mit einbeziehen. Dies ist vor allem das Steuerrecht, wie ja bereits in den vorstehenden Ausführungen deutlich wurde. Aber auch weitere Rechtsgebiete wie zum Beispiel das Sozialrecht und das Schenkungsrecht (frühere Schenkungen und ihre Folgen im Todesfall), sowie das Thema Lebensversicherungen und die Auszahlungen von Lebensversicherungen auf das Erbrecht.

Vorsorgevollmacht/Betreuungsverfügung/ Patientenverfügung

Schließlich noch ein wichtiger Hinweis: Ein intelligentes Testament muss durch zwei flankierende Maßnahmen ergänzt werden, damit Sie sich betreffend das Thema „rechtliche Vorsorge und Fürsorge" entspannt zurücklehnen können. Dazu das folgende Beispiel aus meinem Buch Wie Sie Ihr Vermögen vernichten ohne es zu merken *(Seite 149 ff):*

„Rudolf Jäger von Beruf erfolgreicher Headhunter, hatte mit Hilfe anwaltlicher Beratung ein perfektes Testament gemacht. Als er bei einem Jagdausflug in den USA von einem anderen Jagdgast mit einer Wildsau verwechselt wurde, durchschlug dessen Kugel seinen Kopf und machte ihn zum debilen Wrack. In weniger vornehmen Kreisen hätte ein herabfallender Dachziegel das gleiche Ergebnis bewirkt.

Rudolph Jäger erlangte nie wieder das Bewusstsein. Er konnte weder sprechen noch sich sonst irgendwie artikulieren. Auch war nicht sicher, ob er andere Personen auch nur teilweise verstehen konnte. Er lebte fortan, angeschlossen an einer Reihe von Maschinen, auf der Intensivstation eines Krankenhauses.

Seine Frau Jaqueline, ein früheres Fotomodel, war ihrem Rudolph bei dessen früherer Personalakquise-Tätigkeit immer erfolgreich zur Hand gegangen. Geschäftlich jedoch war sie unerfahren und mit der jetzt eingetretenen Situation völlig überfordert. Ein eilig zusammengetrommeltes Gespräch zwischen ihr, Rudolphs Rechtsanwalt, seinem Steuerberater und seinem Banker ergab, dass Rudolph Jäger zwar ein perfektes Testament gemacht hatte, dies aber jetzt nichts nützte, weil er nicht tot war. Alles andere, was seine Frau in der jetzigen Situation gebraucht hätte, hatte Rudolph Jäger komplett vergessen".

Generalvollmacht

Nötig gewesen wäre zunächst einmal eine sogenannte Vorsorgevollmacht. Diese ist eigentlich eine Generalvollmacht für den Fall, dass der Vollmachtgeber in Folge unvorhergesehener

Umstände, z. B. eines Gehirnschlags, eines Unfalls oder altersbedingter Demenz in einen Zustand gerät, in dem er nicht mehr geschäftsfähig ist.

Hätte Rudolph Jäger in unserem Fall seiner Ehefrau eine solche Vorsorgevollmacht erteilt, so hätte Frau Jäger mit dieser Vorsorgevollmacht alle Geschäfte, einschließlich der Bankgeschäfte ihres Mannes tätigen können.

Innerhalb einer solchen Vorsorgevollmacht wird in der Regel auch eine sog. Betreuungsverfügung erteilt. Diese Betreuungsverfügung geht zugunsten der gleichen, bevollmächtigten Person und legt fest, dass auch für den Fall eines gerichtlichen Betreuungsverfahrens (das durch die Vorsorgevollmacht eigentlich vermieden werden soll, aber nie ganz ausgeschlossen werden kann) die gleiche Person, nämlich der/die Bevollmächtigte für den nicht mehr Geschäftsfähigen tätig werden soll/darf.

Die Vorsorgevollmacht (inklusive Betreuungsverfügung) ist in unserer Zeit, in der wir alle körperlich wesentlich älter, aber gegen Ende unseres Lebens auch dement werden können, genauso wichtig wie das rechtzeitig (nämlich noch bei klarem Bewusstsein) abgefasste Testament. Wer eine solche Vorsorgevollmacht nicht erteilt, riskiert, dass im Falle seiner Geschäftsunfähigkeit völlig wildfremde Personen (sog. Berufsbetreuer) sämtliche wesentlichen Entscheidungen für ihn treffen, während gutmeinende Ehegatten, Verwandte, Freunde etc. nicht mehr für ihn entscheiden dürfen.
Natürlich wird ein Betreuungsgericht in der Regel den Angehörigen die Betreuung erteilen wollen. Bereits aber in dem Moment, in dem zwei konkurrierende Personen aus der gleichen Familie auftauchen (beispielsweise Ehefrau von Rudolph Jäger, aber auch dessen Schwester), wird das Gericht – um solche Konkurrenzen und damit ständige Ärgernisse auszu-

schließen – einen neutralen, das heißt in der Familie und der Familie gegenüber völlig fremden und unbeteiligten berufsmäßigen Betreuer einsetzen. Dies führt dann dazu, dass sowohl mangels Kenntnis der familiären und persönlichen Strukturen als auch aus Zeitmangel (solche Personen müssen – um davon leben zu können – eine Vielzahl von Betreuungen gleichzeitig führen) Entscheidungen falsch oder erst mit langer Zeitverzögerung gefällt werden.

Dies gilt insbesondere im unternehmerischen Bereich: Wenn ein Unternehmer keine Vorsorgevollmacht in seinem „Notfallkoffer" hat, in dem sämtliche Abläufe und Personen für den Notfall vorbestimmt sind, riskiert er damit einen schnellen Konkurs seines Unternehmens. Ein gesetzlicher Betreuer müsste für so gut wie jede unternehmerische Entscheidung die Zustimmung des Betreuungsgerichtes einholen, mit der Folge, dass es keine zügigen unternehmerischen Entscheidungen mehr geben könnte. Vielmehr müsste das Betreuungsgericht sich immer externe Gutachter zukaufen, um betriebswirtschaftlich relevante Entscheidungen im Unternehmen abzusegnen oder nicht.

In meinem Buch „Gezielte Vermögensnachfolge durch Testament und Schenkung" sind gerade die unternehmerischen Notwendigkeiten und Feinheiten bei Vorsorgevollmachten sehr detailliert dargestellt.

Patientenverfügung

Ganz zu allerletzt noch ein kurzer Blick auf Ihre ebenfalls notwendige sog. Patientenverfügung: Sie wurde früher oft fälschlicherweise als „Patiententestament" bezeichnet, was aber irreführend war, weil sie mit einem normalen Testament nichts zu tun hat. Vielmehr ist die Patientenverfügung eine Art

Vollmacht, um in Fällen wie dem von Rudolf Jäger, Entscheidungen über die Behandlung des die Patientenverfügung Unterzeichnenden zu treffen. Ganz kurz formuliert lautet das Herzstück der Patientenverfügung sinngemäß „Für den Fall, dass ich so krank sein sollte, dass ich keine Entscheidungen mehr fällen kann, und dann auf Dauer so krank bleiben sollte, dass eine Rückkehr in einen bewussten Zustand nicht mehr vorhersehbar ist, so ermächtige ich die folgenden Personen X, Y und Z, darüber zu entscheiden, ob lebensverlängernde Maßnahmen weitergeführt oder abgebrochen werden sollen." Der komplette Text einer solchen Verfügung ist natürlich wesentlich länger (auf ca. 2 bis 3 Schreibmaschinenseiten), so dass die vorstehenden Zeilen nur den Grundgedanken einer solchen Verfügung zusammenfassen, diese aber nicht ersetzen können.

Wer eine solche Patientenverfügung nicht vorsorglich unterzeichnet hat, riskiert, dass er über Jahre hinweg an Maschinen angeschlossen bleibt und niemand dazu befugt ist, ihn von seinem Leiden zu erlösen. Besonders deutlich wird dies bei Schädel-/Hirn-Patienten, die aufgrund eines Unfalls im Koma liegen, und bei denen nach einigen Monaten oder einigen wenigen Jahren klar ist, dass sie nie wieder das Bewusstsein erlangen werden. Wer solche jahrelangen Leidenswege sich und seiner Familie ersparen möchte, muss seine Patientenverfügung mit im Notfall-Portfolio haben.

Wenn Sie die vorstehenden Hausaufgaben erledigt haben, können Sie sich entspannt zurücklehnen und so weiter leben, wie es Ihnen gefällt. Herzlichen Glückwunsch!

(Falls jemand Dr. Thomas Fritz erreichen beziehungsweise konsultieren möchte, er ist in seiner Anwaltskanzlei in München unter der Nr. +49 89 - 178 30 72 zu erreichen. Seine Homepage lautet www.drthomasfritz.de).

11. TOD

Wie ich in meinem Buch *Danke Sai Baba* geschrieben habe, habe ich einige Erfahrungen mit dem Tod gemacht. Und trotzdem finde ich es irgendwie anmaßend, über ein so großes Thema zu schreiben.
Ich wurde aber durch so viele Aufstellungen dahin geführt, mich mit dem Tod auseinanderzusetzen, dass ich im Rahmen dieses Buches über Fürsorge darüber schreiben möchte.

Als erstes fiel mir in all den Aufstellungen mit dem Tod auf, dass er IMMER eine positive Funktion hat. Ich habe es noch nie erlebt, dass der Tod negativ war!
Interessant ist, was der Nobelpreisträger für Chemie Manfred Eigen (*1927) hierzu sagt: *Die Evolution bringt nichts hervor, was nicht irgendwie von Vorteil ist – dazu gehört auch der Tod.*
Nehmen wir ihn in seiner Bedeutung nicht ernst, dann blockieren wir uns.
So war dies bei Maria, die einen schweren Autounfall erlitt, der sie um ein Haar das Leben gekostet hätte. Durch ihr bewundernswertes Durchhaltevermögen und die große Leistung der behandelnden Ärzte überlebte sie.
Der Schock steckte ihr aber im wahrsten Sinne des Wortes in den Knochen. Sie wollte sich deshalb unbewusst gegen den Tod wappnen und setzte auf Macht und weniger auf Beziehung (s.w.u. zum Thema Stierkampf).
Diese Haltung blockierte sie und machte es ihr schwer, in Beziehung zu gehen.
Als sie den Tod zusammen mit Aktivität, Passivität, Beziehung und Macht aufstellte, erlebte sie, welch große Bedeutung er für

sie hatte, wie wichtig er in ihrem Leben war, und dass sie ihn nicht verdrängen konnte.
Kaum setzte sie sich mit dem Tod auseinander, geschah etwas sehr Überraschendes: Sie löste sich von der Macht und der Passivität und wandte sich der Aktivität und der Beziehung zu.
Dies blieb auch so, denn sie führt bis zum heutigen Tag eine hervorragende Ehe mit ihrem Mann, der sie von Herzen liebt und sehr achtet.

Wie sehr der Tod von Vorteil ist, sehe ich auch, wenn es um die Behandlung von Süchten geht. Ich habe gelernt, hierbei die Sucht (zum Beispiel Rauchen, Trinken, Drogen) aufzustellen, und dazu das Leben und den Tod. Hierbei erweist sich der Tod fast immer als großer Lehrmeister.
Hat jemand bis dahin völlig unbekümmert seine Gesundheit und damit sein Leben aufs Spiel gesetzt, so zeigt ihm nun der Tod, wie wenig frei er ist, beziehungsweise wie sehr er sich bereits in den Fängen des Todes befindet. Das löst fast immer einen heilsamen Schock aus, denn der Aufstellende sieht nun deutlich, dass er eine absolute Illusion lebt, dass er überhaupt nicht sein Leben lebt, sondern näher beim Tod als beim Leben ist – dies besonders, wenn das Leben weit weg von ihm steht.

Damit macht der Tod etwas Erstaunliches, was ich so erst einmal nicht gedacht hätte: Er macht deutlich, **wie wichtig das Leben ist**. Ich habe noch nie eine Aufstellung erlebt, in der dies nicht herausgekommen wäre.
Deswegen veränderte sich mein Bild grundlegend.
Durch meine Amöbenruhr, die ich mir in Indien geholt hatte, habe ich dreimal mit dem Tod zu tun gehabt. Zweimal starb ich aus Erschöpfung fast und wurde auf wundersame Weise zurückgeholt. Ich erinnere noch genau den Blick auf ein großes Licht. Dieses Hinübergehen war ganz einfach: Durch die große Erschöpfung brachen offensichtlich meine Lebensfunktionen zusammen. Ich habe genau das erlebt, was der Philosoph und

jahrelange Leiter der platonischen Akademie Arkesilaos (315 - 241/240 v. Chr.) beschreibt: *Der Tod ist unter allem, was man für übel hält, das einzige, das, wenn es gekommen ist, nicht schmerzt und nur betrübt, solange es nicht da ist.*
Entsprechend schrecklich empfand ich es, als ich im Krankenhaus behandelt wurde und spürte, wie ich es langsam nicht mehr schaffen würde. Da fiel mir ein, was ich nicht zu Ende führen würde: Die Beziehung mit meiner Frau Constanze und das Schreiben meines Beziehungsbuches. Dann überlebte ich diese Nacht doch, und bin deshalb sehr dankbar, diese zweite Chance bekommen zu haben. Wegen dieses Erlebnisses bin ich ein entschiedener Gegner der Todesstrafe, denn erstens heißt es in der Bibel LAPIDAR: *Du sollst nicht töten.* Dies bezieht sich nicht nur auf Menschen, wie wir den Ausführungen von Sogyal Rinpoche (*Das Tibetische Buch vom Leben und vom Sterben*, S. 439) entnehmen können: *Gemäß der Lehre des Buddha ist alles Leben heilig. Leben nicht zu zerstören, gehört zu den grundlegenden Richtlinien menschlichen Verhaltens.*
Zweitens dürfen Menschen nie etwas verfügen, das sie bei einer Fehlentscheidung nicht mehr korrigieren können. Drittens brauchen Menschen stets eine neue Chance im Leben, und viertens ist es für die Richter, den Henker und alle sonst Beteiligten karmisch höchst bedenklich, was sie sich da aufladen.

Ich habe gelernt, den Tod als großen Gebieter anzusehen, mit dem man auf keinen Fall leichtfertig umgehen darf, denn er ist – man mag es kaum glauben! – der treue Begleiter des Lebens. Deshalb glaube ich auch nicht, dass wir das Recht haben, Tiere zu töten – besonders keine Säugetiere (siehe oben: *Du sollst nicht töten!).*
Das Leben ist ein äußerst kostbares Gut und wir haben die Verpflichtung, mit unserem und mit dem Leben aller Mitgeschöpfe mit größter Achtung umzugehen.
Deshalb riskierte Jesus sein Leben, als er die Händler aus dem Tempel trieb: Er tat es der Opfertiere wegen, die hier zuhauf

verkauft wurden, um anschließend geschlachtet zu werden. Dabei brachte Jesus die mächtigen Händler und Priester im Tempel gegen sich auf, die nicht ruhten, bis sie ihn vernichtet hatten, da er eine Bedrohung für ihr äußerst lukratives Geschäft war. Dass er das Leben der Opfertiere bewahren wollte, kostete ihn selbst sein Leben.

Sind wir heute sehr viel weiter? Im Tempel von Jerusalem wurden so viele Tiere geschlachtet, dass es großer unterirdischer Abwasserkanäle bedurfte, um das viele Blut abfließen zu lassen. Damals waren die Menschen gläubig und töteten die Tiere de facto aus ihrem Aberglauben heraus: Sie wollten den Gott, der alles geschaffen hat, sich dadurch gewogen stimmen, dass sie seine Geschöpfe für ihn töteten. Ein absurder und wenig versteckter Egoismus, denn es ging nur darum, die eigenen Interessen zu verfolgen.

Heutzutage sind viele Menschen nicht gläubig, schlachten die Tiere aber weiterhin aus Egoismus, denn sie denken dabei an ihren Genuss und ihr Wohlergehen – so essen zum Beispiel die Deutschen im Durchschnitt 60 Kilo Fleisch pro Person pro Jahr.

Das kostet 641.948.000 Hühner, 58.350.000 Schweine, 37.700.000 Puten, 25.460.000 Enten, 3.244.000 Rinder, 1.085.000 Schafe, 530.000 Gänse und 29.000 Ziegen jedes Jahr in Deutschland das Leben! (Aus heute.de vom 9.1.2014). Die USA schlachten 10.000.000.000, das sind 10 Milliarden Tiere pro Jahr! (vgl. Melanie Joy, 2013, S. 29).

DIE ACHTUNG DEM TOD GEGENÜBER

Hinter dem vielen Schlachten steckt meiner Ansicht nach ein Kampf gegen den Tod. Man denkt unbewusst: „Wenn ich Gott dieses Tier opfere, dann tut er mir nichts." Besonders deutlich wird dies, wenn wir uns die Menschenopfer bei den Inkas und Azteken ansehen. Sie führten Kriege, um immer wieder neue Gefangene für diesen schrecklichen Ritus zu bekommen. Die

Priester rissen ihnen, wie wir wissen, bei lebendigem Leibe das Herz aus der Brust, um ihren Gott gewogen zu stimmen, von dem sie offensichtlich eine solch grausige und wahnsinnige Vorstellung hatten, dass Er ihr Leben fordern würde, wenn sie Ihm nicht das Leben anderer opferten.
In diesem Lichte sind auch die anschließenden Gräueltaten der Spanier zu sehen: Hier hatten sich Völker eine große Schuld aufgeladen, weswegen sie von ihrem Schicksal her hilflos den ebenso brutalen Spaniern ausgeliefert waren.
In genau dem gleichen Lichte sehe ich das Essen von Fleisch und das völlig unbekümmerte Umgehen der Menschen mit dem Leiden der Tiere. Was sagen die indischen Lehrer? „Esst keine Tiere, sonst bekommt ihr tierische Krankheiten wie Krebs, Herzprobleme und ähnliches mehr." Und sehe ich mir an, welch schrecklichen Operationen sich Menschen unterziehen müssen, dann sehe ich – besonders im Lichte dessen, was Vater und Sohn Campbell bewiesen haben –, dass unser Umgang mit dem Tod ANDERER für uns selber ungünstig ist.

Es ist absolut verständlich, wenn man sich die vielen Schicksalsschläge und Verluste ansieht, die Menschen immer wieder erleiden, dass sie sich einen Weg überlegen, wie sie mit dem Tod umgehen, wie sie ihn sogar meistern können.
Dies ist zum Beispiel auch der Gedanke hinter dem spanischen Stierkampf. Warum kämpft hier ein Volksheld – früher war es ein Angehöriger der Adelsschicht – gegen einen SCHWARZEN Stier? Weil dieser den Tod symbolisiert. Deshalb auch der gnadenlose und brutale Umgang mit dem mehr oder weniger chancenlosen Tier. Dieser Umgang soll sagen: „Wie du, Tod, mit uns umgehst, so gehen wir mit dir um. Sonst hast du Macht über uns, aber bei diesem deinem Vertreter haben wir die Macht über ihn und behandeln ihn ebenso unerbittlich, wie du vielfach uns behandelst."
Deshalb auch die für Außenstehende nicht nachvollziehbare Freude, wenn der Torero gekonnt den Stier reizt, seine Wut

und Wucht ins Leere laufen lässt, und am Ende das erschöpfte, blutüberströmte, chancenlose Tier mit dem Degen niederstreckt. Die Freude des Publikums, das auch nicht nur einen Moment Mitleid mit diesem armen Tier hat, rührt besonders aus dem Unbewussten heraus, diesen sonst so mächtigen Gegner nun in Form seines Repräsentanten besiegt zu haben.

Dies ist ähnlich einem Patient, der berichtete, welch maßlose Wut er auf seine Mutter habe, die immer krank war. Immer konnte sie nicht. Immer musste er Rücksicht nehmen. Dazu hatte er aber keine Lust. Er wollte eine Mutter wie all seine Freunde haben, die endlich mal für ihn da war – und nicht immer krank.
Er stellte in der Gruppe sich und seine Mutter auf und drückte ihr all die Wut aus, die er seit so vielen Jahren in sich hatte. Die Repräsentantin verstand ihn, konnte aber nicht anders. Nach zwei Tagen, als er berichtete, wie viel besser es ihm gehe, stellte er nochmals sich und die Mutter auf. Als nun offensichtlich ein neuer Schritt möglich war, bat ich ihn, einen Rollentausch mit der Mutter zu machen. Diese Technik habe ich aus dem Psychodrama in die Aufstellungsarbeit eingeführt. Er stand nun an der Stelle seiner Mutter und spürte ihren unendlichen Kummer darüber, dass sie so krank war und sie ihrem geliebten Sohn nicht mehr geben konnte. Als er wieder in seine Rolle zurückgetauscht war, verstand er nun seine Mutter und ihr schweres Schicksal und umarmte sie unter Tränen.
Mit diesem Beispiel möchte ich aufzeigen, wie wichtig es ist, sich in den Anderen hineinzuversetzen: Mensch oder Tier.

Man bedenke: Bis zu Konfuzius (551-479 v. Chr.) war es Brauch, dass, wenn der Kaiser starb, alle seine Diener und deren Angehörigen, alle seine Sklaven und die Tiere, die ihm gehörten, als Zeichen ihrer Loyalität zu ihm getötet wurden. Das war damals SELBSTVERSTÄNDLICH!! Konfuzius haben sie es zu verdanken, dass er als Justizminister mit großem persönlichem Einsatz diesem entsetzlichen Brauch ein Ende machte.

Der Tod schafft immer wieder großen Schmerz. Dem können wir aber nicht durch die Illusion entkommen, dass wir andere dafür zahlen lassen. Wir haben alle UNSER Schicksal, das wir annehmen oder ablehnen können. Der erste Schritt des Annehmens besteht darin, uns zu fragen, was das, was wir durchleben müssen, mit uns zu tun hat.
Hier ist eine Aufstellung von großer Hilfe, denn sie bietet uns die schier unglaubliche Möglichkeit, mit den Toten zu sprechen.
Diese Chance nutzte ein Mann, Christian, in einer meiner Gruppen. Er hatte offensichtlich sehr darunter gelitten, dass sein Zwillingsbruder bei der Geburt gestorben war. Zwillinge suchen ein Leben lang ihren Bruder oder Schwester, wenn sie ihn zum Beispiel im Mutterleib oder kurz nach der Geburt verloren haben und ihnen deshalb dieser große Verlust nicht bewusst ist.
Weil sie den Verlust nicht bewusst verarbeiten, bindet er viel Energie, die dann für ein frohes, glückliches Leben nicht zur Verfügung steht.
Christian suchte offensichtlich den Kontakt zu seinem Bruder, ohne sich dies einzugestehen. Das kann zu einer großen Last werden, die sich zum Beispiel bei Christian in Form von Unzufriedenheit und dem Gefühl des Nichtgenügens ausdrückte. Dies war ihm völlig unbewusst – weswegen wir erst durch eine Aufstellung überhaupt von der Existenz des toten Bruders erfuhren.
Kaum war dieser aufgestellt, ging diese Zwillingsbruder sehr liebevoll mit Christian um. Außerdem sagte er ihm, und dies berührte alle Beteiligten zutiefst, dass er, Christian, ihm den größten Gefallen damit machte, wenn er glücklich sei. Es sei eine große Gnade zu leben, deswegen sollten wir alle unbedingt glücklich sein!

Christian war von dieser Aufstellung sehr berührt, konnte seine Unzufriedenheit und das Gefühl, nicht zu genügen, loswerden und hat seitdem seine Lebenseinstellung absolut zum Positiven verändert.

Sollten nun alle eine Aufstellung machen? Dies ginge allein technisch nicht, denn woher sollten die ganzen TherapeutInnen kommen?
Wir können aber eine Gestaltarbeit machen. Wir haben sie bereits im Kapitel 4 kennengelernt. Zur Erinnerung: Wir stellen zwei Stühle einander gegenüber. Der eine Stuhl (A) symbolisiert den Fragenden, der andere (B) symbolisiert den Gefragten.
Wir setzen uns auf A und fragen B, was uns beschäftigt, worauf wir unbedingt eine Antwort haben möchten. Dann setzen wir uns auf B und sagen alles, was uns durch den Kopf geht.
Hier gibt es eine wichtige Regel: *Wollen wir eine entscheidende Antwort auf eine wichtige Frage bekommen, müssen wir 21 Antworten aufschreiben.* Warum das so ist, weiß ich nicht, aber es funktioniert. Deshalb sollten wir uns auch nicht mit den ersten ein, zwei Antworten auf dem Stuhl B zufrieden geben, sondern uns ‚leer machen', und aussprechen, was uns in den Sinn kommt. Entscheidend ist, dass wir nicht bewerten, dass wir alles willkommen heißen, dann kommt mit Sicherheit auch eine Antwort, die uns einen neuen Horizont eröffnet.

Um uns hier für mögliche neue Antworten öffnen zu können, sollten wir aber verstehen, dass der Tod eine ganz andere Bedeutung hat, als wir dies bisher gesehen haben. Ich kann nur von meinen Erfahrungen in unzähligen Aufstellungen sagen: In jeder war der Tod ein Freund und/oder Lehrer. Ich weiß, dies ist eine erstaunliche Aussage, und diese Bedeutung des Todes überrascht mich auch immer wieder.
Sokrates sagt dies deutlich in seiner Verteidigungsrede vor Gericht (vgl. Platon *Die Apologie des Sokrates* 40 b-c): *Es mag*

wohl, was mir begegnet ist (die Verurteilung), etwas Gutes sein, und unmöglich können wir Recht haben, die wir annehmen, der Tod sei ein Übel.

Lesen wir zudem die Berichte der Ärztin Elisabeth Kübler-Ross, so sehen wir, dass ihre Erfahrungen mit Sterbenden sich mit den beschriebenen decken (vgl. zudem das weise Buch des oben erwähnten Sogyal Rinpoche *Das Tibetische Buch vom Leben und vom Sterben*, das in der Hospizbewegung sehr verbreitet ist).
Wir müssen deshalb erkennen, dass das Leben ein Ganzes ist, in dem wir ein Teil sein dürfen. Zu diesem Teilsein gehört untrennbar der Tod. Und erstaunlich aber wahr: Der Tod IST der Freund des Lebens. Was wir auch daran sehen, dass für viele der Tod eine Erlösung ist – zum Beispiel bei unheilbaren Krankheiten, oder wenn Menschen sich in eine ausweglos scheinende Situation manövriert haben. So sagte Friedrich Nietzsche: *Der Gedanke über Selbstmord ist ein starkes Trostmittel: mit ihm kommt man gut über manche böse Nacht hinweg.* Gott sei Dank hat er nur an Selbstmord *gedacht* und ihn nicht begangen, denn wie viel Wichtiges wäre uns verloren gegangen, und wie sehr wäre er in seiner Entwicklung stecken geblieben. So sehr der Tod ein Freund sein mag, so sehr sollten wir ihn nicht frühzeitig als gewaltsame Lösung unserer Probleme suchen. Ich habe vielmehr festgestellt, dass noch so ausweglos scheinende Situationen sich gut lösen lassen, wenn wir die richtige Hilfe aufsuchen.

WIEDERGEBURT

Obwohl Sokrates, Platon, Buddha, Gandhi, der Dalai Lama oder Amma lehren, dass es eine Wiedergeburt gibt, ist dieser Gedanke in vielen Kreisen unserer Gesellschaft immer noch ein mehr oder minder großes Tabu.

Dabei ist der Gedanke der Wiedergeburt deshalb von Sokrates/Platon aufgegriffen worden, weil er LOGISCH NOTWENDIG ist. Wie soll man das Letzte Prinzip als das Agathon, das letzte Gute denken, wenn es uns Böses tut und/oder will? Welch eine Welt hat Gott als das absolute Gute geschaffen, wenn hier Menschen der „ewigen Verdammnis" anheimfallen können? Rein logisch geht das nicht, weil sie offensichtlich keine Chance der Erkenntnis hatten. Es ist zudem logisch absolut richtig, was Sokrates/Platon lehren: dass, **wer das Gute kennt, es auch tut**. Folglich gilt: Wenn jemand darin stecken bleibt, Böses zu tun, dann hatte er keine Chance, seine Fehler zu erkennen, weswegen er fälschlicherweise meint, Böses zu tun, bringe ihm AUF DAUER einen Vorteil. Was sich aber IMMER am Ende als falsch herausstellt – was man an den vielen Gefangenen und Verurteilten sehen kann, die sich offensichtlich etwas völlig anderes erhofft hatten!

Unter diesem Gesichtspunkt betrachtet, dass die Erkenntnis uns das Richtige tun lässt, bedeutet aber eine „ewige Verdammnis" nichts anderes als eine ewige Strafe. Dies wäre aber eine ewige Ungerechtigkeit, denn wie kann jemand EWIG für etwas bestraft werden, das er erstens nicht weiß und wofür er zweitens keine Chance hatte, es besser zu machen? Solch eine Ungerechtigkeit ist aber per definitionem mit einem allliebenden, absolut guten und gerechten Gott unvereinbar. Folglich kann es keine ewige Verdammnis geben.

Der Tod ist deshalb, wie Amma sagt, *nur ein Punkt zwischen zwei Sätzen*. Das Leben der Seele geht folglich nach dem Ablegen des Körpers weiter. **Und eben dadurch hat die Seele die Chance zu lernen**. Zudem erklärt die Wiedergeburt die angebliche Ungerechtigkeit in der Welt: Gemäß unserem Handeln (Sanskrit *Karma*) werden wir wiedergeboren. Die eine Seele wird zum Beispiel Prinz William, die andere der Bettler vor dem Buckingham Palace.

Nur die Lehre der Wiedergeburt erklärt, warum Gott wirklich gut und seine Schöpfung vollkommen ist.

Ich halte diese Lehre auch für einen Grund dafür, dass die Hindus und die Buddhisten so viel friedfertiger sind als die Christen und die Moslems. Hindus und Buddhisten lehren die Wiedergeburt und haben den Begriff der *Ahimsa*, der Gewaltlosigkeit. Es ist ein buddhistischer Spruch, der sagt: *Ich werde nicht dadurch größer, dass ich meinem Gegenüber den Kopf abschlage.* Will sagen: Es ist sinnlos, Probleme gewaltsam lösen zu wollen. Dies symbolisiert auch das Bild der Hydra, der aus dem Rumpf eines jeden abgeschlagenen Kopfes mehrere neue nachwachsen.

Gewaltsam ist aber auch die Vorstellung einer Hölle, die im Jenseits auf uns wartet: Kein Wunder, dass Menschen eine schreckliche Angst vor dem Tod haben, wenn sie befürchten müssen, danach für immer Höllenqualen ausgesetzt zu sein. Ich frage mich, wie viel Liebe hatten diejenigen, die dies behaupteten und damit Milliarden Menschen in Angst und Schrecken versetzten? Waren das vielleicht die gleichen, die behaupteten, man könne die Seele eines Menschen dadurch „retten", dass man ihn auf dem Scheiterhaufen verbrennt? Sind solche entsetzlichen Strafen nicht Beweis genug dafür, dass die Hölle hier auf Erden ist? Wozu dann noch die Wahnvorstellung, es gebe noch eine Hölle im Jenseits? Wie viele Höllen soll es denn noch geben? Und ist all das mit einem absolut guten Gott vereinbar? Wer leistete sich hier, und aus welchen Motiven heraus, diese absolute Unlogik?

Ich halte mich da viel lieber an die oben erwähnten hervorragenden und guten Menschen: Sokrates, Platon, Buddha, Gandhi, den Dalai Lama, Amma und Christus – bevor seine Lehre aus niederen Beweggründen im 5. Konzil unter Justinian verändert wurde. Ich spüre bei ihnen die Liebe, die Weisheit und die Fürsorge, deshalb glaube ich ihnen, wenn sie sagen:

Erstens, dass es eine Wiedergeburt gibt.
Zweitens, dass die Hölle hier auf Erden, im Jenseits dagegen das Paradies ist.
Drittens, dass wir den Tod nicht fürchten müssen, da er uns nur hilft, „ein altes Gewand abzulegen".

Dieses „alte Gewand" ist natürlich symbolisch gemeint, denn bei einem Kleinkind oder einem Jugendlichen ist der Körper natürlich kein altes Gewand. Wenn unsere Zeit aber abgelaufen ist, dann ist es egal, wie alt der Körper ist, die Seele verlässt ihn. Das ist mit „altem Gewand" gemeint.
Sokrates/Platon geben uns aber, wie alle anderen Weisen auch, einen Hinweis, wie wir unsere nächste Inkarnation positiv bestimmen können: Wir sollten viel Gutes tun, unserem Nächsten dienen und uns an die Kardinaltugenden halten, die wir bereits kennengelernt haben: *Wahrheit, Rechtschaffenheit, Fürsorge, Frieden und Gewaltlosigkeit*. Sie sind das beste „Ticket", um gut über den Tod zu einer nächsten Inkarnation zu gelangen.
Halten wir uns an diese wichtigen Ratschläge, dann ist der Tod tatsächlich nur ein Punkt zwischen einem guten und einem noch besseren Leben, womit deutlich wird, dass er wirklich unser Freund ist.

12. Gott

Eine Grundvoraussetzung für eine positive Beziehung zum Tod ist eine ebensolche zu Gott.
Haben wir es dagegen mit einem Rachegott, mit einem Gott zu tun, der all unsere Verfehlungen sieht, auflistet und anschließend – möglicherweise auch noch gnadenlos! – bestraft, der angeblich auffordert, die Ungläubigen zu vernichten und jeder Religion einredet, sie sei die allein seligmachende, dann ist es naheliegend, dass wir uns vor Ihm, seiner Welt, dem Tod und dem Danach fürchten.
Hier ist uns armen Gläubigen unendlich viel Schlechtes eingeredet worden: Die Gnostiker lehrten zum Beispiel, unsere Welt sei von einem abgefallenen Gott geschaffen und damit schlecht. Sie meinten, man könne diesen abgefallenen Gott am ehesten treffen, wenn man sich schlecht benehme, was zur Folge hatte, dass dort, wo die Gnosis die herrschende Theorie war, sich die Straftaten unglaublich vermehrten.
Die katholische Kirche lehrte, wir seien alle Sünder, viele vom Teufel besessen, besonders die gebildeten Frauen, die zu Hunderttausenden auf den Scheiterhaufen landeten. Aber auch Männern, die wie der kluge und mutige Giordano Bruno eine andere naturwissenschaftliche (!) Meinung hatten als die Kirche, erging es ähnlich. Giordano Bruno wurde 8 Jahre eingesperrt, gefoltert und anschließend verbrannt. Galileo Galilei entging dem bekanntlich nur knapp, und hatte bis zu seinem Tod Hausarrest.
Der Islam hat mit der Sharia einen mittelalterlichen Strafkodex, der vorschreibt, Dieben die Hände abzuhacken, Menschen öffentlich auszupeitschen, hinzurichten, und Frauen, die gegen ihren Willen verheiratet werden und aus dieser Ehe ausbre-

chen, entweder zu steinigen oder ihnen Nase und Ohren abzuschneiden.
Wenn man das liest, fragt man sich, wie Gott dies zulassen kann.

Diese Frage stellte ich mir auch – und ich wurde Atheist. Bis ich merkte, dass dies ebenfalls eine Glaubensform ist.
Und ich bemerkte noch etwas: Zu mir in die Gruppen kommen Menschen, die ich in unterschiedliche Kategorien einstufen kann:

- Erstens kommen Menschen mit einem ganz klaren Thema und wollen das gelöst haben: „Ich habe ein Problem im Beruf, in meiner Ehe, bitte lösen Sie diese", lautet – etwas verkürzt ausgedrückt – der Auftrag.

- Dann gibt es zweitens diejenigen, die eher diffuse Probleme haben, denen es irgendwie schlecht geht, und die dies ebenfalls gelöst haben wollen.

- Drittens kommen Menschen zu mir, die erst einmal kämpfen wollen. Am liebsten würden sie in der Gruppe bestimmen und vorgeben, was zu tun ist. Gewöhnlich erreiche ich diese Menschen nach einiger Zeit, und sie können ihr Kämpfen aufgeben und eine friedlichere Form des Miteinanders entwickeln.

- Viertens gibt es jene, die erst einmal schwer erreichbar sind, nach einer Weile aber Vertrauen aufgebaut haben und viel mitnehmen können.

- Fünftens gibt es Menschen, die weder ich noch die Gruppenmitglieder erreichen können, die das Seminar aufhören, aber nach einiger Zeit oder sogar Jahren wiederkommen, weil sie nun offen sind für das, was ich geben kann.

- Sechstens gibt es diejenigen, die gehen und nie wieder kommen.

Interessant für unser Thema sind die Menschen unter *fünftens*. Sie können erst einmal nicht einen einfacheren Weg gehen. Sie müssen sich noch einige Male im Leben die Nase blutig schlagen, bis sie merken, dass sie immer wieder in die gleichen Sackgassen geraten.

Besonders deutlich wird dies durch das, was die Geschichte uns lehrt: Beim ersten Weltkrieg zum Beispiel waren die Menschen noch begierig, in den Krieg zu ziehen. Diese Riesenkatastrophe hatte sie aber immer noch nicht so weit von diesem Wahnsinn geheilt, dass sie den Rattenfänger mit seinem idiotischen und verbrecherischen tausendjährigen Reich durchschaut hätten. Erst nach Millionen gefallenen, ermordeten oder anderweitig umgekommenen Menschen sowie tausenden zerstörten Städten waren die Menschen bereit, friedlich miteinander umzugehen und die vereinigten Staaten Europas aufzubauen. Wobei hier die Briten immer noch eine ziemliche Sonderrolle spielen. Bezeichnend dazu las ich im Flughafen Aberdeen eine Werbung mit folgendem Inhalt: *Very cheep flights to Europe – sehr billige Flüge nach Europa.* Obwohl diese Werbung ganz anders gemeint war, würde ich mich freuen, wenn die Engländer endlich im vereinten Europa ankämen.

Wie ich festgestellt habe, lernen Menschen „Basics" nur durch Leiden, oder gar durch Blut. Es ist ein sinnloses Unterfangen, den Ku-Klux-Klan-Mitgliedern klarmachen zu wollen, dass Schwarze Menschen sind – das muss man noch einmal bewusst lesen: dass Schwarze Menschen sind!

Genau aus diesem Grund gibt es die Wiedergeburt und das Leiden. Menschen, die sich auf einer ganz bestimmten Stufe befinden, lernen nur dadurch, dass sie in die Situation der Menschen kommen, denen sie völlig unbekümmert Leiden zufügen.

Was will man einem Menschen schon sagen, der davon überzeugt ist, dass man andere ethnische Gruppen niedermetzeln, Frauen vergewaltigen, Kinder entweder umbringen oder entführen und all diese Menschen als Sklaven verkaufen darf? Diese Menschen können den Spruch: „Versetze dich doch einmal in **seine/ihre** Lage!" nicht nachvollziehen, denn für sie gibt es kein Du, in das sie sich hineinversetzen könnten. Erlebe ich aber am eigenen Leibe, was es bedeutet, gelyncht, vergewaltigt zu werden, oder hilflos mit ansehen zu müssen, dass die eigene Frau vergewaltigt wird, beziehungsweise wie es sich anfühlt, wie ein Stück Vieh verkauft zu werden, dann gehe ich hier den langen Weg vom Täter zum Opfer und öffne damit mein Herz (sehr eindringlich zeigt dies der bereits erwähnte Film *Twelf Years a Slave*, der zudem – man kann es kaum glauben – auf einer wahren Geschichte beruht!).

Oder man hat die Gnade, weise beziehungsweise klug zu sein und verhält sich wie der Taoist Raymond Smullyan, der mit all den großen philosophischen und theologischen Fragen sehr entspannt umgeht. Er schreibt in seinem Buch *Das Tao ist Stille* (S. 5):

Um jeden Preis mussten die Christen Heiden und Atheisten von der Existenz Gottes überzeugen, um deren Seelen zu retten. Um jeden Preis mussten die Atheisten den Christen beweisen, dass ihr Glaube an Gott lediglich eine kindliche und primitive Einbildung war, die der Sache des eigentlichen gesellschaftlichen Fortschritts ungeheuren Schaden zufüge. Also kämpften sie und rannten und schossen sich gegenseitig über den Haufen.
Währenddessen sitzt der taoistische Weise ruhig an einem Fluss, hat vielleicht einen Gedichtband, Wein und sein

Malzeug bei sich und genießt frohen Herzens das Tao, ohne sich je darum zu sorgen, ob es existiert oder nicht. Der Weise muss seine Kraft nicht auf das Tao verwenden, er ist vollauf damit beschäftigt, es zu genießen!

Bemerkenswert ist, was Raymond Smullyan über den Taoisten schreibt: **Der Taoist ist jemand, der nicht so sehr danach sucht, was ihm fehlt, sondern das genießt, was er hat.**

Wie ich finde, eine sehr klare Beschreibung der Verbindung von Zufriedenheit und Glück – wohl die beste Form, sich an der Welt und dem Geschenk des Lebens zu freuen. Was uns direkt zu Fürsorge und Achtung führt, beziehungsweise zu Albert Schweitzers (1875-1965) Ethik, die er in vier Worten zusammenfasst: *Erfurcht dem Leben gegenüber*.

DIE VIER VERSCHIEDENEN ZEITALTER

In den Veden steht, dass die menschliche Entwicklung in vier verschiedenen Zeitaltern abläuft:

- Das erste ist das *Goldene Zeitalter* und dauert 20.000 Jahre. In dieser Zeit herrschen Wahrheit, Rechtschaffenheit, Fürsorge, Frieden und Gewaltlosigkeit.

- Das zweite ist das *Silberne Zeitalter*, das 15.000 Jahre dauert. In diesem werden die obigen fünf Kardinaltugenden bereits schwächer.

- Das dritte ist das *Bronzene Zeitalter*, das 10.000 Jahre dauert. Nun werden die fünf Tugenden nochmals schwächer.

- Das vierte ist das *Eiserne Zeitalter*, das 5.000 Jahre dauert. Hier sind alle fünf Kardinaltugenden in Gefahr. Dies ist leider genau unsere Zeit.

Bei dieser Aufzählung wird etwas deutlich: Wir haben keine Belege dafür, was vor 5.000, vor 15.000, 20.000 oder gar 45.000 Jahren wo auf der Erde wie geschah. Nur im kollektiven Unbewussten, das bereits im vorletzten Kapitel angesprochen wurde, haben wir Bilder des idealen Herrschers, der idealen Regierung, des goldenen Zeitalters. Deswegen glauben wir alle an Gerechtigkeit und an Fürsorge der Mächtigen den Schwachen gegenüber, obwohl wir in diesem Zeitalter immer wieder schmerzlich enttäuscht werden.

Wieder verstehen wir nichts, wenn wir nicht von einer Wiedergeburt ausgehen.
Platon lehrt, dass die Weltseele die Welt erschafft, indem sie sich mit Blick auf das Agathon, das absolute Gute, erst einmal von Ihm fortbewegt. So entstehen zunächst die Ideen, dann die Zeit, der Kosmos und die vier Elemente, und damit verbunden der Eros. Der Eros wird aber seinerseits vom Agathon angezogen.
Seele und Eros bedingen die Selbsterhaltung und Fortpflanzung von Pflanzen, Tieren und Menschen. Somit haben nach Platon sowohl die Pflanzen als auch die Tiere eine Seele. Und streben zum Höchsten hin!

Die Hindus und die Buddhisten lehren einen ähnlichen „seelischen Darwinismus", indem sie meinen, die niederen Wesen würden sich zu den höheren hin entwickeln und die höchsten in Gott eingehen. Damit sei deren Kreislauf beendet. Die Seelen kämen von Gott, lernten in der Welt Bewusstsein, gelangten vom Ego zum Ich, vom Ich zum Du und von hier aus zum Selbst. Letzteres sei dann der Weg zu Gott zurück.
Mit dieser Entwicklung erklären sie die erheblichen Unterschiede zwischen den Menschen.
Zugegeben, das sind gewagte Hypothesen und viele werden diese Form der Seelenwanderung deshalb als abwegig empfinden. Und ich kann sie absolut verstehen.

Ich kann weder das eine noch das andere beweisen. Ich tue mich aber schwer, die Meinung eines Dalai Lama und anderer hoher Seelen wegzuwischen, die immer wieder von ihr sprechen (vgl. z.B. Sogyal Rinpoche 2010, wofür er der Dalai Lama das Vorwort schrieb).

Der Dalai Lama kann bekanntlich den Zeitpunkt und den Ort seiner Wiedergeburt genau vorhersagen. Im Vergleich dazu habe ich recht wenig zu bieten – und viele andere, die diese Aussagen berechtigterweise in Frage stellen, vielleicht auch nicht – wer von uns „normalen" Sterblichen kann schon über den Tod hinaus verfügen? Deshalb kann ich, allein schon aus Respekt, dem Dalai Lama nicht widersprechen, wenn er sagt, es gäbe eine Wiedergeburt.

Ich für meinen Teil finde, ich würde mich doch im Grunde genauso lächerlich machen, wenn ich dem Dalai Lama nicht erst einmal glaubte, wie wenn ich bei einem Nobelpreisträger an dessen wissenschaftlichen Erkenntnissen zweifeln würde!

SOKRATES, PLATON, ARISTOTELES UND DIE FOLGEN

Im Museum im indischen Puttaparthi steht meiner Ansicht nach sehr Interessantes über diese beiden geistigen Säulen des Abendlandes.

Über **Sokrates** (469-399 v. Chr.) steht, er sei Göttlich gewesen. Eine der höchsten Seelen, die auf Erden kamen. Deswegen auch sein einzigartiger Name, der auf Latein bedeutet: *So-creator-est – so ist der Schöpfer!* Weil er so groß war, gelang es ihm, das Abendland vor dem Ruin zu bewahren, in den die Sophisten es mit ihrer Leugnung von Gott und Wahrheit gebracht hätten.

Genauso wie Jesus wurde Sokrates von den Priestern beneidet, die nicht ruhten, bis sie ihn vernichtet hatten.

Sokrates' große Leistung war es, dass er immer wieder nach der Beantwortung der großen Frage der Menschheit strebte: WER BIN ICH?

Seine Aussage zu Gott war: Gott ist wie Zucker in Wasser. Er kann nicht gesehen und nicht gefühlt, sondern nur ERLEBT WERDEN.

Über **Platon** (428-348 v. Chr.) steht dort: Er verehrte seinen Lehrer Sokrates zutiefst. Platon schrieb nach Sokrates' Tod all dessen Lehren auf, weswegen sie uns erhalten geblieben sind.
Platon erlebte in tiefer Meditation Gott als Wahrheit, Güte und Schönheit – deshalb nannte er das Agathon, das letzte Gute, *Kalon k'Agathon*, das Schöne und Gute!
Platon lehrte, die Wahrheit sei unveränderlich. Wahrheit sei Gott und Gott sei Wahrheit. Aber auch die Schönheit sei ewig, denn wahre Schönheit sei Gott. Deshalb, so Platon, seien Wahrheit, das Gute beziehungsweise Güte und Schönheit Gottes Form.
Platon sah in der Erziehung die effektivste Form, die Welt zu verändern. Deshalb gründete er seine Schule 387 v. Chr. auf dem Hain des Heros Akademos, daher der Name Akademie. Seine Schule hatte fast 900 Jahre Bestand und brachte große Politiker, Wissenschaftler, Philosophen und spirituelle Lehrer hervor. Durch das Lehren der menschlichen Werte, durch das Sokratische Fragen „Wer bin ich?" und durch sein eigenes Beispiel pflanzte Platon in die Herzen und den Geist der Jugend die Tugenden Güte, Reinheit und Dienst an der Gesellschaft ein.
Platons Schriften waren und sind Quellen der Inspiration für Tausende nun seit fast 2500 Jahren.
Platon sagte: *Die wahre Aufgabe des Philosophen ist es, sein Leben in den Dienst der Menschheit zu stellen.* Zudem lehrte er, in der wahren Regierung seien Gott und Seine Gesetze das Allerhöchste. Durch Seine Gesetze drückt Gott Seine Herrschaft, Seine Führung und Seine Fürsorge aus. Das bedeutet für uns: **Wer glücklich sein will, muss bescheiden den Göttlichen Gesetzen und der Göttlichen Gerechtigkeit folgen**.

Gott zu folgen, bedeutet eins mit Gott zu sein. Und das bedeutet Glückseligkeit.

Platon lehrte zudem die Gleichstellung von Mann und Frau – eine revolutionäre Ansicht zu seiner Zeit, was er deutlich in seinem Hauptwerk *Politeia* darlegt. Dies war sehr klug, denn Mann und Frau sind nur zwei Seiten derselben Medaille. Wie sollte die eine ohne die andere existieren? Und wie sollte eine Seite derselben Medaille mehr wert sein als die andere? Außerdem konnten sich damals Frauen mit wunderbaren Göttinnen wie Pallas Athene identifizieren, die DAS Symbol von Intelligenz und Weiseit war.

Platon achtete aber nicht nur die Frauen, sondern auch die Tiere, von denen er sagte, sie hätten eine Seele, weswegen er das Essen von Fleisch für einen klugen Menschen ausschloss und selber Vegetarier war.

Leider gingen sowohl die Achtung den Frauen als auch den Tieren gegenüber im Laufe der Zeit völlig verloren – und am Ende sprach die katholische Kirche beiden eine Seele ab – eine entsetzliche Entwicklung. Fehler, die sie bezüglich der Frauen Ende des 19. Jahrhunderts korrigierte. Bezüglich der Tiere steht diese Korrektur heute noch aus!

Aristoteles (384-322 v. Chr.) war zwanzig Jahre lang Schüler von Platon. Im Gegensatz zu diesem bemühte er sich um eine praktische Philosophie. So waren seine Schriften reich an naturwissenschaftlichen Betrachtungen, weswegen sie sehr von den gebildeten Arabern geschätzt wurden.

Er verlagerte die Ideen von einem „himmlischen Ort", wie Platon lehrte, zum Beispiel IN die Tiere, womit er gewissermaßen das heutige Wissen um die Gene vorwegnahm. Er äußerte sich auch nicht so allgemein über Ethik wie dies Sokrates und Platon taten, sondern schrieb die *Nikomachische Ethik* für seinen gleichnamigen Sohn.

Er kritisierte aber die Pythagoreer, die lehrten, die Erde würde zusammen mit der Sonne um eine Mitte aus Feuer kreisen – im Grunde schon ein fast heliozentrisches Weltbild (helios = griechisch für Sonne). Aristoteles lehnte dies ab und lehrte das geozentrische Weltbild, wonach die Erde das Zentrum des Universums sein sollte, das im Grunde bis in die Mitte des 18. Jahrhunderts (!) die Lehrmeinung der katholischen Kirche bestimmte.

Und noch einen schwerwiegenden Fehler beging Aristoteles: Im Gegensatz zu seinem Lehrer Platon bezeichnete er Frauen als minderwertige Männer, was ebenfalls die katholische Theologie beeinflusste – DER Grund, warum bis heute Frauen nicht zu Priestern, noch weniger zu Bischöfen oder Kardinälen, geschweige denn zum Papst ernannt werden können.

Aristoteles war der Lehrer von Alexander dem Großen, den dieser sehr verehrte.

Als Alexander nach Indien zog, bat ihn Aristoteles, ihm Erde vom heiligen Indien mitzubringen (!), eine Bhagavad Gita, einen Sannyasin (falls dies möglich wäre) – Sanskrit für Gottsucher – und Wasser vom Ganges, von dem er wusste, dass es selbst nach einer Monate langen Reise nicht schlecht werden würde. Interessant für uns ist, was Aristoteles über das damals unendlich ferne Indien wusste!

Augustinus (354-430), begründete seine katholische Theologie auf der Philosophie Platons und wurde dadurch einer der großen Kirchenväter. Er war ein großer spiritueller Lehrer, was sich auch in seinem berühmten Satz „unruhig ist mein Herz bis es nicht ruht in dir mein Gott" ausdrückt. Und er hat, nachdem er Gott entdeckt hatte, ein Leben geführt, dass völlig auf Ihn ausgerichtet war.

Thomas von Aquin (1225-1284) lebte in einer ganz anderen Zeit als Augustinus. Die Gesellschaft war wohlhabend geworden, das Bankensystem war ebenso entstanden wie der europaweite Handel. Deshalb benötigte dieser andere große Kirchenvater eine praktische Philosophie. Diese fand er in den Schriften des Aristoteles, die er aus Toledo bekam, denn dort herrschten zu der Zeit die Araber und die beschäftigten sich intensiv mit diesem Schüler Platons.

Was sagt uns all das? Dieser eine großartige Sokrates beeinflusste mittels seines Schülers Platon und dessen Schülers Aristoteles die Philosophie und Theologie des GESAMTEN Abendlandes! Welch eine Wirkung! Nur Jesus hatte ebenfalls eine derart weitreichende Wirkung.

GLÜCK UND SÜNDE

Sokrates sagte ganz offen, dass er von seinem Daimonion, damals ein positiver Begriff und gleichzusetzen mit innerem Führer, Gott, geführt werde.
Bei Platon hatten die Menschen über ihre unsterbliche Seele Gemeinschaft mit den Göttern – und damit mit Gott. Und Gott war die Quelle der *Eudaimonia*, der Glückseligkeit.

Je weiter sich die Philosophie beziehungsweise Theologie von diesen großen Lehrern entfernte, desto schlechter kamen die Menschen dabei weg, und wurden immer mehr zu den armen Sündern, die seit Adam und Eva voller Schuld sind.

Interessant ist in diesem Zusammenhang, was indische Schriften lehren: Wir Menschen seien keine Sünder, sondern vielmehr göttlicher Natur. Wir sollten JA NICHT denken, wir seien Sünder, denn **man werde, was man denkt!**
Machen wir uns dagegen unsere Göttliche Natur bewusst, würden wir uns Gott angleichen und Göttliche Werte entwickeln. Interessant in diesem Zusammenhang ist, dass Platon

von Ähnlichem spricht, wenn er die *homoosis too Theoo*, die Angleichung an Gott lehrt.
Eine Möglichkeit in eine Göttliche Schwingung zu kommen, besteht in der Wiederholung des Namen Gottes. Wir sollten zum Beispiel beim Einatmen OM und beim Ausatmen *Jesus Christus* innerlich sagen. Dies löst einen tiefgehenden Prozess der inneren Reinigung aus.

Warum davor das OM? Weil OM die Urschwingung symbolisiert, was in der Bibel auch mit dem Satz „am Anfang war das Wort" gemeint ist. Dieses OM wird auch als AUM ausgesprochen, woraus dann unser Amen wurde.

WER IST GOTT?

Platon hatte Recht, als er lehrte, Gott sei DIE Form der Wahrheit, Schönheit und Güte – und es nicht weiter ausführte (wie er in seinem berühmten 7. Brief schrieb), denn jeder muss SEIN Gottesbild finden, verehren und erreichen.
Der große indische Heilige Ramakrishna Paramahamsa verwirklichte zum Beispiel nacheinander verschiedene Gottesformen: Die Göttin Kali, Jesus und den indischen Gott Krishna. Das kann nur ein so großer Heiliger, der bereits verwirklicht auf die Welt kam. Bemerkenswert war für mich, dass jeder dieser Aspekte Gottes sich anders bei Ramakrishna Paramahamsa auswirkte! Wie groß muss Gott sein, wenn selbst so große Seelen wie die oben genannten nur Aspekte sind? Und wie groß muss auch das Glück beziehungsweise die Glückseligkeit sein, die wir durch Ihn bekommen!

Was mich zudem sehr berührte, war Platons Aussage, dass Gott WIRKLICH an unserem Glück interessiert ist, DASS Er möchte, dass wir glücklich sind. Und uns auf keinen Fall straft, sondern sogar Hindernisse aus unserem Weg räumt, damit wir es leichter haben.

Dies ist auch die Aufgabe von großen Seelen wie dem Dalai Lama, Amma, Jesus und Sokrates. Sie kommen auf die Welt, um uns das Leben zu erleichtern, uns zu lehren und uns vor dem Verderben zu bewahren.

Dies ist eine ganz neue Definition von *Anastasis*: In der Ikonographie bezeichnet sie den auferstandenen Christus, der die Seelen aus der Hölle befreit.

Da es mit Sicherheit im Jenseits keine Hölle gibt, sondern hier auf Erden transformatorisch die Hölle erlebt wird, bedeutet *Anastasis* im Grunde, dass Jesus kam, um uns den Weg IN DER WELT zu weisen – ebenso wie Sokrates oder Jesus dies tun.

Das ist die unendliche Liebe Gottes: Dass Er uns erstens niemals verloren gehen lässt, aber nicht nur dies, sondern dass Er auch die größten Seelen zu uns schickt, damit sie uns durch ihr Beispiel, den richtigen Weg weisen.

Gott ist absolute Schönheit, deshalb hat Er auch die Welt und das Universum so wunder-schön geschaffen.

Gott ist der Garant der Wahrheit, denn Er begründet als letzte Voraussetzung alle Logik, Er schuf die unwandelbaren Gesetze der Mathematik, weswegen der Pythagoreische Lehrsatz zum Beispiel nach 2.500 Jahren immer noch gültig ist.

Gott ist absolute Güte, denn Er schuf diese Welt, in der wir viel Glück erleben können, wenn wir uns an Seine Gesetze halten. Er schuf auch das Leiden, das uns unmittelbar erfahren lässt, was geschieht, wenn man zum Beispiel andere verletzt.

Und Er schuf im Jenseits keine Hölle, sondern gleich zwei Formen von Paradies: Die indischen Schriften nennen das eine das *Chandra Loka*, das andere das *Surya Loka*.

In das **Chandra Loka**, den „Ort des Mondes", gelangen wir nach unserem Tod – so die hinduistische Lehre –, wenn wir noch nicht die endgültige Befreiung erlangt haben, und bleiben so lange dort, wie unser Guthaben an guten Taten reicht. Ist dies aufgebraucht, müssen wir auf die Erde zurück.

Wir lernen damit: Was wir tun, wird offensichtlich registriert, bewertet und unser Verweilen im Jenseits danach bestimmt. Es gibt also tatsächlich ein Jüngstes Gericht – nur, dass es keine Verdammnis, geschweige denn eine ewige Verdammnis gibt! Vielmehr bestimmt dieses Gericht die Dauer unseres Verweilens im glücklichen Jenseits.

Ein sehr beruhigender Gedanke, der nochmals unterstreicht, dass Gott wirklich die absolute Güte ist.

Das **Surya Loka**, der „Ort der Sonne", ist der Platz im Jenseits, zu dem wir gelangen, wenn wir endgültige Befreiung erlangt haben. Und von da an in BEWUSSTER ewiger Glückseligkeit sein können.

Mit anderen Worten: Halten wir uns an die Göttlichen Gesetze, können wir hier auf Erden glücklich sein. Tun wir Gutes und dienen unseren Mitmenschen, legen wir das Guthaben an, wodurch wir entsprechend lang im *Chandra Loka* im Jenseits sein können.

Und finden wir beziehungsweise werden wir von einem großen Meister gefunden, dann haben wir die Gnade, die endgültige Befreiung zu erlangen.

Deshalb sollten wir den vier „Fs" folgen:

1. *Follow the master – befolge die Weisungen des Meisters.*

2. *Face the devil – erkenne deine Schwächen (und Stärken!) und die Verführungen, die dich in die Welt verwickeln.*

3. *Fight till the end – kämpfe bis zum Schluss, halte durch!*

4. *Finish the game – beende die ewige Reihenfolge von Tod und Wiedergeburt.*

Halten wir uns an diese Weisungen, können wir in die ewige Glückseligkeit eintauchen.

Mit anderen Worten: Welch ein Glück haben wir, dass Gott „eines Tages auf die Idee kam", die Welt zu schaffen, und wir deshalb die Chance bekamen, erst einmal Frohsinn und Glück zu erleben, und anschließend sogar die Göttliche Glückseligkeit erlangen können!

Welch ein Glück, dass wir keine Sünder, sondern immer schon ein Teil Gottes sind, und wir eines Tages wieder dahin gelangen, woher wir kommen.

LITERATUR

Campbell, T.C & T.M.:
China Study, Verlag systemische Medizin, 2011/2

Fritz, Th.:
- gezielte Vermögensverfügungen durch Testament und Schenkung, Schäffer-Poeschel Verlag, 3. und erweiterte Auflage 2014
- Wie Sie Ihr Vermögen vernichten, ohne es zu merken, HDS-Verlag, 3. Auflage 2013
- Wie Sie Ihre Familie zerstören, ohne es zu merken, HDS-Verlag, 1. Auflage 2011

Fromm, E.: Haben oder Sein, dtv 1976

Gottman, J. M. und Silver, N.:
Die 7 Geheimnisse der glücklichen Ehe,
M. v. Schröder Verlag, München 2000

Hughes, J. E. jr.:
Family Wealth, Bloomenberg Press, N.Y. 2004

Joy, Melanie:
Warum wir Hunde lieben, Schweine essen und Kühe anziehen, compassion media 2013

Papst Franziskus:
Gott ist unsere Hoffnung, fe-medienverlag 2014/3

Sogyal Rinpoche:
Das Tibetische Buch vom Leben und Sterben, Knaur 2010

von Stepski-Doliwa, S.:
- Die Platonische Erkenntnistheorie, 1995
- Theorie und Technik der Analytischen Körpertherapie, 1999
- Ich bin ich und ich bin gut, 2002
- Zeitlose Wahrheiten für jeden Tag, 2004
- Zeitlose Wahrheiten über Beziehungen, 2005
- Zeitlose Wahrheiten über die Welt und Gott, 2006
- Wie werde ich reich, innerlich und äußerlich, 2006
- Achtung! ... Mir selbst und anderen gegenüber, 2011
- Fülle – in Gesundheit, Beziehungen, Beruf und Finanzen, 2012
- Fürsorge – für mich und für andere, Band 1, 2013

Alle im Doliwa Sai Verlag

SEMINARE VON
DR. VON STEPSKI-DOLIWA

Informationen zu den Seminaren von Dr. von Stepski-Doliwa erhalten Sie sowohl über

www.vonstepski.de

als auch über

Erik Fleck
Eisenbahnstr. 1
70825 Korntal-Münchingen
Telefon 0049 / 7150 35 14 37
erik.fleck@vonstepski.de

BÜCHER AUS DEM
DOLIWA SAI VERLAG

direkt zu bestellen bei:

> Doliwa Sai Verlag
> Eisenbahnstr. 1
> D - 70825 Korntal-Münchingen
> Fon: 0 71 50 / 35 14 37
> Fax: 0 71 50 / 97 42 42
> E-Mail: kontakt@doliwa-sai-verlag.de
>   www.doliwa-sai-verlag.de

Innerhalb Deutschland liefern wir die Bücher an Privatkunden portofrei.

Stephan von Stepski-Doliwa

FÜLLE – IN GESUNDHEIT, BEZIEHUNGEN, BERUF UND FINANZEN

Dr. Stephan Ritter von Stepski-Doliwa berät seit mehr als 30 Jahren Frauen, Männer und Paare in Einzeltherapien und Seminaren. Spezielle Seminarreihen entwickelte er für einen kompetenten Umgang mit Geld und zur Entwicklung nachhaltiger Führungskompetenz. Außerdem ist er als Coach für Vorstände und Führungskräfte überwiegend mittelständiger Unternehmen tätig.
Nachdem er das Buch „Achtung! ... mir selbst und anderen gegenüber" verfasst hatte, wurde dem Autor deutlich: Viele Menschen streben entweder keine Fülle an oder sehen die Fülle nicht, die sie tatsächlich haben. Andere suchen sie, aber ihre Anstrengungen erschöpfen sich im Klagen und Sich-Beschweren. Manche haben sogar regelrecht Angst vor der Fülle – denn das, was man hat, kann man ja auch verlieren. Und ein möglicher Verlust ängstigt mehr als ein Leben in Enge oder gar Mangel. Denn das kennen sie ja bereits.

Das Leben ist aber Fülle. Sogar unendliche Fülle. Wir können sie erkennen und wir können sie leben. Wir müssen nur den Mut dazu entwickeln. Dann werden wir sehen, WIE wir sie erlangen können und, dass sie gar nicht SO unerreichbar ist. Sie befindet sich immer in unserer Reichweite. Wir müssen sie nur ent-decken, unser Glück entfalten, unser Leben ent-wickeln. Dies vermittelt das vorliegende Buch. Und es zeigt, wie wir vorgehen müssen, um Fülle zu erreichen und unser Leben aufblühen zu lassen.

ca. 186 Seiten, € 19,90, ISBN 978-3-930889-29-7

Stephan von Stepski-Doliwa

ACHTUNG!...
MIR SELBST UND ANDEREN GEGENÜBER

Dem Autor wurde sowohl bei seiner Arbeit als auch in seinem privaten Umfeld deutlich, wie wichtig Achtung, Achtsamkeit, Rücksicht und Fürsorge sind und wie häufig sie zu wenig – wenn überhaupt – gelebt werden.

Deshalb wird mit dem Titel Achtung die Doppelbedeutung des Wortes Achtung als Vorsicht und Respekt angesprochen. Gemeint ist: Wir sollten darauf achten, respektvoll zu leben.
Wie wichtig dies ist, zeigt Dr. von Stepski-Doliwa anhand wesentlicher Lebensbereiche und -themen wie Beziehungen, Kommunikation, Erziehung, Ernährung, Glück und Fülle, Architektur, Politik, Führung und Geld.

Das Buch soll auch deutlich machen, dass wir an der Schwelle einer neuen Zeit stehen. Um an ihr teilzuhaben, müssen wir unser Verhalten grundsätzlich neu ausrichten. Es gilt, Achtung, Rücksicht auf und einen neuen Blick für uns selbst, unsere Mitmenschen, die Tiere und die Pflanzen zu entwickeln und zu leben. Nur so kommen wir zu Glück, Gesundheit, Fülle und innerem Frieden.

Wie wir diese neue Ausrichtung erlangen, wie sie sich auswirkt und wie sie uns die gesuchte Erfüllung bringt, zeigt uns dieses Buch.

ca. 395 Seiten, € 23,00, ISBN 978-3-930889-30-3

Stephan von Stepski-Doliwa

Die Platonische Erkenntnistheorie

In der Platonischen Philosophie lassen sich, neben der Naturphilosophie, drei Hauptgebiete unterscheiden: Die Ontologie (die Lehre vom Sein), die Ethik und die Erkenntnistheorie. Die vorliegende Untersuchung weist auf, dass diese drei Themen im Denken Platons aufs **Engste** miteinander verbunden sind. So kann die Ethik nicht ohne Ontologie, die Ontologie nicht ohne Erkenntnistheorie und die Erkenntnistheorie nicht ohne Ethik verstanden werden. Im umfassenden philosophischen System Platons ist das Agathon, das letzte Gute dasjenige, was alles begründet. Dies ist zudem das Eins des PARMENIDES'. Anhand der Interpretation des Dialogs PARMENIDES zeigt sich, dass Platon nicht nur die Notwendigkeit der Erkenntnis des letzten Grundes immer wieder betonte, sondern dass er diese Erkenntnis selbst geleistet hat und deutlich den Weg dahin weist.

171 Seiten, € 15,00, ISBN 978-3-930889-15-0

Stephan von Stepski-Doliwa

Theorie und Technik
der analytischen Körpertherapie

Die Körpertherapie erfährt heute eine starke Verbreitung, da sie durch das Einbeziehen des Körpers in den Behandlungsprozess der Therapie eine ganz neue und sehr wichtige Dimension hinzufügt.

Die vorliegende Untersuchung legt dar, wie entscheidend in vielen Fällen die Anwendung der analytischen Mittel ist, und weist auf, dass Körpertherapie und Psychoanalyse nicht als gegensätzliche Ansätze zu betrachten sind, sondern eine ideale Ergänzung darstellen.

geb., 384 Seiten, € 21,00, ISBN 978-3-930889-01-3

Stephan von Stepski-Doliwa

Zeitlose Wahrheiten für jeden Tag

In liebevoller Weise werden in diesem Buch zeitlose Wahrheiten über Partnerschaft, Gesundheit, Ernährung, Erziehung, Geld, Religion und Spiritualität offenbart.

Dies geschieht in 366 Tagessprüchen, die nicht nur unseren Geist inspirieren, sondern auch unser Herz berühren.

ca. 470 Seiten, € 23,00, ISBN 3-930889-17-4

Stephan von Stepski-Doliwa

Zeitlose Wahrheiten über Beziehungen

In diesem Buch wird gezeigt, wie sich jeder Mensch intellektuell, spirituell und gefühlsmäßig auf eine glückliche Beziehung vorbereiten und eine erfüllende Partnerschaft leben kann.

Das Ziel: die Unterschiede von Mann und Frau verstehen, achten und lieben lernen.

Es wird gezeigt, wie jeder mit Schwierigkeiten umgehen kann, wie man konstruktiv kommuniziert, den anderen versteht und z.B. eine Trennung vermeidet.

Es wird aber auch gesagt, was man nach dem Scheitern einer Partnerschaft tun kann.

ca. 450 Seiten, € 23,00, ISBN 3-930889-18-8

Stephan von Stepski-Doliwa

Welt und Gott
Zeitlose Wahrheiten – Band 3

In diesem Buch werden Geschichten beschrieben, die viel Wissen über das Leben vermitteln.
Die Hauptaussage: Das Leben ist der beste Lehrer. Deswegen erfahren wir hier von verschiedenen Schicksalen, durch die wir berührt werden und die Chance erhalten, uns selber zu betrachten und daraus zu lernen.
Ein Buch, das uns vermittelt, wie kostbar das Leben ist, wie viele verschiedene Ebenen der Betrachtung es gibt und wie viel Grund wir haben, das Leben wertzuschätzen beziehungsweise zu lieben.

ca. 350 Seiten, gebunden, € 23,00, ISBN 3-930889-20-4

Stephan von Stepski-Doliwa

ICH BIN ICH UND ICH BIN GUT

Mein Dank, meine Erfolge, meine Ziele

Viele Menschen fragen sich, wie sie erfolgreicher werden können.
Viele machen deshalb eine Therapie.
Viele visualisieren Sätze, die sie positiv motivieren sollen.
Eine große Hilfe ist es aber auch, seinen Dank für all das Positive, was man erlebt, seine Erfolge und seine Ziele aufzuschreiben.
Wer dies täglich tut, wird sich seiner Leistungen bewusst. Dies baut Selbstwert auf. Je mehr Selbstwert wir aber haben, desto erfolgreicher werden wir. Das heißt: kleiner Einsatz große Wirkung.

ca. 448 Seiten, gebunden, € 24,50, ISBN 3-930889-23-5

Stephan von Stepski-Doliwa

WIE WERDE ICH REICH?

Innerlich und äusserlich

Viele wollen reich werden. Unzählige gehen dabei aber nur in die eine Richtung: Sie streben äußeren Reichtum oder Wohlstand an, bevor sie diese in ihrem Inneren gefunden haben. Wie mit allem, so muss auch gelernt werden, mit Geld umzugehen. Viele Menschen können dies nicht. Warum? Weil sie es entweder nicht gelernt oder falsche innere Vorstellungen von Geld haben. Dr. von Stepski-Doliwa hat in seinen Geld-Seminaren unzählige Menschen zu Wohlstand oder gar Reichtum führen können, indem sie ihre inneren, unbewussten Einstellungen zu Geld veränderten und viel über Wohlstand beziehungsweise Reichtum erfuhren. Wie dies geht, schildert dieses Buch. Zudem gibt es viele praktische Anregungen, wie jeder für sich bereits wichtige Schritte in Richtung inneren und damit äußeren Reichtum gehen kann.

ca. 200 Seiten, gebunden, € 24,50, ISBN 3-930889-22-6

Mantren

Die Welt ist auf Schwingungen aufgebaut. Nun gibt es unterschiedliche Schwingungen. Untersuchungen haben gezeigt, wie zum Beispiel verschiedene Worte mit unterschiedlichen Schwingungen sich auf die Wasserstruktur auswirken. Menschen haben auch unterschiedliche Frequenzen. Mantren können die Schwingung von Menschen verfeinern und damit an die Göttliche Schwingung angleichen. Das Bewusstsein eines Menschen ist an seine Schwingung gebunden. Verändert sich seine Schwingung – zum Beispiel durch Mantren –, dann verändert sich auch sein Bewusstsein.

Gayatri

Das Gayatri ist ein sehr starkes Schutz- und Reinigungsmantra.
Befindest du dich in einer gefährlichen Situation, solltest du das Gayatri singen. Es hat die Kraft, die größten Schwierigkeiten aufzulösen und die negativsten Menschen zu berühren beziehungsweise zum Positiven zu verändern.

Lokah

Das Lokah-Mantra bedeutet: „Mögen alle Welten glücklich sein". Wollen wir Gutes für die Welt tun, haben wir mit diesem Mantra eine sehr gute Möglichkeit dazu. Der Wunsch: Mögen alle Welten glücklich sein, ist deshalb von großer Bedeutung, weil er deutlich macht, das uns auch die anderen – der
Rest der Welt! – wichtig sind.

Heilung

Das Heilungs-Mantra ruft Gott an, Er möge heilen. Dies ist ein sehr starkes Mantra, das schon vielen Menschen geholfen hat.
ISBN 3-930889-28-0

Inhalt: Gayatri
Lokah
Heilung

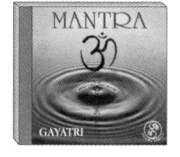

Stephan von Stepski-Doliwa
Fürsorge - für mich und andere Band 1

Dr. Stephan Ritter von Stepski-Doliwa berät als psychologischer Psychotherapeut seit mehr als 30 Jahren Frauen, Männer und Paare in Einzeltherapien und Seminaren. Außerdem ist er als Coach für Vorstände und Führungskräfte überwiegend mittelständischer Unternehmen tätig. Spezielle Seminarreihen entwickelte er für einen kompetenten Umgang mit Geld und zur Entwicklung nachhaltiger Führungskompetenz.

Nachdem er sein letztes Buch Fülle – in Gesundheit, Beziehungen, Beruf und Finanzen verfasst hatte, wurde ihm deutlich: Viele Menschen sorgen weder für sich noch für andere, noch sorgen sie dafür, dass andere für sie sorgen. Dies ist vor allem dadurch bedingt, dass sie in ihrer Kindheit zu wenig wahre Fürsorge erlebt haben.

Aus dieser Einsicht heraus prägte Dr. von Stepski den Begriff der Grundfürsorge. Damit beschreibt er die Tatsache, dass Kinder durch die gelebte Fürsorge der Eltern lernen, für sich und für andere zu sorgen. Die Grundfürsorge ist die Basis für alles – auch für das heute wohlbekannte Urvertrauen.

In diesem Buch beschreibt Dr. von Stepski, wie sich Fürsorge in der Erziehung zeigt und auswirkt – unter anderem hinsichtlich der Themen Struktur und Ordnung, Ja und Nein sowie Freiheit und Perfektionismus. Auch Fürsorge in der Therapie wird thematisiert. Und zum ersten Mal beschreibt der Autor in diesem Band seine eigene Therapieform – die Step-by-Stepski Methode.

Unser aller Leben ist von Fürsorge – von mehr oder weniger Fürsorge bestimmt. Es hängt vom Maß unserer Fürsorge ab, wie gesund, wie glücklich und wie erfolgreich wir sind – beziehungsweise werden. Denn jeder kann Fürsorge lernen und sein Leben verändern. Wie dies geht, zeigt dieses Buch.

ca. 216 Seiten, 19,90 €, ISBN 978-3-930889-31-1